PUEBLO EN VILO

Lecturas Mexicanas divulga en ediciones de grandes tiradas y precio reducido, obras relevantes de las letras, la historia, la ciencia, las ideas y el arte de nuestro país.

LUIS GONZÁLEZ

Pueblo en vilo

cfe
medio
siglo
1934-1984

Secretaría de Educación Pública
CULTURA SEP

Primera edición, El Colegio de México, 1968
Primera edición en Lecturas Mexicanas, 1984

D. R. © 1984, Fondo de Cultura Económica
Av. de la Universidad, 975; 03100 México, D. F.

ISBN 968-16-1737-1

Impreso en México

A la memoria del general LÁZARO CÁRDENAS
y
de don FEDERICO GONZÁLEZ CÁRDENAS

PRÓLOGO

La comunidad de San José de Gracia, tema de estos apuntes, figura en muy pocos mapas del Estado de Michoacán. En los que figura, se le crucifica entre el paralelo 20 y el meridiano 103. Es un punto de la historia, la geografía y la población de la República Mexicana que apenas ha comenzado a ser noticia en los últimos tres lustros, quizá por las siete ediciones de un libro que lo desnuda, por ciertos reportajes periodísticos o radiofónicos y por un par de videocartuchos pasados por las pantallas de la televisión.

El libro donde se cuenta sin tapujos la historia universal de San José de Gracia, editado en español tres veces, dos en inglés y otras tantas en francés, no ha sido reescrito para su octava comparecencia pública, pero sí muy aligerado. Como esta edición busca congraciarse con quienes sólo leen —por gusto y sin ánimos de encontrar pelos en la sopa, prescinde de un prólogo extenso, de tres introducciones, igual número de despedidas y una prehistoria; en suma, suprime cosa de cien páginas. Con la supresión de preámbulos, adioses y el primer capítulo, se consigue un libro casi sin lonjas, con la esbeltez de los volúmenes de la serie de "Lecturas Mexicanas". Puede enflaquecerlo más, pude quitarle números, sensiblerías, nombres propios y otras incomodidades, pero no lo hice por temor a dejarlo fantasmal, con la piel untada a los huesos.

Ojalá sean atinados los pareceres de aquellos observadores que aseguran la representatividad y la singularidad de San José de Gracia. Si como dicen, esta columna vale como botón de muestra de lo que son y han sido muchas comunidades minúsculas, mestizas y huérfanas de la región montañosa del México central, *Pueblo en vilo,* imagen veraz de San José, puede servir a los preocupados por encontrarle el hilo a México. Si es verdad que más de algún josefino ha resuelto bien este o aquel problema del agro que permanece irresoluto en otras partes de la República, *Pueblo en vilo*, que no escatima las experiencias propias de los joseanos, puede ser útil para quienes aspiran a enderezar este país.

Pueblo en vilo está elaborado con amor, pero no del ciego; se amasó con muchas simpatías, pero sin faltas a la verdad. El autor no sólo se dio el lujo de haber nacido y crecido en el pueblo en cuestión. Antes de ponerse a escribir, practicó caminatas a pie y a caballo por la tierra donde crece la historia josefina; conversó con todo mundo en aquel mundillo; exploró los archivos de sus padres, de la parroquia, del municipio y el Archivo General de la Nación; vio, oyó y se documentó mucho, y como si eso fuera poco, fue ayudado no únicamente por el recuerdo de las personas del terruño de San José, también por la eficacia para comunicar recuerdos de Armida.

Con la certeza de que no necesitan ninguna otra aclaración preliminar las páginas siguientes, libero de mi presencia a los posibles lectores de la versión achicada de la microhistoria de San José.

PARTE PRIMERA

MEDIO SIGLO EN BUSCA DE COMUNIÓN

I. LOS RANCHOS (1861-1882)

Cojumatlán en venta

EL GENERAL Antonio López de Santa Anna, el presidente cojo que se hacía llamar Su Alteza Serenísima, disfrutaba del espectáculo de un gran baile, cuando supo que el coronel Florencio Villarreal, al frente de una tropa de campesinos, había lanzado en el villorrio de Ayutla un plan que exigía la caída del gobierno y la formación de un Congreso Constituyente que le diera al Estado mexicano la forma republicana, representativa y popular. Las adhesiones al Plan de Ayutla vinieron de todas partes. La Revolución cundió. Santa Anna se fue. Los liberales puros o del "ir de prisa" tomaron el poder; expidieron leyes anticlericales y unificaron a todo el clero en su contra. Alguien en el Congreso Constituyente trató de ir más allá. Ponciano Arriaga, "para que del actual sistema de la propiedad ilusoria, porque acuerda el derecho solamente a una minoría, la humanidad pase al sistema de propiedad real, que acordará el fruto de sus obras a la mayoría hasta hoy explotada" pide que se distribuyan "nuestras tierras feraces y hoy incultas entre hombres laboriosos de nuestro país".[1] El Congreso no toma en cuenta esa sugerencia, ni tampoco las similares de Olvera y Castillo Velasco. Los constituyentes redactan una Constitución parecida a la de 1824, pero con mayor dosis de libertades para el individuo y menos para las corporaciones, entre las cuales figuraba en lugar eminente la Iglesia.

[1] Francisco Zarco, *Historia del Congreso Constituyente. 1856-1857*, pp. 690-697, 363-365, 387-404.

Lo acordado por los constituyentes acrecentó la discordia civil. Liberales y conservadores se pusieron a pelear sin tregua ni cansancio en una guerra que habría de durar tres años. El primero fue de victorias contrarrevolucionarias; el segundo de equilibrio de fuerzas, bandolerismo, robo, hambre, epidemias, oratoria política y literatura de combate, y el tercero, de grandes triunfos para el partido liberal y de la expedición de las segundas Leyes de Reforma. Justo Sierra cree que esa lucha removió "conciencias, hogares, campos y ciudades". Quizá ningún estado se abstuvo de tomar parte en ella.

En 1860 el partido conservador se quedó sin ejércitos, pero no sin generales, caudillos políticos y madrinas. Los generales derrotados emprendieron una "guerra sintética" consistente en abatir a mansalva a los prohombres de la facción victoriosa. Los políticos depuestos acudieron a implorar el auxilio de sus madrinas, que eran algunas de las testas coronadas de Europa. La pareja imperial de Francia vino en su apoyo, porque quería oponer un muro monárquico y latino a la expansiva república de la América del Norte y el momento era propicio para levantar la barda, pues una mitad de los Estados Unidos peleaba contra la otra mitad. Los soldados de Francia, reforzados por los monárquicos de México, reiniciaron la lucha contra los liberales en el poder en 1862. Perdieron la batalla del 5 de mayo y ganaron otras muchas; las suficientes para tomar el timón y mandar traer al emperador y sentarlo en su silla imperial; pero no las necesarias para abatir a los contendientes. Como todo mundo sabe, la guerra fue ardua en casi todo el país en el sexenio 1862-1867, sin llegar a ser la preocupación central de la gente campesina. En la Hacienda de Cojumatlán, los rancheros se preocupaban y ocupaban en otras cosas, aun cuando no permanecieron completamente al margen de la trifulca.

En la zona alta de Cojumatlán, el sexenio de 1861-1866 fue memorable por media docena de acontecimientos de escasa o ninguna significación nacional. Dejaron recuerdos la aurora boreal, la desaparición de la Hacienda, el paso de los franceses, el maestro Jesús Gómez y el arribo de Tiburcio Torres. Otros sucesos, como la llegada y el fusilamiento de Maximiliano, las agresiones anticlericales de don Epitacio Huerta, la vida y las hazañas de Juárez, los litigios y los destierros del obispo Munguía, y en general todo lo acontecido más allá de cien kilómetros a la redonda, se ignoró aquí. La prensa periódica nunca llegaba a manos de los rancheros; las partidas de beligerantes que visitaban la zona jamás se ocuparon en comunicar sus andanzas a los campesinos; éstos iban lo menos posible a los pueblos y ciudades cercanas, por temor a la leva y a los ladrones, y los pocos que fueron "enlevados" y salieron con vida de la trifulca, no se enteraron de la causa que los llevó al teatro de la guerra. Mientras los franceses desembarcaban en Veracruz, los rancheros de la hacienda sólo hablaban de fraccionamiento y de la aurora boreal.

Para este millar y medio de mexicanos que vivía al margen de la vida del país y muy adentro de la naturaleza, una aurora boreal importaba más que cien intervenciones forasteras. En el otoño de 1789, había habido otra, y lo sabían los vecinos, aunque ninguno la hubiera visto. Ésta de 1861, comparada con lo que se decía de aquélla, no fue menos maravillosa y tremebunda. Se vio en las madrugadas, al final del año, hacia el norte. Distaba mucho de ser la luz sonrosada que precede inmediatamente a la salida del sol. Las danzantes luminiscencias vistas en el cielo se asemejaban a la lumbre emanada de los lugares con tesoros ocultos, pero su enormidad infundía zozobra. Era como si se hubieran juntado a bailar todos los fuegos. Aquello parecía un combate en el que San Miguel y sus ángeles arrojaban rayos, centellas y bolas de lumbre contra el ejército de los demonios.

Se dice que la aurora polar sacudió de terror a la gente citadina, pero nunca tanto como a los campesinos. Y sin embargo, para los campesinos de Cojumatlán coincidió con el inicio de una vida mejor. Ellos querían tierra y libertad. Ésta la tenían. Aquélla la consiguieron algunos el mismo año de la aurora a causa del fraccionamiento de la hacienda de Cojumatlán. Si a otros no les tocó ni un pie de tierra, fue por desconfiados. No podían intuir que una hacienda se desmoronara. Lo que veían con sus propios ojos no era probablemente real. Quizá las ventas fuesen fingidas; quizá se trataba de una treta de "licenciados" para hacerse de las modestas fortunas que, convertidas en oro y plata, guardaban los rancheros en ollas de barro, bajo tierra. No era fácil creer que los poderosos señores de Guaracha, San Antonio y Cojumatlán necesitaran

15

deshacerse de uno de sus latifundios, y menos que quisieran hacerlo. Lo común era sumarle ranchos a las haciendas y no dividirlas en ranchos.[2]

Algunos no pudieron comprar tierra por falta de dinero; no habían hecho ahorros. En fin, no faltaron los que tenían con qué pagarla, pero que no supieron oportunamente de la oferta. Tampoco faltó el engañado. Lo que sí puede asegurarse es que todos los subarrendatarios de Cojumatlán, sin excepción alguna, aspiraban a ser dueños absolutos de los ranchos que tenían en arriendo. La razón es clara: querían mejorar su condición, ganar casta social, ser tenidos en más. Y para eso era indispensable ser terrateniente. El tener monedas atesoradas era sin duda un símbolo de riqueza y prestigio, pero no el básico. El principal símbolo del hombre importante era la posesión de tierras. Eso daba valimiento y, por añadidura, seguridad. Las ollas repletas de oro podían ser robadas. Al ganado, en un mal temporal, se lo llevaba la tiznada. La tierra estaba allí; nadie podía cargar con ella, ninguna calamidad era capaz de destruirla. Por todo esto, la compra de fracciones del viejo latifundio de Cojumatlán era demasiado tentadora. Era a la vez una operación arriesgada.

Lo cierto es que los poderosos dueños de las haciendas de Guaracha, apremiados por los acreedores, estaban dispuestos a deshacerse del menos productivo de sus latifundios. Quizá el rumor circulante de que doña Antonia Moreno perdía enormes caudales jugando a las cartas era cierto. Quizá esas pérdidas fueron la causa próxima de la decisión de vender a Cojumatlán. Quizá fueron las guerras civiles que según se dijo, habían quebrantado el poder y la riqueza de algunos grandes terratenientes. La división de la hacienda no fue insólita. Si hemos de creer al general Pérez Hernández, varias fincas rústicas, "en tiempos pasados excesivamente grandes", se fraccionaron.[3] Los achaques de la de Cojumatlán datan de

[2] Los datos sobre la aurora boreal y los preliminares del fraccionamiento de la hacienda fueron distraídos de la tradición oral. También las fuentes escritas se refieren al acontecimiento. Así Mariano de Jesús Torres en su *Historia civil y eclesiástica de Michoacán*.

[3] José María Pérez Hernández, *Compendio geográfico del Estado de Michoacán*, p. 27.

los años treinta. El gobernador Diego Moreno necesitaba caudales. Sobre sus haciendas pesaban ya varias hipotecas; él le cargó otras. En 1836, arrendó la hacienda de Cojumatlán, por 4700 pesos anuales, a don Luis Arceo. El arrendatario se obligó a permitir que el ganado de Guaracha agostase en la propiedad arrendada en tiempo de aguas, como era costumbre.[4] Don Luis Arceo murió en 1837. No fue fácil dar con otro arrendatario. Al fin cayó don José Dolores Acuña. No le fue tan mal, porque en 1846 renovó el contrato.[5] Vino enseguida la defunción de Diego Moreno. Los herederos convinieron en que la tercera esposa del difunto administrara las haciendas. La señora Sánchez Leñero murió durante la guerra de tres años. Acuña se atrasaba cada vez más en sus pagos. Los dueños seguían cargándose de deudas. Doña Antonia Moreno de Depeyre, la hija mayor de don Diego, la jugadora empedernida, se hizo cargo de la vasta herencia.[6]

En la ciudad de México, ante la fe del notario público don Ramón de la Cueva, doña Antonia, en su propio nombre y en el de sus hermanos, plenamente facultada, concedió a don Tirso Arregui, honorable ciudadano de Sahuayo, un poder bastante para que obtuviese la devolución de la hacienda de Cojumatlán de su arrendatario José Dolores Acuña, "y recogida procediera a su venta en fracciones". Dio otro poder especial a don Felipe Villaseñor, también de los grandes de Sahuayo, para deslindar la hacienda y exigir a don José Dolores Acuña "el pago de las cantidades de que resultase deudor".[7]

Don Tirso Arregui cumplió al pie de la letra las instrucciones de la señora Moreno. En los años de 1861 y 1862 fraccionó en cincuenta y tantas porciones de desigual tamaño una superficie de casi cincuenta mil hectáreas en las que "se criaba bien el ganado vacuno, de lana, caballar y de cerda", donde algunas tierras "producían maíz, trigo, frijol, y otras, magueyes", y donde los habitantes de la llanura norte podían "pescar en el gran lago de Chapala".[8] El latifundio puesto en venta

[4] ANJ, Libro de Protocolo del Lic. Alejandro Abarca.
[5] Íbid., Libro de la Alcaldía de Jiquilpan.
[6] Íbid., Protocolo del Lic. Miguel E. Cázares, 1861-1864.
[7] Íbid.
[8] Pérez Hernández, op. cit., pp. 107 y 109.

colindaba al oriente (Sahuayo y Jiquilpan de por medio), con las haciendas de Guaracha y La Palma; al poniente, pasado el río de la Pasión, con las lomas de Toluquilla de don José Guadalupe Barragán; al norte con la laguna de Chapala y al sur con "los indios de Mazamitla", "los condueños o parcioneros de la hacienda de Pie de Puerco" y las tierras de Quitupan. Sus sucesivos dueños habían estado en quieta y pacífica posesión de la hacienda durante "doscientos veinte y seis años".[9] En 1837 se había valuado en cincuenta y cinco mil pesos. Don Tirso Arregui la vendió fraccionada en ciento diez mil pesos.[10]

Las tierras de la hacienda de Cojumatlán tuvieron dos clases de compradores. Los que se quedaron con los mejores y mayores terrenos no eran oriundos de la hacienda; fueron los ricos de Jiquilpan, Cotija y Sahuayo y los riquillos del valle de Pajacuarán, Cojumatlán y Mazamitla. Los subarrendatarios sólo pudieron comprar ranchos pequeños, sin tierras de labor y con agostaderos de segunda clase.[11]

La toma de posesión de los ranchos en que se fraccionó la Hacienda se hizo solemnemente. El 27 de julio de 1862, Amadeo Betancourt, juez de primera instancia del distrito de Jiquilpan, después de dar a don Manuel Arias posesión del Sabino y de quedarse a dormir en el mejor jacal de la ranchería del mismo nombre, a las siete de la mañana, acompañado de su secretario y de don Tirso Arregui, don Ignacio Sánchez Higareda, el licenciado Villaseñor, don Ramón Contreras y el interesado don Fructuoso Chávez y muchos más, se dirigió hasta la confluencia de los arroyos de San Miguel y La Estancia. Aquí el comprador solicitó formalmente el primer auto de posesión; el juez preguntó a los presentes si había alguno entre ellos que contradijera la posesión. La contradijo don Ramón Martínez, vecino del rancho, diciendo que "al comprar don Frutos el Cerrito le ofreció que le pasaría parte de él. . . que él (don Ramón) preparó el dinero que le correspondía por su parte con gran sacrificio y que habiendo ido a entregarlo a Chávez, éste le dijo que no estaba por cumplirle"

[9] ANJ, Libro del Protocolo del Lic. Miguel E. Cázares, 1861-1864.
[10] Esa cifra es la suma de los precios que aparecen en cada una de las escrituras de venta.
[11] ANJ. Unas escrituras aparecen registradas en el protocolo del Lic. Cázares y otras en el de Abarca.

El juez dejó a salvo el derecho de Martínez y mandó proseguir la ceremonia. Al no haber otra persona que se opusiera, don Frutos tomó de una mano al vendedor Tirso Arregui y lo paseó por un trecho del lindero; cogió enseguida unas piedras y las arrojó; arrancó zacates de la tierra, cortó ramas e hizo otras señales de verdadera posesión. Luego la comitiva montó en sus caballos y cabalgó por el arroyo de San Miguel y barranca de La Leona hasta el río de la Pasión, donde se repitió la ceremonia de arrancar zacate. Dos veces más en distintos lugares se hizo lo mismo, y al final el juez tomó de la mano a don Frutos "y en nombre de la Soberanía Nacional" le dio posesión de todos los terrenos del Cerrito de la Leña.[12] Terminado el fatigoso recorrido, el secretario don Ignacio Bravo levantó el acta y luego todos los concurrentes pasaron a las copas de mezcal y al comelitón. Jolgorios semejantes se repitieron en otros cincuenta ranchos y en diversas ocasiones.

Una vez entrados en posesión de sus tierras, los nuevos dueños se dieron a acondicionarlas, a levantar cercas, hacer corrales y ecuaros, construir casas y jacales y todo lo posible dada la época, la miseria y la ignorancia. Los más pudientes comenzaron a circundar su rancho con cerca doble de piedra. La mayoría se limitó a levantar tapias simples de vara y media de altura, algo más bajas que un cristiano, suficientes para impedir el paso de vacas y toros ajenos. Se comenzó por hacer las cercas limítrofes entre propiedad y propiedad y se continuó con la hechura de los cercados que dividirían las porciones destinadas a siembra de las destinadas a pastizal. Algunos desde entonces pudieron dividir sus pastizales en potreros que irían sucesivamente agostando las reses. Los más ricos levantaron en medio de su propiedad casas de muros de adobe y techos de teja. Los menos pudientes se redujeron a construir una choza, si no la tenían ya. Todos, junto a la casa o el jacal, edificaron el corral de la ordeña y los herraderos, y alrededor de la casa o el jacal, el ecuaro o huerta. Los menos pobres y que no tenían en su pertenencia río o arroyo, se dieron el gusto de hacer jagüeyes para dar de beber a sus rebaños.

El número y la variedad de ganados aumentó considerablemente. Los compradores de fuera acarrearon bovinos y ovi-

[12] *Íbid.*, Protocolo del Lic. Alejandro Abarca.

Rancho viejo

nos. Las áreas de siembra y pastizal se ensancharon; se hicieron desmontes; se echaron abajo viejos encinales; se enraló la capa boscosa de cerros, laderas y barrancas. Se inició una etapa de transformaciones y averías, y si las mudanzas no fueron tan veloces al principio se debió en buena parte a la guerra.

Comenzaba el merodeo de grupos monarquistas y republicanos. Pedro Ávila, famoso por lo sanguinario, combatía en favor de los güeros monárquicos. Hacia el poniente, Antonio Rojas, el capitán del diablo en el cuerpo, el mismo que ayudó a los indios de Mazamitla a recuperar las tierras usurpadas por los colonos del Durazno, el que fusiló (entre otros) al administrador y a dos dependientes de la hacienda de Tizapán; Rojas, el de las mil fechorías, andaba peleando contra los güeros. Un día por la tarde llegan éstos al Llano de la Cruz. (Son 400 zuavos a las órdenes del coronel Clinchant). Las mujeres se ponen a hacer tortillas para ellos. (Esa misma tarde entran a Jiquilpan 4000 hombres, defensores de la República, al mando del general José María Arteaga). Los rancheros del Llano de la Cruz y puntos circundantes ven con asombro el traje de los zuavos: camisa guanga y azul, y nagüillas rojas. Ya oscuro, los franceses salen al galope del Llano de la Cruz y se dirigen hacia donde sale el sol. Los de Clinchant, a las cuatro de la mañana, atacan a los republicanos que duermen en Jiquilpan. Se traba el combate. Muere el general Ornelas de un balazo en el cuello y el general Pedro Rioseco de un golpe. Se dispersa el ejército atacado.[13] Los güeros vuelven por donde vinieron. Otra vez las mujeres de los rancheros de la ex hacienda de Cojumatlán muelen maíz y hacen tortillas para ellos.

En adelante, ya por una ranchería, ya por otra, ya victoriosos, ya maltrechos, los gabachos vuelven a pasar. En eso llega Tiburcio Torres, chaparro, gordo, rojizo y barbón. Era oriundo y venía de Zapotlanejo. En los Altos de Jalisco, según cuenta, había dejado tendidos a muchos güeros y numerosos mexicanos imperialistas. Fue de la afamada gavilla de Brígido Torres, derrotado en Pénjamo. Venía huyendo porque sus

---

[13] Ramón Sánchez, *op. cit.*, pp. 128-9 y noticias comunicadas por la anciana Apolonia Oceguera que tenía 13 años cuando la entrada de los franceses.

enemigos eran dueños ya de todos los Altos. Aquí seguirá contando sus hazañas; aquí se quedará a vivir; luego llegarán sus hermanos. Entre todos fundan la familia Torres.[14]

La economía ranchera

La República de Juárez y de Lerdo (1867-1876) se propuso rehacer la agricultura con nuevos cultivos y nuevas técnicas de labranza, fomentar la industria, favorecer la inmigración de colonos extranjeros, construir ferrocarriles, canales y carreteras; hacer de cada campesino un pequeño propietario; instituir la libertad de trabajo; establecer la democracia y sacar al pueblo "de su postración moral, la superstición; de la abyección mental, la ignorancia; de la abyección fisiológica, el alcoholismo, a un estado mejor, aun cuando fuese lentamente mejor".[15] Ninguno de esos buenos propósitos afectó en lo más mínimo la marcha de los dos mil habitantes que para 1870 vivían en los ranchos altos de la ex hacienda. Aislada, esa minúscula sociedad de 2 000 hombres, constituida con descendientes de las familias establecidas aquí al concluir la independencia y con los que vienen al venderse la hacienda de Cojumatlán, ofrece signos de crecimiento. En el quindenio 1867-1882, la pequeña sociedad sola se encamina a consolidar su economía ganadera; a fijar un régimen alimenticio sustentado en el cuadrángulo leche-carne-maíz-frijol; a construir firmemente un sistema de pequeña propiedad rústica; a repartirse el trabajo por especialidades; a dividirse en grupos según la propiedad y la riqueza; a amistarse por lazos de parentesco y compadrazgo, y a enemistarse por motivos de dinero y honor; a crear su propio código de virtudes y vicios; a salir de la cultura puramente oral hacia la escrita; a establecer su propia épica y a madurar su fe y sus hábitos cristianos.

En 1866, el año de la venida del señor obispo, "se dio el caso de que en diciembre cayeran fuertes aguaceros"[16] y todo el

---

[14] Datos comunicados por Ángel Torres, sobrino de don Tiburcio.
[15] Justo Sierra, *Evolución política del pueblo mexicano*, p. 423. El cuadro más vasto y acabado sobre la época lo forman los tres primeros volúmenes de Daniel Cosío Villegas, *Historia Moderna de México. La República Restaurada*.
[16] Mariano de Jesús Torres, *op. cit.*, p. 169.

año de 1867 fue muy llovedor. Las mil quinientas vacas en ordeña engordaron y dieron en cada uno de esos años alrededor de 250 mil litros de leche, un poco más de un litro diario por vaca en ordeña. El precio de los vacunos se trepó hasta las nubes. Don José Guadalupe González vendió una partida de vaquillas a 13 pesos cada una. Entre todas las rancherías de lo que sería jurisdicción de San José se fabricaban mil grandes quesos anualmente. La manera de comportarse con los vacunos no cambió mucho. Se siguió ordeñando sólo de San Juan a Todos Santos y al becerraje se le herró como siempre, pasadas las aguas, a fin de que las quemaduras del fierro no se llenasen de querezas y gusanos.[17]

Por lo demás, se puso de moda la cría de borregos. Hacia 1870 el número de ovinos llega a ser igual al de vacunos. La borregada se distribuía en chinchorros de 25 a 100 ovejas. La gente menuda se encargaba de conducir los chinchorros a los mejores paninos, defenderlos del coyote, encerrarlos y darles salitre una vez a la semana. La gente mayor hacía la trasquila de las ovejas en abril y en noviembre, y recogía un kilo de vellón por animal trasquilado. Al llegar a la edad de diez años, la oveja era sacrificada sin pretexto ni excusa y comida en forma de birria o barbacoa. Por el tiempo en que se murió Juárez los ovicultores de aquí vendían unos 2 500 kilos de lana anuales a los saraperos de Jiquilpan.

Otro negocio en alza era el apícola. Entonces en ningún jacal faltaban las abejas zumbadoras sobre una armazón de madera, a una vara del piso. Allí, en cajones con techo de tejamanil, vivían los enjambres, productores de miel y cera en mayo y noviembre, los meses de la capazón. La miel extraída se consumía en familia y la cera se llevaba a vender en forma de marquetas blancas. Hubo un día en que las colmenas locales ya no pudieron surtir del todo la industria blanqueadora local, y empezaron los viajes en busca de cera amarilla. Hacia 1875, alrededor de cien familias, la cuarta parte del conjunto de familias, se dedicaban en los meses secos a blanquear cera. Desde Pihuamo traían las marquetas redondas, unas amarillas, otras anaranjadas y otras de color café; llegaban a su poder con un asiento de abejas muertas.

---

[17] Archivo particular de José Dolores Pulido (1828-1913), en poder del autor.

23

Las marquetas de arroba o más eran licuadas a fuego lento; con el líquido y un cántaro se hacían conchas que durante una semana se exponían al sol sobre campo verde. Los tejuelos asoleados se rociaban con jugo de maguey, volvíanse a licuar y se metían en moldes redondos. Las marquetas redondas y blancas iban a parar a Cotija. Los cotijenses se encargarían de convertirlas en velas y llevarlas a mil partes. En sólo la ranchería del Llano de la Cruz y ranchos próximos se blanqueaban anualmente unas 600 arrobas. El proceso del blanqueamiento le dejaba a cada blanqueador un peso por arroba. Si se suma a esto el precio de la cera en bruto, se concluye que el valor de la producción apícola local vendida era de 16 mil pesos anuales.[18]

La hechura de quesos, la trasquila de ovejas, la purificación de la cera y el destilado de mezcal condujeron a los rancheros hacia la economía de mercado y los quitaron de ser muy pobres. Cuando Porfirio Díaz fue presidente de la República por primera vez, había todavía muchos magueyes en cerros y lomas aledaños al Llano de la Cruz. Del corazón de los magueyes se sacaba aguamiel; del plumero de pencas y púas, reatas y costales, y del conjunto, el aguardiente, el bebestible aludido en el refrán: "Para todo mal, mezcal; para todo bien, también". No el pulque, no el aguamiel fermentada; sólo el aguardiente de la conocida receta: Macere el maguey con pisones; macerado, póngalo en cribas de cuero y déjelo fermentar y transformarse en tuba. Caliente la tuba a fuego lento en ollas de barro tapadas con cazuelas de cobre llenas de agua fría. Adentro de las ollas calientes se produce el vapor alcohólico que al subir hasta rozar los depósitos de agua helada se licúa. El vapor licuado desciende en gotitas hasta un barril por el canal de una penca de maguey. Hacia 1880 la producción mezcalera de la zona que nos ocupa era de 200 barriles anualmente, barriles de a quince pesos que se arrebataban los compradores.[19]

El cultivo del maíz y el frijol nunca fue negocio. El suelo de la meseta no es a propósito para vegetales de este tipo, pero

[18] Datos comunicados por Luis González Cárdenas.
[19] El aguardiente de mezcal se exportaba poco. Una descripción detallada de la manera de elaborarlo se encuentra en Esteban Chávez, *Quitupan*, pp. 219-221.

como no se podía prescindir de las tortillas y el plato de frijoles, se siguió sembrando lo mínimo necesario para no tener que comprar el maíz y el frijol. Las milpas, por supuesto, se hacían como de costumbre, con arado y bueyes. Las huertas de árboles frutales se pusieron de moda. En los aledaños de cada jacal hubo desde un par hasta una docena de frutales: durazno, limonero, nopal manso, aguacate, lima, etcétera.

La carne (incluso la carne de las reses que se mueren de flacas en tiempo de secas), la leche, el maíz y el frijol, complementados con las verdolagas, los nopales, las tunas, las charagüescas, el mezontle, el quiote, la caza mayor y menor, conservaba a la gente en buena forma. Todavía más, se caía con frecuencia en el pecado capital de la gula y no sólo por los excesos en la bebida. El hecho de la alimentación satisfactoria y aun abundante no presupone el alimento sano. El agua, por ejemplo, no era saludable, abundaban las enfermedades de origen hídrico.[20]

El relativo bienestar estomacal no armonizaba con la indumentaria, la casa y el mobiliario. La región es fría y los vestidos eran ligeros. El sarape embrocado encima de la camisa, el botón del cuello cerrado y la faja al vientre para sostener el calzón largo de manta formaban la indumentaria masculina habitual. Las mujeres no se ponían nada debajo del cotón. La pulmonía, más que ninguna otra enfermedad, cobraba numerosas víctimas. Uno de cada tres morían con fuertes dolores de costado. La ropa malabrigaba y era escasa. Los hombres y las mujeres, aparte del vestido puesto, sólo tenían otro. De la lluvia y el sol se protegían con el sombrero de soyate y el capote o china. Casi todos, menos los de categoría, calzaban huaraches sencillos. El gusto por el confort no había nacido. El escaso interés puesto en la comodidad se nota principalmente en las modestísimas viviendas.

Las casas, por no decir las chozas, no daban el suficiente abrigo. Fuera de las "casas grandes" con muros de adobe y techos de teja que levantaron en sus respectivos ranchos los

---

[20] Los libros de defunciones del APC registran como principales causas de defunción el sarampión, la tos ferina, las viruelas, la pulmonía, la disentería y la diarrea.

propietarios de nota, sólo había, como antes del fraccionamiento, modestísimas viviendas techadas con zacate, con su cuarto para dormir, su cuarto para cocinar y su soportal para estar. De las paredes de varas recubiertas de lodo, seguían colgando imágenes de santos y algunos utensilios. El piso, de tierra. Junto a la choza, el árbol guardián, los árboles frutales, las gallinas, el ganado de cerda, los gatos y la jauría de perros.

Los pequeños propietarios y los simples jornaleros, los que tenían algo y los que nada tenían, se emparejaban en la manera de vivir sin comodidad. No se buscaba el dinero para darse una existencia cómoda. El dinero servía para tres propósitos: para ser tenido en más, para adquirir tierras y para enterrarlo. Era un gusto asistir a bodas y herraderos con los bolsillos repletos de monedas de plata para que resonaran al caminar y a la hora del baile. Era otra aspiración ranchera la de constituir latifundios y recorrerlos de punta a punta en buenos caballos. Y era la más extraña de sus preferencias la de coleccionar monedas de oro en ollas que se ponían a buen resguardo bajo tierra, junto a la choza. El espíritu del ahorro, la idolatría de la tierra y el sentido ornamental asignado a la plata, eran tres elementos esenciales de su mentalidad económica.

El trabajar no valía mucho. Sólo a medias era fuente de riqueza. El ganado aumentaba espontáneamente. Requería de la mano del hombre de julio a octubre y casi sólo para ordeñarlo. El quehacer tenía más valor moral que económico. La ociosidad era un vicio y el trabajo una virtud. Trabajar y ser bueno eran casi sinónimos. El trabajo tenía también el sentido de diversión. Alegría y trabajo no estaban reñidos y para los rancheros que vivían en sus ranchos, era incomprensible la existencia de los propietarios ausentistas. Así pues, el quehacer del hombre tenía dos dimensiones principales (la moral y la placentera) y una secundaria: la lucrativa.[21]

[21] La fuente principal de lo dicho en los cuatro últimos párrafos, han sido las conversaciones con los ancianos y especialmente con don Luis González Cárdenas. Otras noticias fueron espigadas en la correspondencia de José Dolores Pulido.

Ordeña de vacas

La sociedad ranchera

Antes del fraccionamiento de la hacienda de Cojumatlán las diferencias entre unos vecinos y otros eran casi todas naturales. Se distinguían por el color de la piel, el sexo, la edad, la estatura, el vigor físico, la mayor o menor valentía, la inteligencia y otras cosas por el estilo. Una distinción de carácter social de suma importancia provenía del apellido. Dentro de un régimen patriarcal y patrilineal contaba mucho la pertenencia a cierto clan o familia grande. Por otra parte, casi todos hacían las mismas cosas y eran igualmente pobres. A partir de 1861, empiezan a perfilarse nuevos rasgos de distinción. Se acentúa la especialización en el trabajo. Irrumpen los que laboran y los que no, pastores y labradores, artesanos y algún comerciante. Hay quienes trabajan lo suyo y para sí, y quienes como medieros y aun como peones trabajan en ajeno y parcialmente para otros. Comienzan a surgir los especialistas y las clases sociales.

Considerábanse ricos los doce que sin dejar la vida en el pueblo usufructuaban la producción ranchera; se daban comodidades provenientes de sus ranchos trabajados por otros; obtenían recursos para sus ocios y negocios del esfuerzo de sus vaqueros, medieros y peones. Así don Manuel Arias que acabó avecindándose en Guadalajara; don Francisco y don Rafael Arias, vecinos de Mazamitla; don Vicente Arregui, don Bartolo y don Pedro Zepeda, don Néstor y don Antonio Ramírez, instalados en Sahuayo; don Miguel Mora, que en 1867 compró El Nogal a Pedro Zepeda y lo administró desde su residencia en Pajacuarán, y don Rafael Quiroz y don José Guadalupe Sandoval, de Jiquilpan y Sahuayo.[22] Formaban la medianía cincuenta jefes de familia propietarios de fincas generalmente más pequeñas que las de los ricos, de un sitio o menos de extensión, que vivían en sus ranchos por lo menos durante el temporal de lluvias, y que vigilaban directamente el desarrollo de sus ganados y sementeras y que ahorraban a costa de su bienestar familiar. Situemos en el tercer grupo a los trescien-

[22] Datos escuetos acerca de los terratenientes ausentistas los proporciona el Archivo de Notarías de Jiquilpan; los de tipo anecdótico provienen de la tradición familiar.

tos jefes de familia restantes, que en su mayoría servían, hacia 1870, de medieros, artesanos, vaqueros y peones a los terratenientes ausentistas.

Guadalupe González Toscano fue un hombre arquetipo de la clase media y un hombre prominente entre los moradores del Llano de la Cruz. Nació en 1821. Era el mayor de los hijos de Antonio González Horta y Lugarda Toscano. Aprendió de su padre el cultivo de la milpa, el manejo del caballo y la reata, el cuidado y uso de las reses y demás oficios agropecuarios. Acudió a un maestro del Durazno para enseñarse a leer, escribir y contar. Nadie sabe dónde adquirió el rezado, pues fue gran rezador toda su vida. Para casarse puso el ojo en una hija de Vicente Pulido Arteaga, el "rico" de la ranchería. Él era enteramente pobre. Tenía a su favor el ser buen mozo, honorable, y bueno para todo. Gertrudis, la pretendida, aspiraba a un hombre de esas cualidades, aunque no sin qué. Guadalupe dejó el tercio de leña a la puerta de la casa de Gertrudis; la hermana mayor lo recogió y lo quemó sólo para deshacerse de Gertrudis. Esta, sin saberlo, había dado el "sí". El tercio era para ella; el tercio había sido quemado; tenía que casarse. Del matrimonio nacieron seis hijos (Ciriaco, Fermín, Gregorio, Andrés, Bernardo y Patricio) y cuatro hijas (Andrea, Salomé, Lucía y Genoveva). Guadalupe era subarrendatario de la hacienda; Gertrudis ahorraba y escarchaba cera. Él era serio y sobrio, bueno para su casa y bueno para la casa ajena. En quince años de ahorro juntaron él y su esposa 750 pesos, que los dieron a cambio de las 350 hectáreas del encinar y magueyera que baja de la copa del cerro de Larios, por el halda oeste. Guadalupe González empezó a ser señor de tierras y ganados en 1861; en 1867 compró terrenos de temporal y agostadero en El Espino, y por fin consiguió hacerse del cerro de las Pitahayas. Así completó tierras suficientes para 200 vacunos; llegó a ser para muchos como padre. Un rico de Cotija, don Antonio Carranza, lo habilitaba sin formalidad alguna. Se levantaba antes de que el sol saliera; se acostaba dos o tres horas después de su puesta. La comida era muy sobria; el vestido nunca dejó de consistir en camisa y calzón de manta, huaraches y sombrero de soyate. Y su quehacer diario era rudo e iba de sol a sol; las ganancias se repartían entre él y los necesitados. Era un hombre virtuoso; lo que se llama un santo. Don Guadalupe González murió en 1872 de un tumor en el dedo cordial.

Los rancheros llevaban una vida pobre, pero no penosa. Su ideal de hombre era sencillo. Entre las cosas dignas se citaban el sudor, el honor, el vigor, la bravura y la astucia. Se estimaban sobre todas las cosas las fuerzas físicas, la destreza en el manejo del caballo y la audacia. En el hombre no se veían mal los vicios del cuerpo: la embriaguez, la cópula extramarital, el dormitar a la sombra de un árbol y el tabaco. Fuera de las virtudes y vicios corporales, figuraba en la lista de su ideal el poseer privadamente tierra, mujer, ganado y oro. Por causa de las cosas poseídas tan a pecho nunca faltaron los altercados, las riñas y los homicidios. Por unos pasos de tierra, una mirada a la mujer ajena, el pasto que me comió la vaca dañera de fulanito y las monedas que le presté y no me devolvió zutanito, había duelos feroces. Con todo, el honor y la buena fama eran las virtudes más peligrosas y frecuentes. Lo normal era tratarse con respeto, pues la mínima irrespetuosidad salía cara.

El saber leer, escribir y contar se puso de moda. Los jefes de familia en las rancherías solían juntarse para pagar un maestro. En el Llano de la Cruz enseñaron don Jesús Gómez que vino de Sahuayo y el alteño Pedro Torres. Éste tuvo que dejar el puesto por un lío de faldas. Pretendían a la misma muchacha él y un ranchero valiente. Ambos recibieron el sí, uno por las buenas y el otro por la fuerza. La mujer se fue a Cojumatlán a preparar la boda. Los rivales se fueron tras ella por distintos caminos. Al bravo se le hizo consentir que la boda sería en la misa mayor, pero en misa primera el padre casó a la muchacha con el maestro; al amanecer ya iban los recién casados atravesando la laguna. Las habilidades ecuestres y homicidas del engañado resultaron inútiles sobre el agua.

La escuela alcanzó a muy pocos y no sustituyó a la crianza. La formación definitiva del ranchero resultaba del trato y roce con el ambiente natural y la vida ranchera. Los niños aprendían a comer tirados en el suelo. Allí les llegaban los "sopes" de masa cocida arrojadas desde el metate por la madre. Se enseñaban a caminar, correr y trepar en y sobre los encinos, los caballos y los toros. Los hábitos de conservación de la

Niño en el rastrojo (Fernando Torrico)

especie se los mostraban los animales. Desde pequeños se ejercitaban en todos los quehaceres; a los niños se les acomodaba como becerreros, alzadores, pastores y blanqueadores de cera, y a las niñas como ayudantes de la mamá en el jacal y en el campo. El ideal de mujer seguía siendo la mujer fuerte del evangelio.

Por lo demás, sobre la mujer pesaba la mayor parte del trabajo rudo: el moler en el metate el nixtamal, hacer tortillas, preparar la comida, asentar el piso, fregar, lavar, coser, zurcir, acarrear agua, lidiar al marido y los hijos, estar al pendiente de puercos y gallinas, blanquear cera, amasar queso, tejer y en suma ocuparse en todas las industrias caseras y todas las ocupaciones de casa al grado de no tener punto de reposo. Únicamente los hombres se podían permitir el vicio de la ociosidad y de los de la generación que sucedió a la de José Guadalupe González, la de los nacidos entre 1834 y 1847, se lo permitieron en mayor cuantía que sus padres y hermanos mayores, y especialmente los del grupo terrateniente, y nunca más allá de los límites impuestos por el gobierno de los ancianos, que eran los que llevaban la autoridad. El respeto a los ancianos se mantuvo incólume.[23]

Los gobiernos de la República, del Estado y del municipio únicamente se acordaban de los rancheros de la punta occidental del Distrito de Jiquilpan cuando alguno de ellos cometía alguna fechoría y a la hora de pagar las contribuciones. Pasada la trifulca, el juzgado de letras de Jiquilpan y la policía rural volvieron a la rigidez acostumbrada para con los pobres. La cárcel se llenó de presos "siendo los más por riñas y homicidios".[24] También desde 1866 volvió a funcionar en Jiquilpan una Administración de Rentas del Estado y aparte, una subalterna de la Renta del Timbre, y ambas fueron igualmente eficientes en el cobro de los impuestos. Y como si esto fuera poco, la eficiencia de la Tesorería municipal de Sahuayo era muy digna de nota. El comportamiento de los funcionarios públicos no ayudaba nada en la tarea de infundir

[23] Casi todo lo relativo a la vida social apuntado aquí se debe a testimonios proporcionados por Mariano González Vázquez, Apolonia Oceguera, Luis, Josefina y Agustina González Cárdenas.
[24] Ramón Sánchez, *op. cit.*, p. 197.

en los rancheros respeto y amor para la autoridad civil. Por otra parte, la fidelidad del campesino hacia la Iglesia parecía incompatible con la exigida por el Estado.

Religión, juego e inseguridad

La falta de sujeción a la ley y a la autoridad civil contrastaba con la entrega al gobierno eclesiástico y los mandamientos religiosos. Con poca instrucción, sin culto público y no exenta de supersticiones, la vida religiosa conservó su exuberancia. Una parte sobresaliente de ella la constituía el trato directo, físico, con seres del más allá. Nadie dudaba de las apariciones del diablo y las ánimas del purgatorio; nadie dejó de toparse alguna vez con seres sobrenaturales, con fantasmas de varia índole.[23]

Los ejercicios religiosos se acrecentaron. Un ejercicio común y corriente fue el rezo del rosario al amanecer y al anochecer. Muchos recorrían diez y hasta veinte kilómetros para oír misa dominical de alguno de los pueblos cercanos. Las imágenes de San José, la virgen de Guadalupe, San Juan, San Isidro Labrador y Santiago, eran las más frecuentadas. Casi nadie prescindía de la confesión anual, el pago de los diezmos y el riguroso ayuno durante los 40 días de la cuaresma. Casi todos se sabían el rezado de principio a fin: padrenuestro, credo, avemaría, mandamientos, todo fiel..., yo pecador, Señor mío Jesucristo..., la magnífica, las letanías y numerosas jaculatorias. Nadie dudaba de ninguno de los artículos de la fe. El cielo, el infierno y el purgatorio eran tan reales como la noche y el día.

Otras tres ocupaciones favoritas de los rancheros, además de rezar, eran el juego, la jineta y la conversación. Gustaban principalmente los juegos de azar y por encima de todo, el de naipes. Y se recibían con extraños transportes de júbilo las fiestas anuales de los herraderos. Entonces se ponían de relieve todas las destrezas adquiridas en la incesante lucha contra la naturaleza zoológica; exhibían los mejores su habilidad en el manejo del caballo y la reata; se practicaba el toreo y la jineteada "al uso antiguo". Y se adornaba todo eso con música de mariachi, con sones repletos de malicia, de alusiones eróticas, de deseos encapsulados, con sones que incitan a bramar, aullar, relinchar y beber aguardiente hasta caer.

La conversación en derredor del fuego, de la luz roja del ocote, fue una distracción muy frecuentada entonces. Oír y contar sucedidos e historias llegó a ser el pasatiempo preferido desde la entrada del sol hasta las nueve de la noche. Y no cabe duda que hubo buenos recitadores dentro de un arte de referir muy escueto y un repertorio de temas muy limitado: hazañas de caballos y jinetes, labores de la tierra, "crímenes de los hombres", pleitos y muertes violentas, sucesos naturales, aguaceros, rayos, crecientes de ríos y los signos que se consideraban como rasgos del día del juicio final: aquel cometa, aquella aurora. Venían en segundo término las historias de bandidos célebres, los recuerdos de las "tincas", los difuntos de ambos cóleras, los aparecidos, las diabluras del diablo y de los vivales, los cuentos de tema erótico, las "relaciones" de tesoros ocultos y algunas historias bíblicas: Sansón y Dalila, Tobías y el Ángel Gabriel, José y sus hermanos, Adán y Eva, Moisés rescatado de las aguas del río. Se recitaban versos ajenos y se hacían versos descriptivos y de burla. José Dolores Toscano (1834-1903) fue el rimador más oído. Esparció corridos, epigramas, chistes. Las demás ramas del arte eran menos frecuentadas. Sobra decir que se cantaban valonas y el alabado, este último a la madrugada; se intercambiaban coplas en los "papaquis" y eran imprescindibles los sones del arpa de José León en todos los fandangos con motivo de bautizos, bodas, cosechas y herraderos.

La existencia libre, semibárbara, alegre, igualitaria, hubiera sido idílica sin el sentimiento de la zozobra, sin el temor a la noche, a los malos espíritus, a la "seca" anual que arrasaba con el ganado, a las sequías decenales, a las heladas tempranas y tardías, a las pestes, al dolor de costado, a las viruelas, al "mal de Lázaro", a las víboras, a los meteoros, a la muerte repentina, a la corrupción de los cadáveres, a los venenos, a tomar el mismo día carne de puerco, menudo o aguacate y leche, al deshonor, a la maledicencia, al amor no correspondido, a las malas artes de los demás, a dejar verse la P en la frente, a encontrarse con difuntos, a sentir sobre la cara los dedos helados de los aparecidos, a toparse con los cuerpos en llamas de los condenados, y especialmente a la ruptura de la

34

paz, a volver a los tiempos anárquicos del bandolerismo, la violación de mujeres y la leva.

Pero sólo seis sucesos alteraron la calma en el quindenio 1867-1882: la rebelión de Ochoa, las fechorías del "Nopal", la gran hambre, una visita de obispo, la nevada y el cometa.

Lo de Ochoa fue un episodio de la rebelión cristera, que abarcó los Estados de Michoacán, Querétaro, Guanajuato y Jalisco durante la administración del presidente Lerdo de Tejada para protestar por la política en materia religiosa; sobre todo por haber incorporado a la Constitución las Leyes de Reforma. En estos puntos, los cabecillas Ignacio Ochoa y Eulogio Cárdenas, con 150 hombres de caballería, caen súbitamente a Sahuayo el 9 de enero de 1874. A partir de entonces hacen víctimas de toda clase de latrocinios y molestias a los rancheros de la ex hacienda de Cojumatlán y zonas aledañas. Al fin cansados los vecinos de la región y con el auxilio de Martínez, un jefe de acordada local, logran abatir a Ochoa en la ranchería del Sabino. El cabecilla rebelde sitia al general Luna, encerrado en la finca de la hacienda; tiende un cordón de sitiadores por todos lados, menos el de la presa; en la noche, a nado, fuerzas del coronel Gutiérrez unidas a los encargados del orden en la comarca y a Martínez, penetran al recinto sitiado; al otro día se abren a la vez todas las puertas de la finca, salen torrencialmente los sitiados, atacan a los de Ochoa, matan a cien, y a los restantes los ponen en fuga. Acabar con la fugitiva tropa dispersa fue un juego de niños.[25]

A la sombra de los "antiguos cristeros" medró Francisco Gutiérrez, apodado el "Nopal". A mediados de 1874 se fugó con veinte de sus compañeros de la cárcel de Jiquilpan. Al frente de su gavilla de ex presidiarios convertidos en bandoleros "infundió terror y espanto entre los moradores de estos lugares por sus numerosos robos y horribles asesinatos".[26] Como sucedía con Ochoa, batallones y regimientos hacían poca mella en los de Gutiérrez. Otra vez los rancheros se hicieron justicia por su propia mano.

En parte por las fechorías de Ochoa y Gutiérrez y también por las heladas y sequía de 1876 y 1877, el hambre apretó en el

[25] Esteban Chávez, op. cit., p. 40.
[26] Ramón Sánchez, op. cit., p. 131.

Unciendo los bueyes (Fernando Torrico)

occidente de Michoacán. Se secó gran parte de la Laguna. Las vacas se murieron a montones. La falta de maíz y frijol hubo necesidad de suplirla con las pencas de los nopales y las raíces de las charagüescas.

Muchas personas acudieron a Jiquilpan y Sahuayo, en agosto de 1881, para ver al nuevo obispo de Zamora, al señorial don José María Cázares y Martínez. Las visitas episcopales eran raras. Todavía recordaban algunos la hecha a Sahuayo por don Clemente de Jesús Munguía en 1854. Fue menos concurrida la que hizo, también a Sahuayo en el año de 1866, don José Antonio de la Peña. Sólo los vecinos del Llano de la Cruz y el Durazno disfrutaron de la fugaz presencia, en Mazamitla, de Pedro Espinoza, obispo de Guadalajara. La de Cázares tuvo atractivos suplementarios; aparte de las confirmaciones de rigor, hubo misiones dadas por "los padres santos". Todo predicador era padre santo para aquellas gentes. Algunos viejos habían oído predicar en Mazamitla, y aún vivían de lo que les dijeron cuando llegaron los predicadores del señor Cázares.[27]

Un hecho imprevisto vino a descomponer las cosas en febrero de 1881. Después de muchos días de llovizas y heladas "se desató un viento huracanado que apenas permitía moverse". Del viento salió "una nevada que comenzó al anochecer y terminó al clarear". La nieve subió más de tres pulgadas. El sol amaneció más brillante y radioso que nunca. Nadie había visto antes nada parecido. La nevada le restó lucidez al cometa. Los cometas, como las visitas de obispo, eran raros, pero sucedían. Como los señores obispos, los cometas eran vistosos. Al contrario de los obispos, los cometas eran portadores de calamidades: hambruna, guerra y peste. La blancura y el brillo de la nevada, las plumitas de algodón y vidrio hicieron época. La nevada vino a cerrar la época que abrió la aurora boreal.[28]

[27] Íbid., pp. 164-165.
[28] Datos comunicados por Luis González Cárdenas.

II. EL PUEBLO (1883-1900)

La generación de la nevada

SUELE DEFINIRSE el gobierno de don Porfirio Díaz como una época de paz, prosperidad económica, consolidación de la nacionalidad y dictadura. Don Daniel Cosío Villegas ha demostrado que la paz porfírica no fue tan general ni tan firme como se supone.[1] De cualquier manera, comparada con la de cualquier período anterior desde la independencia, parece más sólida. Don Pedro Henríquez Ureña asegura que la prosperidad porfiriana sólo alcanza a las capas superiores de la población.[2] No por eso deja de ser deslumbradora con sus trenes, máquinas y palacios. Tampoco cala muy hondo la consolidación nacional por medio de la educación pública, la promulgación de códigos y la propaganda nacionalista, pero no se pueden ignorar las escuelas relumbrantes del positivismo, la varia codificación y el difundido sentimiento "de una patria pomposa, multimillonaria, honorable en el presente y epopéyica en el pasado".[3] La dictadura y el caciquismo también tienen sus menos. El dictador se muestra paternal y oportunista y no toda su cauda de caciques es por igual espinosa. En todo caso las virtudes y los vicios del régimen de Díaz son notorios en las ciudades; cunden en vastas superficies del

[1] Daniel Cosío Villegas, "El Porfiriato: era de consolidación". *Historia Mexicana* (jul.-sept., 1963), t. XIII, núm. 1, pp. 76-87.
[2] Pedro Henríquez Ureña, *Historia de la cultura en la América Hispánica*, p. III.
[3] Ramón López Velarde, *El León y la Virgen*.

México rural, pero no penetran en todos los rincones del país.[4]

De los ingredientes del porfiriato, únicamente uno afecta de modo directo al terruño de esta historia. Acá no llega ninguna de las modernas vías de comunicación y transporte construidas por el régimen. Tampoco innovaciones técnicas ni capital extranjero alguno. Y esto queda olvidado por el gobierno de la República, por los gobernadores de Michoacán, por los prefectos de Jiquilpan y, en buena medida, por los munícipes de Sahuayo y los jefes de tenencia de Cojumatlán. Como de costumbre, queda al margen de la vida pública. Aquí nadie se percata de que los odios preferidos de Porfirio Díaz y sus corifeos eran la libertad de expresión y de trabajo. Aquí no se sufren los abusos de los jefes políticos; aquí no se recae en el latifundismo, ni se cae en el peonaje. Sólo se respira la paz y a su sombra entra en escena una generación de rancheros más venturosa que las precedentes, que hace crecer y prosperar su pequeño mundo casi sin ayudas exteriores, y sin ninguna oficial.

Desde 1818 se habían sucedido en la zona alta de la vicaría de Cojumatlán cuatro generaciones de hombres: la insurgente, la del cólera grande, la del cólera chico y la de la aurora boreal. La primera generación cumplió valientemente con su doble cometido de repoblar la porción montañosa de la hacienda de Cojumatlán y de combatir a lo bárbaro la barbarie zoológica. Fue aquella generación de patriarcas la que devolvió a la domesticidad los vacunos y equinos salvajes, la que ahondó loberas, trampas donde quedaron sepultadas muchas alimañas la que limpió de malas hierbas los terrenos. Sus miembros fueron sabelotodo y alegres.[5] En cambio, los hombres de la generación del cólera grande, los nacidos entre 1803 y 1817 la pasaron mal. La generación del cólera chico, la de los nacidos entre 1818 y 1833 tuvo algo muy importante a su favor: el fraccionamiento y la venta de la hacienda de Cojumatlán en 1861. Tuvo otra coyuntura venturosa: se le injertó sangre nueva. También le dieron brillo las personas de em-

[4] Para la sociedad porfiriana debe consultarse la minuciosa obra de Moisés González Navarro: *El Porfiriato. Vida social*, en Daniel Cosío Villegas, *Historia Moderna de México*.

[5] Vid supra "tres entradas"

puje: los cinco Antonios Martínez, los Chávez del Espino y el Tiznado, los Pulido y González del Llano de la Cruz, especialmente José Guadalupe González. Por lo que sea, los de esta generación implantaron, de una vez por todas, el aprovechamiento más o menos integral del ganado, en especial la succión e industrialización de la leche. Fue la generación que le hizo el primer boquete a la barrera del autoconsumo y la economía natural y, por lo mismo, la primera generación adinerada, la única que después de Martín Toscano, juntó porciones considerables de plata y oro, ya para ensanchar sus tierras, ya para ponerlas a buen resguardo bajo tierra, ya para que las gastara la generación siguiente en la que militaron muchos ebrios, jinetes, hombres de pistola de chispa, charros plateados, varones y mujeres que le dieron calor y sabor a la vida ranchera, pero no estímulos de índole económica. A tareas de gente seria se dedicarán otra vez cien jefes de familia de la generación de la nevada, jefes que toman el mando en los 80 del siglo XIX; en los principios de la paz porfírica.

En la generación de la nevada militan los nietos de los insurgentes y los hijos mayores de los beneficiados con el fraccionamiento de la hacienda de Cojumatlán, o sea los nacidos entre 1848 y 1862, los que de niños y adolescentes padecieron los sustos y zozobras de las luchas de Reforma, Intervención, Segundo Imperio y Cristera, y por lo mismo, y por ser en gran parte propietarios, son pacíficos, amantes del orden y no exentos de codicia. Es una generación que no contradice la marcha general del país. Va con la corriente. No es, sin embargo, una generación homogénea. Tampoco lo fue la insurgente y estuvo muy activa. También la generación de Guadalupe González Toscano fue heterogénea y muy emprendedora. La generación de la nevada, como las dos generaciones dinámicas, construirá sin estar unida, a veces por emulación. Hay entre sus miembros diferencias de lugar y de clase. No armonizan generalmente los pueblerinos y los rancheros, ni siquiera los nativos de un rancho con los de otro. También suele haber diferencias entre las familias grandes, pero no tan notorias como el distanciamiento entre ricos y pobres.

Los miembros más acaudalados de la generación pacifista y constructiva no vivían, por regla general, en sus ranchos. Así

40

los Arias vecinos de Mazamitla y Guadalajara, señores de más de 10 000 hectáreas, de la mitad de toda la tierra comprendida desde 1888 en la vicaría de San José; los Mora, vecinos de Pajacuarán y dueños desde 1867 de la vasta extensión del Nogal; los Zepeda, moradores de Sahuayo, El Valle y Mazamitla; Ramírez y Arregui, de Sahuayo; Sandoval y Quiroz, de Jiquilpan; seis familias que tenían a su nombre una cuarta parte de la tierra. Y esta aristocracia terrateniente y ausentista, dueña de las tres cuartas partes del conjunto, no sólo poseía propiedades aquí. De don Manuel Arias, dueño del Sabino, se dice que tenía otras seis haciendas, y no mucho menos ricos y orgullosos eran los demás grandes propietarios. Los más vivían holgadamente, algunos en vastas residencias citadinas, atendidas por numerosa servidumbre. Mandaban a sus hijos a buenas escuelas y la familia Mora vio a uno de sus vástagos convertirse en arzobispo de México. Muchos practicaron el deporte de preñar a las hijas de sus trabajadores; muchos se dedicaron al ocio del juego y los paseos. Como quiera, hay que reconocerles empuje constructivo, deseos de aprovechar sus fincas lo mejor posible, haciendo abrevaderos para ganado, multiplicando ordeñas e intentando modestas audacias industriales, como el molino de harina que don Manuel Arias puso en Aguacaliente.[6]

Los que pueden considerarse como de clase media de la generación pacifista o de la nevada, al contrario de los ricos, vivían aguas y secas en los ranchos de su propiedad o en las rancherías próximas a sus posesiones. Así, los grupos de pequeños propietarios del Llano de la Cruz (los hijos y hermanos de don Guadalupe González Toscano y los herederos de don Vicente e Isabel Pulido), del Saucito (los hijos de don Antonio Martínez), de San Miguel (Abraham y Filemón Aguilar, Simón Contreras, Antonio Cárdenas y los hermanos Ortega, Felipe y Ramón), de la Estancia (los hijos de don Antonio Barrios menos el músico que renunció a su herencia y se quedó a vivir en Cotija), de San Pedro (los Rodríguez, hijos del Caporal, José María Higareda y Luis García), del Izote, Breña y Tinaja (los Ruiz y los Ruiz Pamplona) y del Espino y

---

[6] En las ruinas del acueducto del molino está grabada con cincel la fecha de 1893. El molino operó alrededor de cinco años.

China (Trinidad y Vicente Chávez, Valeriano Cárdenas y los Fonseca). Todos estos propietarios menores, ya solos, ya con el auxilio de parientes próximos, se entregaban en cuerpo y alma al beneficio de sus tierras y ganados en particular, y al mejoramiento de la zona en general. Más que en darse a sí mismos bienestar y cultura, pensaban en dárselos a sus descendientes. En general prescindían del ocio por extrema dedicación al negocio. Al contrario de los ricos, le tenían gran amor a la tierra.[7]

El tercer grupo de la generación de la nevada lo formaban los sin tierra: vaqueros, medieros, modestísimos artesanos y peones. La mayoría de este proletariado trabajaba para los propietarios grandes y vivía (con poca libertad, aunque no en la servidumbre de los peones del latifundismo porfiriano) en las propiedades de los señores. Unicamente los desposeídos del Llano de la Cruz (dos docenas de familias) la pasaban sin señor, alquilando su trabajo aquí y allá, arriando mulas, blanqueando cera, haciendo mecates o poniendo vinata. Todos, libres y menos libres, tenían lo bastante para pasarla pobremente, sin posibilidades de ahorro. Eran tan adictos a la tierra como los pequeños propietarios, y más adelante colaborarían en el desarrollo de la región desinteresada y alegremente.[8]

Los cuatro hombres de la generación de la nevada más distinguidos como promotores del desarrollo fueron por orden de edad: Gregorio, Andrés y Bernardo González, del Llano, y Juan Chávez, de China. Aquellos tres hijos de don Guadalupe González y Gertrudis Pulido; éste de Vicente Chávez y Ana María Tejeda. Gregorio nació en 1850; Andrés en 1852; Bernardo en 1857 y Juan en 1859. Los enseñó a leer, escribir y contar don Jesús Gómez: De sus padres aprendieron los oficios campestres y las recetas del buen vivir. Gregorio y Juan eran bromistas; Bernardo serio y Andrés solemne. Se dice que la solemnidad y la extrema compostura las aprendió en el pueblo. Andrés, siendo adolescente, estuvo en Cojumatlán para limarse. Aprendió allí la caligrafía, el arte de "las escritu-

[7] Vid. supra cap. II.
[8] Los dos apuntados aquí han sido distraídos del Archivo de Notarías de Jiquilpan, Archivo Parroquial de Cojumatlán y la tradición oral.

ras" (contratos de compraventa, pagarés, testamentos, actas, recibos). Andrés recibió el don de la letra; Juan el del ingenio; Bernardo el del negocio y Gregorio el de la religión.

Juan fue dueño de variados talentos y exploró varios oficios: la herrería, la fabricación de jabones, la medicina, la cirugía y otras artes mecánicas. Era imperioso para los campesinos averiguar el curso de las lluvias, saber cuándo empezarían las aguas y cuándo llovería y cómo. Don Juan inventó un sistema de pronósticos. Exigían las mujeres algo que las liberara de la esclavitud del metate; don Juan se ingenió para construir un molino de piedra, un molinito casero que remoliera el nixtamal. Carecía la gente de la región de alguien que supiera los secretos para toda clase de dolores y padecimientos. Don Juan se aplicó al arte de la medicina; llegó a saber el uso de multitud de mixturas, jarabes y aceites.

Don Gregorio también exploró muchos caminos: el comercio, la ganadería mayor y menor, la apicultura y el blanqueamiento de la cera. En 1882 se hizo de su primer rancho, La Tinaja, adonde iba con su familia en tiempo de ordeña. Cuando algunos fuereños dejaron de venir por los productos de esta región, don Gregorio inició sus largos viajes a la capital a donde llevaba queso, puercos y lo que se ofrecía. Desde joven tuvo ordeña, rebaño de ovejas y piara, pero no era la economía su vocación. En lo que fue único fue en la piedad. La historia bíblica y el catecismo del padre Ripalda fueron las fuentes de su inspiración.

Los cuatro se distinguieron por lo piadoso; los cuatro eran también hombres de negocios, pero en los tratos ninguno aventajó a Bernardo, que llegaría a ser un terrateniente y ganadero de fortuna. Cada uno en su especialidad, todos con don de gentes, trabajaron para ellos y para todos. Su obra mayor fue la de haber conducido a sus coterráneos desde la vida ranchera hasta la pueblerina.[9]

Hubo un día en que la falta de este tipo de vida se dejó sentir. La sintió principalmente la clase media ranchera. Los ricos ya la disfrutaban; vivían en Mazamitla, en Jiquilpan, en

[9] Los datos biográficos de los patriarcas provienen de los archivos parroquiales de Cojumatlán, Mazamitla y San José, y sobre todo de informes obtenidos de hijos y familiares de los citados.

Don Gregorio González Pulido

Sahuayo, en El Valle. Vivir en un pueblo tenía sus recompensas de todo orden. A un pueblerino le era más fácil vender y comprar. El pueblo daba mayores garantías al dinero, la honra y la vida. Contra las asechanzas de los pronunciados, los bandoleros, y aun contra las del demonio y los condenados, lo mejor era el pueblo. En todo pueblo residía un sacerdote y había un templo. Los pueblerinos jamás se alejaban de sus difuntos, pues tenían camposanto a la orilla del pueblo. Para convivir con vivos y muertos se necesitaba la comunidad pueblerina. En un pueblo podían lucir la belleza, los trajes y las virtudes de las muchachas. También la educación de los hijos era más fácil en una población. En el pueblo había mercado, tiendas, comerciantes, plaza, muchachas lucidoras, escuela, maestros, artesanos, orden, autoridad propia, iglesia, sacerdote y cementerio.

La clase media ranchera ansiosa de cambio, podía optar por dos caminos: ir a vivir a cualquiera de los pueblos vecinos o fundarse uno. Los rancheros de otras tres zonas de la meseta ya habían elegido; se acababan de hacer sus respectivos pueblos: El Valle, Manzanilla y Concepción de Buenos Aires, éste más conocido por Pueblo Nuevo. Los de la ex hacienda de Cojumatlán seguirían el mismo camino. Ya eran suficientes para congregarse; en 1885 llegaban a tres mil. Había tres rancherías grandes: Ojo de Rana con un centenar de habitantes, El Sabino con 125 y el Llano de la Cruz con 217.[10] Auchen andaba alrededor de los setenta y cinco habitantes y San Miguel crecía a toda prisa. Cualquiera de estas rancherías se podría convertir en pueblo. Tres de ellas presentaban dificultades a causa de los ricos; a éstos no les convenía ni les convencía la idea del pueblo. Algunos de San Miguel querían el pueblo allí, pero prevaleció la opinión de los grandes terratenientes. Únicamente en el Llano de la Cruz, la más grande de las rancherías, no había ricos que aguaran la idea de la congregación. El Llano no era el medio natural más adecuado, pero sí el medio humano más eficaz para realizar la idea.

[10] Antonio García Cubas, *Diccionario geográfico, histórico y biográfico de los Estados Unidos Mexicanos*, y APC, libros de bautismos.

La fundación de San José de Gracia

En una de las veces en que el padre de Cojumatlán vino a oír la última confesión de un moribundo del Llano de la Cruz, lo acompañó el diácono Esteban Zepeda, hijo de buenas familias sahuayenses. El diácono les propuso a los rancheros que levantaran una capilla enmedio de la ranchería. Todos asintieron. El diácono se convirtió en presbítero y fue nombrado cura de Sahuayo en 1886. La idea de levantar capilla en el Llano de la Cruz se había ampliado. Ahora el señor cura Zepeda pensaba como los rancheros, fundar una población con su plaza, su templo y sus calles a cordel. La coyuntura se presentó al finalizar el año de 1887. Entonces llegó a Sahuayo en visita pastoral don José María Cázares y Martínez. Con ese motivo algunas personas del Llano de La Cruz acudieron a Sahuayo; llevaban a confirmar a sus criaturas. El señor cura Zepeda llamó aparte a los llaneros y les dijo: "vamos a fundar el pueblo según lo quieren. Vean a su ilustrísima para que nos dé el permiso correspondiente". Luego les dio las instrucciones para abordar al obispo. Había que hincarse delante del él; besarle la esposa; la esposa era el anillo que llevaba en la mano derecha; no se fueran a confundir como lo hizo el bobo que besó a una dama de alcurnia sentada al lado del señor obispo.

Los del Llano de la Cruz se fueron a ver al señor Cázares. Era un hombre digno de verse. Traía muy bien puestas las vestiduras de su oficio; se sentaba majestuosamente. Todas las calles estaban adornadas con papelitos de china. Las músicas de aliento no paraban de tocar. También se oían los cohetes. Todo el pueblo andaba tirando cohetes. El señor obispo era afable y tenía un gran dominio de sí. Gregorio González le dijo a lo que iban. El obispo preguntó si no había algún pueblo cerca del sitio donde querían fundar el suyo. Le dijeron que sí, que Mazamitla. "Esto está mal", dijo él. De todos modos los autorizó para hacer la fundación. Al salir de allí se fueron con el señor cura. "Muy bien" les dijo el padre Zepeda, "allá voy a trazar el pueblo".

Sería como el 18 de marzo de 1888 cuando un mozo llegó al Llano de la Cruz con la noticia de que allí nomás venía el señor cura con mucha gente. Los hombres se metieron en sus trajes de charro y se peinaron la barba. Se mandó a unos chiquillos a "que fueran a decirles a los que andaban en sus quehaceres de la llegada del padre". Otros chiquillos corrieron a traer tortillas, carne y lo que hubiera en las rancherías cercanas. En eso llegó la comitiva. La formaban los principales de Sahuayo; además del señor cura, el presidente municipal don Tomás Sánchez, el boticario don Estanislao Amezcua, don Melesio Picazo, don Pedro Zepeda y algunos más. También venía doña Refugio, la hermana del señor cura y otras mujeres. Todos comieron bien.

En la tarde, en asamblea del vecindario, se trató sobre la forma de conseguir dinero para sacar adelante la fundación. Primero habló el señor cura que entonces no tenía ni treinta años de edad. Luego don Tomás Sánchez (este sí viejo y coludo) propuso colectas y rifas. Allí en la junta misma se colectaron, en promesas, más de cien pesos. Algunos de los vecinos quedaron en dar vacas y novillos; otros puercos, gallinas o puro trabajo. Únicamente don José Dolores Zepeda (sería porque era de Mazamitla) dijo que él daba para que no se hiciera el pueblo. Otros quedaron en dar y al último no dieron nada.

Al otro día se deliberó sobre el lugar adecuado para la fundación. Unos dijeron que en Ojo de Agua y otros que en Ahuanato. Se escogió la loma que se levantaba enfrente de las casas del Llano de la Cruz, hacia donde se pone el sol, nomás pasado el arroyo. La loma era de José María y Luis González Toscano; estaba llena de nopales, magueyes y huizaches; sus dueños aceptaron vender lotes. Se fijó el sitio exacto donde estarían la plaza y el templo. Con una yunta de bueyes, con surcos bien derechos, se marcó el perímetro de la plaza y la manzana del templo; aquí se enterraron reliquias de santos; se trazaron otras siete manzanas rectangulares. Después todo mundo se fue a comer.

Se comía entonces en punto de mediodía. Durante la comida se trató el asunto del nombre. Se le podía dejar el de Llano de la Cruz, pero lo mejor era ponerle otro. Cómo se le iba a decir llano si estaba en una loma. Sería bueno ponerle nombre de un santo, pero la corte celestial estaba muy poblada. Doña Refugio, la hermana del señor cura dijo: "Pónganle San José; hoy es 19 de marzo, día del patriarca José". Todos estuvieron de acuerdo, y sepa quién le agregó a San

47

José el de Gracia. Cuando se volvió la comitiva ya esto se llamaba San José de Gracia. (Así terminó el primer acto.)[11]

Don Gregorio González Pulido se encargó de promover y dirigir la fábrica del templo. Mucha gente anduvo metida en la apertura de los zanjones. Se hizo un hondo vallado en forma de cruz; se llenó de piedras, según las indicaciones de Marcos Pulido, el primer maestro de obras. Luego llegó un albañil para asesorar en el levantamiento de los muros de adobe; don Atanasio Alonso había dado muestras de ser un buen albañil en otro pueblo nuevo, en Concepción de Buenos Aires; él era oriundo de Tepatitlán, en el corazón de los Altos.[12]

Mientras unos ponían mano en la obra de la iglesia, otros levantaban sus hogares dentro de la traza del pueblo. Eran casas diferentes a las de antes. Todos los muros se hicieron de adobe. Ya casi nadie hizo paredes de varas y lodo ni techos de zacate. Se adoptó el sistema constructivo de las poblaciones aledañas de nota. Para los cimientos se usaron piedras unidas entre sí con lodo. Sobre los cimientos se pusieron los muros de adobe de dos a tres metros de altura. Los adobes eran tabiques de barro secado al sol de $50 \times 40 \times 18$ centímetros. Encima de los muros se colocaron vigas y el caballete de madera, armazón del techo de dos aguas. Sobre la armazón se puso un enrejado de varillas para sostener las tejas rojas e imbricadas. En la base de la armazón se tendió un piso de tablas, o tapanco. Al tapanco se le dio el destino de granero, de depósito del maíz y los manojos de hoja. En general se tomaron como modelos las casas de poblaciones como Jiquilpan, Sahuayo y La Manzanilla.

Nadie pensó entonces en hacer sus casas conforme a los dictados de la higiene. Nadie se preocupó de que estuvieran bien ventiladas o con mucha iluminación. Nadie tomó muy en cuenta el que fuesen abrigadoras. Las heces fecales se seguirían depositando, como de costumbre, en el corral y a flor de tierra, para servir de alimento a los cerdos. Algunos a espaldas de la casa levantaron tejavanes para los animales

[11] Datos comunicados por Luis González Cárdenas, de 87 años de edad, oriundo del Llano de la Cruz e hijo del fundador Gregorio González Pulido.
[12] Datos comunicados por Mariano González Vázquez, nacido en 1865 en El Llano de la Cruz e hijo de Antonio González Horta.

Padre Esteban Zepeda

domésticos y especialmente para el caballo. También las basuras fueron a dar al corral para que entre ellas las gallinas, a fuerza de picotear, seleccionaran lo provechoso.

Según se sabía, las casas de los mejores pueblos del contorno no tenían patio ni jardín hacia afuera. Desapareció el soportal exterior que reapareció adentro, alrededor del patio. Don Andrés González Pulido, que se había limado en Cojumatlán, puso en su casa sala, aparte de cocina y cuartos para dormir. Años después otros seguirían su ejemplo.

Otra cosa ampliamente imitada fue la de llenar de belenes españoles el huerto interior; a la sombra de los árboles frutales, los belenes que trajo doña Lucía Cárdenas de Zapotlán se multiplicaron rápidamente. Por último, las ventanas: ya ninguna construcción careció de ventanas hacia la calle, aparte del zaguán. Por fuera y por dentro las casas de San José fueron mejores que las de cualquier ranchería, y más amuebladas. Sillas de pino e ixtle, camas, mesas y escupideras se agregaron al mobiliario tradicional. La arquitectura confluía a la idea de formar un pueblo.[13]

1888... 1889... 1890. Año tras año llegaron familias a plantarse, con casa y todo, en San José. Prácticamente la ranchería del Llano de la Cruz se vació, en los tres primeros años, en la traza del pueblo. De la Venta vinieron los Toscano; los Pérez (Francisco y Manuel) del Valle de Mazamitla; de mero Mazamitla, el carpintero Blas Ramos y el matancero Pascual Barriga. Tizapán colaboró al poblamiento de San José con el panadero Martín "Chapala" López y con el arriero Andrés Gálvez. Los corrales de Toluquilla proporcionaron un par de valientes, los Ortiz; El Paso de Piedra adujo a la familia Lara y al buen fustero Vicente Chávez; Pancho "Cotija" Chávez, Ildefonso "Penche" Contreras y el majestuoso don Lorenzo Zepeda se vinieron en plan de comerciantes. Lugar aparte y distinguido entre los primeros habitantes de San José ocupan los Partida del Palo Dulce y los Chávez del Espino y China.[14]

[13] Datos comunicados por Luis, Josefina y Rosa González Cárdenas, María González Zepeda, María Pulido y otros informantes fidedignos.

[14] Archivo Parroquial de San José de Gracia, al que en adelante se le citará con las siglas APSJ, *Informaciones matrimoniales*, 1888-1900.

Y desde junio de 1888 comenzó a funcionar la vicaría de San José de Gracia, adscrita a la parroquia de Sahuayo. El número de sus feligreses empezaría siendo de tres mil. Había ya tres mil habitantes donde 30 años antes, en 1861, sólo había mil. [15] En abril había venido el padre Luis Martínez, vicario de Cojumatlán, a la confesión de un moribundo en el Llano de la Cruz. Desde el Llano contempló la loma donde se acababa de trazar el pueblo, y éste fue su comentario: "¿Allí se hará la población? Pues si es allí, no nace todavía el padre que vendrá a decir la primera misa". Eso dijo y se fue. En junio de 1888 volvió al pueblo, que según él no crecería sobre aquella loma, con el nombramiento de vicario de San José de Gracia. Gregorio González Pulido vendió una considerable partida de ganado para comprar los ornamentos que requería el vicario. Contra toda su voluntad, el padre Martínez, oriundo de Sahuayo, permaneció en el naciente pueblo año y medio. Después fue a servir de acompañante al patrón de Guaracha. Ese papel le gustó mucho. En sustitución del primer vicario vino otro comodino. Tampoco el padre Marcos Núñez sirvió para cosa alguna, y sí para desanimar a la gente. Los constructores del pueblo lo padecieron por más de un año. [16]

Por lo pronto, al nuevo pueblo no se le concedió más rango político que a cualquier ranchería. Se puso como encargado del orden y jefe de acordada a Rodrigo Moreno, como suplente del anterior a don Abundio Chávez y como ayudantes de ambos a Justo Ramírez, Toribio Olloqui, Timoteo Chávez, Crescencio Negrete, Francisco Chávez, Marcos Rojas, Desiderio Ortiz, Cornelio García, José Pérez y Luis Buenrostro. [17] La designación de todos estos caballeros la hizo el ayuntamiento de Sahuayo tomando en cuenta las pruebas de honradez y de bravura que cada uno de los designados tenía en su haber. El 19 de abril de 1890 los munícipes cambiaron de opinión. En acuerdo de cabildo "se dispuso nombrar encar-

[15] APSJ, *Libro de bautismos*, I. El número de habitantes se calculó a partir del número de bautismos registrados ese año. Se multiplicó el número de bautizados por 25.
[16] Las fechas de estadía de los vicarios provienen del APSJ. La semblanza de los dos primeros se hizo con datos aportados por Luis González Cárdenas.
[17] Archivo Municipal de Sahuayo, Libros de acuerdo del H. Ayuntamiento. En adelante este archivo será citado así: AMS.

gado del orden en San José de Gracia a los ciudadanos Gregorio González como propietario y como suplente al C. Lorenzo Zepeda, por virtud de haber manifestado algunos munícipes que Rodrigo Moreno y Abundio Chávez. . . no estaban a propósito, y que sí lo estaba Rodrigo para desempeñarse con el cargo de Juez de acordada".[18]

A fines de 1890 un gran acontecimiento vino a cerrar el segundo acto de la fundación del pueblo. El obispo Cázares decidió venir a San José. Salió de Cojumatlán con un séquito imponente; subió los 400 metros de rigor y apenas comenzaba a cabalgar sobre la meseta de aire puro, cuando salieron a su encuentro los primeros grupos de jinetes vestidos de charros. A medida que avanzaba, el número de acompañantes crecía, "y tanto, que los que iban delante, como los que seguían atrás, le aclamaban. . ." Rodeado de la multitud entró José María, obispo de Zamora, en San José, donde permaneció día y medio; asestó la cachetada de la confirmación a casi un millar de criaturas y se le agasajó con un torito de fuego. Poco después el padre Núñez salió del pueblo y vino en su lugar el padre Othón Sánchez, un sacerdote recién ordenado.[19]

El padre Othón había pegado su primer grito en Sahuayo, desenvuelto notablemente de la independencia para acá, al punto de habérsele aventajado en población y riqueza a Jiquilpan, cabecera del distrito. En 1895, el censo registra a 7 199 sahuayenses, que según la opinión de Ramón Sánchez se distinguían de los otros habitantes de la zona por ser individualistas, igualados y agresivos. "Su susceptibilidad entre sí, los hace guardar resentimientos, motivando la desunión". "La gente del pueblo es hasta insolente, teniendo las pretensiones de querer igualarse con personas de representación social. Tienen también otra reprobada costumbre: cada hijo de vecino tiene su apodo.[20] Eran además, y no lo señala Sánchez, religiosos hasta el fanatismo.

El padre Othón era de la clase media sahuayense. Se acabó de formar en el seminario de Zamora que fundó el señor Cázares en 1864 y donde enseñaban, aparte de gramática

[18] AMS, Libro de acuerdos del H. Ayuntamiento del año de 1890.
[19] Informante: Luis González Cárdenas. También APSJ, libro de confirmaciones, núm. 1.
[20] Ramón Sánchez, ob. cit., p. 147.

latina, filosofía escolástica y teología, una moral rígida y el desdén y el odio hacia los gobiernos emanados de la Reforma. El padre Othón era alto y robusto, sahuayense hasta las cachas, cristiano al uso antiguo. Fue puesto por el obispo Cázares de vicario en San José con la misión de modelar una sociedad pueblerina naciente, y el enviado se encargó de hacer un pueblo a imagen y semejanza del de Sahuayo y del ideal de vida aprendido en el instituto de Zamora.

Entre 1891 y 1900 se consuma la fundación. El templo se pone en servicio. El maestro Francisco Gama (feo, picado de viruelas, ex coronel del Segundo Imperio e iracundo) les hace entrar las letras y los números a medio centenar de niños desde 1896 hasta que queda del todo ciego en 1898. Luego se abrió la escuela de las madres. También numerosas tiendas y talleres artesanales. Gregorio Núñez, del Guayabo, Sabás Flores, de Ocotlán, pusieron carnicerías; Julián Godoy de Quitupan, abrió panadería; Emigdio Martínez, de Jiquilpan, sastrería; Heliodoro Amezcua, de Sahuayo, botica; Pilar Villalobos, de los Altos, talabartería; Bartolo Ortiz, de Los Corrales, zapatería; Braulio Valdovinos, del Jarrero, sombrerería, y don Lorenzo Zepeda, de Sahuayo, mesón. Los adoberos, tejeros, carpinteros y albañiles que ayudaron a formar el caserío de San José pasaron de la docena entre locales y fuereños.

El padre Othón fue la figura principal en el acto definitivo de la fundación de San José. En el primer momento el personaje sobresaliente había sido el cura de Sahuayo, don Esteban Zepeda; en el segundo, fueron los vecinos del Llano de la Cruz, y en el tercero, el joven sacerdote, paisano del padre Zepeda, y como él, valiente, decidido y trabajador. En ninguno de los actos dejó de aparecer el obispo de Zamora, don José María Cázares y Martínez. Don Othón atendió a las mil minucias que requiere el nacimiento de un pueblo. Puso mano a la traza; apresuró y terminó la construcción del templo; erigió el curato; hizo casa para escuela; hizo pronósticos y profecías; trajo maestros; acarreó artesanos; usó de la representación teatral y otros medios para consolidar la doctrina cristiana en la feligresía; vistió a la gente; vapuleó a borrachos y jugadores; trató y contrató con los campesinos sobre tierras y ganados, y quiso proporcionarle un santo al naciente pueblo. (Ponciano Toro, después de una fiebre de cuarenta días, comenzó a tener éxtasis; veía a toda la corte celestial y a los huéspedes del infierno y preveía a los que acabarían entre alados ángeles y a los que después de muertos serían atizados por diablillos rojos. El padre don Othón propuso a la veneración pública al vidente; su hermano Rosendo, punzándolo con una aguja de arria, lo despertó de uno de sus éxtasis y ya no volvió a tener otro.)

El padre Othón nunca predicaba; gustaba de leer libros piadosos e infundía el amor a la lectura en la gente joven. El padre iba de casa en casa haciendo obras de misericordia y ejercitaba a los demás en ellas. Todo el pueblo y las rancherías lo consultaban. Él dictaminaba lo que había que darle a la niña enferma; proponía medios para amansar al marido pegador; decía cómo se confeccionaba un retrete. El padre Othón le organizaba vistosas recepciones al obispo y a los misioneros que lo acompañaban en sus visitas pastorales. (Su Ilustrísima y los predicadores volvieron en 1893, 1896 y 1900. Las tres veces impartieron confirmaciones y ejercicios espirituales. En todos los ejercicios se lloró copiosamente). El señor obispo Cázares quería mucho al padre Othón y mucho más lo querían y respetaban sus parroquianos.[21]

El pueblo prosperó con don Othón tan rápidamente, que ya en 1895 era manzana de discordia entre los estados de Michoacán y Jalisco. El gobierno de Jalisco, con base en vagos derechos coloniales, sostuvo que el saliente suroccidental de la ex hacienda, o sea todos los terrenos y rancherías situadas al sur de una línea trazada de la Aguacaliente a la punta del cerro de Larios, eran jaliscienses. Para resolver este problema de límites y otros surgidos entre ambos estados, se formó una comisión técnica encargada del deslinde que trabajó desde 1895 hasta 1897 y se sirvió de asesores rancheros, entre ellos Gregorio González Pulido. Gracias al estudio minucioso de técnicos se fijaron detalladamente los linderos de Michoacán en el extremo oeste y, por añadidura, la linde de la vicaría de

[21] Sobre la vida y virtudes del P. Othón, atestiguaron muchas personas: Agustina González Cárdenas, de 81 años de edad; María Pulido de 82 años de edad; Margarita Orozco de 78 años de edad; Luis y Josefina González Cárdenas, etc.

Padre Othón Sánchez

San José por los lados norte, sur y poniente.[22] Los comisionados de ambos gobiernos estatales convinieron sin dificultad que por la parte poniente fuera el límite el río de la Pasión, desde el Molino hasta donde se junta ese río con el arroyo de Aguacaliente.[23] Disputaron sobre la posesión de San José y sus alrededores. Los josefinos expresaron claramente su deseo de ser michoacanos. Michoacán alegó que San José y sus contornos "jamás han pertenecido a Jalisco" y sostuvo su interés en conservar ese pueblo "porque es una población de porvenir".[24]

La causa de que los josefinos no hayan querido ser jaliscienses es muy sencilla. Como toda aldea del mundo hispanoamericano, San José tuvo, desde su fundación, su aldea rival. Fue, por supuesto, la más cercana, Mazamitla, a sólo dos leguas de distancia. Si los josefinos hubieran aceptado pertenecer a Jalisco, hubieran quedado, por lo pronto, sujetos a Mazamitla, que ya era cabecera municipal.

Pueblos divididos por un río, como lo dice la etimología, son pueblos rivales. Entre San José y Mazamitla sólo había un arroyo, porque a esa altura todavía no es río el de la Pasión. Como quiera, desde San José era Mazamitla el pueblo que quedaba más a mano para tenerlo como enemigo. La Manzanilla estaba más distante y unida con lazos de sangre a la gente de San José. Además, aquel pueblo ya tenía su rival en Concepción de Buenos Aires. También el Valle de Mazamitla o de Juárez andaba en pleito casado con Quitupan. Ni a los de San José ni a los de Mazamitla les quedaba otro camino; debían ser pueblos hostiles. La gente de cada uno de los dos pueblos estaba obligada a tener mala opinión y hacer comentarios burlones de la gente del otro pueblo. Tampoco podían faltar las riñas a pedradas entre los muchachos de ambas localidades.

A San José le tocó un rival mayor y de más peso que él. Mazamitla tenía por lo menos cuatrocientos años de vida; era una comunidad prehispánica. Sufrió algunos reveses en los

[22] *Límites entre Michoacán y Jalisco. Colección de documentos oficiales.* Morelia, 1898, p. 82.
[23] *Op. cit.*, p. 83.
[24] AMS, Libro de Acuerdos del H. Ayuntamiento, año 1896 y *op. cit.*, p. 45

primeros siglos de la Colonia, pero se mantuvo como la población más importante de la meseta y la Sierra del Tigre. Nada se le comparaba en cuarenta kilómetros a la redonda. Su nombre sonó mucho durante la lucha insurgente. Al empezar la vida nacional comenzó a tener dificultades con los colonos blancos. Llegaron los criollos y no para fundirse con la gente antigua del lugar. Los rubios se instalaron como señores de los aborígenes. A finales del siglo xix era ya un pueblo dividido en dos castas, no un pueblo mestizo. Tenía el doble de habitantes que San José de Gracia y capitaneaba un vasto territorio.

En 1898 la vicaría de San José de Gracia quedó bien delimitada: algo más de 230 kilómetros cuadrados de superficie, un pueblo y veinticinco rancherías, más de tres mil cristianos y alrededor de nueve mil vacunos[25] En el pueblo no había tanta gente como fuera de desearse. Los patronos ricos no dejaron que sus sirvientes se avecindaran en el pueblo. Otros decían: "en el pueblo no me mantengo". Algunos depositaron la familia en San José y ellos se quedaron en el rancho.[26] Aunque con pocos, San José tenía ya la fisonomía inconfundible de un pueblo de adobes subido sobre una loma.

Calles rectas cortadas en ángulo recto, una iglesia donde cabía medio millar de fieles, un cementerio distante, una plaza donde se plantaron árboles grandes, la casa vicarial, un edificio para escuela, tres tendajones, varios talleres y ciento cincuenta casas formaban el pueblo al finalizar el siglo xix. Casas con mujeres que ya no vestían como antes, porque el padre les había obligado al uso de la ropa interior. Mujeres "con blusa corrida hasta la oreja y la falda bajada hasta el huesito". Mujeres enrebozadas que sólo asomaban un ojo y la punta de la trenza. Mujeres en cocinas que consumen mucha leña. Hombres de las casas grandes que habían comenzado a vestir con pantalón ajustado; sombrero de fieltro, de falda amplísima y de copa como torre; botas y otros signos que los distinguían de los pobres, sólo exteriormente.

---

[25] La cifra de los vacunos la proporciona un papel suelto que consta en ese montón de papeles que es el Archivo Municipal de Sahuayo.

[26] Datos comunicados por Luis González Cárdenas.

El gran miedo del año 1900

En 1900 según el censo nacional, había en la vicaría de San José de Gracia 3 251 habitantes, el doble de los calculados para 1867. En el pueblo habitaban 894, o sea el 28% del total. La ranchería del Sabino, centro de la hacienda, tenía 239 habitantes; el Paso Real 258 y San Pedro, 251. Sólo en tres rancherías se concentraba otro 23% de la gente. Entre 101 y 200 moradores albergaban Auchen, Colongo, La Española, Ojo de Rana y San Miguel. Andaban entre 50 y 100 habitantes La Breña, China, Durazno, Espino, Estancia del Monte, Laureles, Milpillas, Palo Dulce, Rosa, Saucito, Tinaja y Venta. Con menos de 50 habitantes, el censo en 1900 registra únicamente a la Arena. Olvida El Aguacaliente, el Izote y el Cerrito de la Leña que tenían un conjunto algo más de 100 personas. La población total de la vicaría se puede estimar conservadoramente en 3 400 habitantes.[27]

En el pueblo se concentraba una cuarta parte de la gente; otra en la zona de las pequeñas propiedades, y el resto en las propiedades mayores. Esto indica que las partes menos densas eran las ocupadas por los latifundios. Por ejemplo, la hacienda del Sabino con una extensión de 42 kilómetros no reunía más de 275 habitantes, o sea entre seis y siete habitantes por kilómetro cuadrado, siendo que esa hacienda poseía los mejores terrenos de cultivo y agostadero de la región y era la más trabajada de todas las grandes propiedades. Es también significativo el que un tercio de la población de las rancherías moraba sobre la línea fronteriza entre los estados de Michoacán y Jalisco, debido en parte a la presencia del río de la Pasión, y en otra, a las posibilidades que se ofrecían, viviendo en la frontera, de escapar a los castigos de la justicia estatal.[28]

La población de 1900 era en general homogénea. Desde treinta años atrás la inmigración había sido escasa. Y aquellos antiguos inmigrantes llegados en los años 60, procedían de lugares próximos, según vimos, y para 1900 estaban total-

---

[27] *Censo y División Territorial de la República Mexicana.* México, Tipografía de la Secretaría de Fomento, 1904.

[28] *Límites entre Michoacán y Jalisco,* p. 46: "Los criminales al cruzar la línea limítrofe se creen amparador por la soberanía de otro Estado, e inmunes."

mente asimilados al núcleo anterior. Los que vinieron, a partir de 1891, al pueblo recién fundado, o sólo residieron en San José por un tiempo (como la frondosa familia del padre Othón y los artesanos por él traídos) o fueron personas de La Manzanilla y localidades cercanas, que en nada diferían de las de San José y sus contornos. Prácticamente todos los feligreses del padre Othón eran iguales por la cultura.

La gente de la vicaría crecía rápidamente y no por la exigua inmigración. Entre 1890 y 1899 nacieron 1 187 seres humanos y murieron 360. El superávit fue de 817, a pesar de que hubo años malos: en 1890 la epidemia de tosferina se llevó a muchas criaturas y en 1894 la epidemia de viruelas mató a 18 niños.[29] Sumados a los 817, los 79 que vinieron de fuera a establecerse en el pueblo recién fundado, se obtiene la cifra de 896, que corresponde al aumento habido en la década. Así, pues, en diez años la población de la vicaría creció un 30% no obstante el estorbo de endemias y epidemias contra las que no se tenía casi ninguna arma. La sexta parte de las defunciones fueron obra de la neumonía, un 5% de la tosferina y un 8% de las viruelas. La vacuna contra éstas apenas comenzaba a difundirse. En San José uno de cada diez nacidos vivos moría antes de cumplir el año; en los ranchos la mortalidad infantil era del 14%. Por complicaciones durante el embarazo y el parto se iba buen número de madres. Por accidentes y violencias moría uno por mil de los varones mayores de quince años. Entre 1891 y 1900 sólo hubo cinco homicidios.[30]

Todo iba viento en popa, cuando un rumor desquició al pueblo y las rancherías. Nadie sabe de dónde salió un comentario atribuido a Santa Teresa: "Todo se acabará antes del año dos mil". Nadie supo quién precisó la fecha: "El mundo fenecerá el día último del año 1900". En el tiempo de aguas, cuando todo es tronar y llover, empezó la invasión de los terrores.

En noviembre vino el señor obispo. Hubo, como de costumbre, misiones. La gente se azotó y lloró. Alguien le oyó decir a uno de los padres que seguramente la vida terminaría la noche del 31 de diciembre. Otros aseguraban que el señor

[29] APSJ, Libros de bautismos y defunciones.
[30] APSJ, Libro I de Defunciones.

Don Andres González Pulido

obispo en persona lo había predicado. Además había presagios funestos; el principal, un cometa. El padre Othón trató de detener la creciente marea del miedo. No hubo poder humano capaz de enfrentarse a la angustia colectiva. Los rancheros empezaron a bajar a San José. Las aglomeraciones en la iglesia, la desesperación, el aleteo del miedo lo entristeció todo. Nadie quería quedarse sin confesión, y el padre no podía confesar a todos a la vez. Dijo que comenzaría con las madres que llevaran niños en brazos. Se produjo gran escándalo en el templo cuando se descubrió que una mujer en lugar de niño, abrazaba una almohada. Como quiera, ningún pecado de los feligreses quedó inconfeso. Durante tres días y tres noches don Othón no se levantó del confesonario. Por fin llegó la terrorífica noche. El atrio y el templo se estremecieron de terror hasta las doce. Expirado el plazo fatal, el vecindario recobró la vida de antes. Empezó el desfile hacia las casas. Huyó el gran miedo. En el futuro no quedarían más angustias que la zozobra por los malos temporales. Pero el terror ante la proximidad del juicio final ya había producido una crisis.

Al parecer, el miedo general de que este mundo se acabara con el siglo, atrajo toda clase de calamidades. La fertilidad femenina amenguó notablemente. En 1900 disminuyó en un 12% la natalidad, y el número de defunciones aumentó en un 51% con respecto al año anterior. En San José hubo más entierros que bautismos. Una epidemia de viruela y el recrudecimiento de la endémica pulmonía hicieron numerosas víctimas. Algunos se quedaron en la inopia; decidieron darse buena vida antes de pasar al otro mundo. Marcos Chávez, que acababa de recibir una herencia, cuando vio que lo del fin del mundo iba en serio, se gastó la herencia en sonadas parrandas y bochinches.[31]

[31] Se resumen los recuerdos de muchas personas sobre el gran susto.

III. LOS RANCHOS Y EL PUEBLO (1901-1910)

El mundo de los negocios y la vida social

UNA VISITA a San José de Gracia, hecha en 1901 por media docena de observadores minuciosos y diversos habría arrojado otras tantas imágenes diferentes. Uno diría: es un pueblo de ganados, cabalgaduras, labriegos y jinetes barbones; otro vería una congregación de medianos y pequeños propietarios rentistas y todos compadres y parientes entre sí; un tercero se afianzaría a la idea de un pueblecito de gente holgazana, seca y apacible; el liberal jacobino no lo distinguiría de un monasterio de beatos, de una trapa sin muros; el patriota progresista diría del pueblo que era un nido de conservadores apátridas, y el sexto observador, el jefe de una comunidad indígena, encontraría a los güeros y morenos de San José avorazados, sin sosiego, amantes de mudanzas y nerviosos. Ninguna de las seis fisonomías, con exclusión de las otras, correspondía a la de San José, pero las seis juntas le eran justamente atribuibles.

Las características sobresalientes de la vida económica eran: predominio absoluto del sector agropecuario; manufactura rudimentaria, comercio estrecho y exiguo, actividades muy poco rendidoras, poca productividad y precios bajos. Las ocupaciones del campo (la agricultura maicera de temporal y la ganadería de leche) absorbieron en 1901 al 80% de la población activa. Las actividades industriales consistían principalmente en la transformación elemental de algunos productos ganaderos y en artesanías minúsculas. La vida económica giraba en la ronda anual de las estaciones. El calendario de trabajo era el siguiente: primavera, estación de las siembras principales (maíz, frijol y calabazas) y de la cosecha del garbanzo y el trigo. Verano, estación agropecuaria por excelencia (escarda y asegunda de las milpas, abundantes ordeñas, recolección de frutas, fabricación de quesos y trabajo intenso para todos). Otoño, estación de las minúsculas siembras de garbanzo y trigo, del corte de la hoja del maíz, de la soltada de vacas y de los herraderos. Invierno, período de la recolección del maíz y las fiestas cosecheras. También eran del período seco las vinatas, pero el máximo ejercicio de las secas consistía en quitar el cuero al ganado que mataba la sequía, a la cuarta parte del ganado en los años buenos y a la mitad o más en los malos.

No todos los años económicos eran iguales. La abundancia y distribución de las lluvias, vientos y heladas cambiaba de un ciclo a otro. Se distinguían tres especies de año: secos, buenos y pintos. A los tres los determinaban fundamentalmente las lluvias. En los años secos no había lluvias invernales y era breve o poco abundante el temporal de aguas, como pasó en 1894-1896. Eran ciclos anuales buenos los contrarios a los anteriores; así 1898 y 1899. Pero no sólo la abundancia y permanencia de la lluvia hacían un buen año general. Se daban también los años pintos en que no llovía parejo en toda la región. A merced del tiempo, de las vueltas del tiempo estaban los quehaceres y en especial los agropecuarios; a merced del tiempo y de San Isidro Labrador.[1]

La ganadería siguió a la cabeza de todas las actividades económicas. El número de ganaderos con más de 10 cabezas de ganado mayor era de setenta en 1897. Los grandes propietarios como don Manuel Arias, agostaban en la región alrededor de 2 500 bovinos, o sea poco menos de la tercera parte del número total. En todo el distrito de Jiquilpan había 21 200 cabezas de ganado vacuno.[3] La vicaría de San José que sólo era, por su extensión, la treceava parte del distrito, tenía la tercera parte de todos los vacunos del distrito. Ya era, pues, la zona ganadera por excelencia. En tiempo de aguas, de San Juan a Todos Santos, se formaban alrededor de 60 ordeñas de

[1] Datos comunicados por Luis González Cárdenas.
[2] AMS, Registro de fierros y marcas, año 1897.
[3] Ramón Sánchez, op. cit., p. 213.

40 a 60 vacas cada una, que daban diariamente durante cuatro meses y una semana, 6 000 litros, y en toda la temporada 750 000 litros, que en pesos de entonces valían quince mil. El valor de las crías era de 9 000 pesos. Agregando a esos valores el de los otros ganados (caballar, mular, asnal, de cerda y lanar) se puede estimar la producción ganadera en 30 000 pesos.[4]

La industria básica era la transformación de la leche en queso, y en mucho menor escala, en jocoque, requesón, mantequilla batida y agria y quesillo. Aproximadamente las cuatro quintas partes de la leche se convertían en esos productos conforme a fórmulas precisas acarreadas por la costumbre. Todo el queso, salvo pequeñas variantes (queso panela) era grande y redondo, semejante al manchego en sabor y aroma. La mayor parte se comercializaba. Don Gregorio González Pulido llevaba una vez al mes los productos de la región a la capital. El queso era transportado a lomo de mula a Tizapán; de ahí iba por canoa a Ocotlán, donde el tren lo transportaba hasta México. Allá lo vendían unos españoles apellidados Pérez. Los demás derivados de la leche se consumían aquí: el jocoque o nata de la leche cruda, el requesón o ricotta obtenido del suero y la mantequilla agria o de Flandes. Fuera de la leche, el resto de los productos del ganado vacuno no se industrializaba en cantidades de consideración. Los animales de deshaíje y de desecho que no mataba la seca se vendían en pie a los arribeños (comerciantes del Bajío) y cubrían el consumo local de la carne. La lana de los escasos rebaños de ovejas la consumía parcialmente la pequeña industria local de los sarapes. La mitad de los cerdos moría aquí, y la otra mitad se conducía a México por el mismo camino del queso. Los cueros de vacunos y ovinos alimentaban modestas curtidurías y talabarterías locales. Era el talabartero de nota don Eulalio Vargas.

El área cultivada de maíz y cereales se mantuvo restringida a cortos pedazos de tierra. Aun durante los años buenos, la cosecha de maíz era magra. Se sembraban 300 yuntas de maíz y algunos ecuaros de azadón. En mayo o junio, según los caprichos del temporal y según se sembraran en seco o sobre

---

[4] Datos comunicados por Luis González Cárdenas.

mojado, después de abrir los surcos, empezaban los sembradores a tirar los granos y taparlos echándoles tierra con el pie. Al siguiente mes se hacía la escarda en seco, auxiliada por los alzadores, y al otro mes venía la asegunda en llovido, casi en el lodo. Las operaciones de siembra, escarda y asegunda se llevaban de dos a tres semanas cada una. Concluidas éstas, se soltaban los bueyes y había que esperar hasta el corte de la hoja dando una que otra vuelta a la milpa para impedir la entrada de animales dañeros; tapando los portillos de las cercas y haciendo algo de casanga si otras yerbas, aparte del maíz, habían crecido en medio de la labor.

Después del corte de la hoja venía la cosecha. Si el año había sido bueno se cosechaban de 30 a 50 fanegas por yunta, más el frijol y las calabazas. Si bien iba, se recogían en toda la zona unas 800 toneladas de maíz y 15 de frijol que valían alrededor de $20 000. El kilo de maíz estaba entonces a dos centavos y medio y el de frijol a tres. Eran más apreciados el trigo y el garbanzo, pero se daban muy poco en estos puntos. Casi únicamente la hacienda del Sabino sembraba trigo en la laguna, y a veces garbanzo. Los dueños del Sabino sí ganaban dinero con las siembras; los demás se las comían.

El maíz y el frijol eran para el consumo local. Cada cristiano se endilgaba tres fanegas anuales de maíz y media de frijol. Lo restante que eran los ojupos, el maíz podrido y contrahecho, se lo tragaban los caballos y las vacas, lo mismo que la hoja y el rastrojo. Las mujeres industrializaban lo cosechado para hacerlo comestible. Casi todo el maíz, una vez desgranado, lo convertían en tortillas, pero no dejaban de hacer atole blanco (la bebida del tiempo de secas), corundas, elotes cocidos o tostados y sopas de elote, toqueras y tamales. Los frijoles de la olla o refritos eran el final de las tres comidas. Las calabazas se comían tatemadas o en tacha (cocidas con piloncillo o miel de abeja). Otros alimentos vegetales que se consumían cocidos eran las pencas tiernas del nopal, las verdolagas, los hongos y las flores de calabaza. Las tunas, duraznos, charagüescas y el aguamiel iban crudos al estómago.[5]

[5] Datos comunicados por Luis y Josefina González Cárdenas.

De las mezcaleras (y entonces había muchas todavía), además del aguamiel, se sacaba aguardiente de mezcal. Llegaban a la docena los vinateros más distinguidos. En San José vivia don Rafael Córdova. Por lo demás, el hacer alcohol iba para abajo a causa de la competencia de Quitupan. Otra artesanía que comenzaba a derrumbarse era la del blanqueamiento de la cera. A comienzos del siglo actual, el pueblo tenía dentro del grupo de los económicamente activos a siete carpinteros, dos herreros, tres panaderos, dos saraperos, cinco mecateros, tres talabarteros, treinta cereros, dos fusteros, un sastre, un pintor, seis albañiles, un par de músicos, un boticario, un ladrón de gavilla, media docena de arrieros, dos zapateros, un alfarero, un calero, un cigarrero, un peluquero, cuatro maestros, el sacerdote, un horticultor, una partera, tres carniceros y muchos comerciantes.[6]

El comercio hizo mayores avances que los otros negocios. Apareció la casta de los comerciantes, principalmente en el pueblo, donde 18 vecinos ostentaban en 1901 como principal ocupación el negocio de compra y venta. Había comerciantes ambulantes y tenderos. De aquéllos algunos sólo se movían dentro de la jurisdicción de San José y otros eran importadores y exportadores. Entre éstos, Gregorio González Pulido era el campeón; entre los tenderos sonaban mucho Lorenzo Zepeda, oriundo de Sahuayo e Ildefonso Contreras de Epenche. En aquellas tiendas se vendían los artículos de consumo normal, con excepción de los producidos en la zona; manta de primera a 9 centavos metro, percal a siete centavos, sal de Colima a 4 centavos el kilo, azúcar a diez, jabón de Zapotlán a diez, piloncillo a 8, arroz a 9, un sombrero de soyate a sesenta centavos y un sombrero de fieltro alemán a 8 pesos. Los carniceros ponían sobre una mesa la carne de los animales que ellos personalmente habían matado la víspera. Un kilo de carne de res se compraba por real y cuartilla, y de cerdo, por 10 centavos. La manteca para las fritangas valía 25 centavos, es decir, dos reales el kilo.[7]

[6] Según el censo retrospectivo levantado por el A., para 1901. Los datos para ese censo se obtuvieron en su gran mayoría en los libros parroquiales de San José.

[7] Estos precios y los que aparecen más adelante, en diversas secciones, se sacaron de las libretas de gastos de doña Josefina González Cárdenas.

La actividad económica menos productiva era la búsqueda de tesoros enterrados. Había cuatro maneras de dar con ellos, las cuatro igualmente ineficaces: la relación, el fuego, las varitas y las ánimas del purgatorio. Estas últimas perseguían mucho a las mujeres. A veces se les aparecían para pedirles que pagaran tal o cual manda y a veces para decirles al oído dónde estaba el dinero. Las señoras despertaban buscándolo inútilmente. Tampoco las varitas de virtud servían más que las voces de ultratumba. Lo más común era repartir cuatro varitas entre dos personas, quienes las sostenían a corta altura del suelo en los lugares donde podía estar encubierto el tesoro. Algunas rezaban: "varita de virtud, por la virtud que Dios te dio, declara si aquí hay dinero". La manera de declarar de la varita consistía en clavarse en el sitio buscado. Por supuesto, cuando se iba a precisar el punto exacto de un tesoro, era porque previamente se habían visto fuegos en el lugar. Eran llamitas que vagaban a corta distancia del suelo e indicaban el rumbo, mas no el sitio preciso. Sólo las "relaciones" apuntaban todo con mucha exactitud, aunque era difícil hacerse de ellas. Había relaciones apreciadísimas, como las de Martín Toscano. Quienes las ponían en práctica hablaban de un tropel de caballos.

La especialización en el trabajo crecía a gran prisa. Un hombre, como don Juan Chávez, sabelotodo, se convertía en figura excepcional y admirable. Había pasado la época de los "todistas", pero se estaba aún muy lejos de la época de los "especialistas". Lo normal era que una persona desempeñara cuatro trabajos de diversa índole a la vez. También era común que a lo largo de la vida se pasara una y hasta tres veces de una serie de oficios a otra. Un par de ejemplos: la mayoría de los pequeños propietarios eran ganaderos, fabricantes de queso y blanqueadores de cera, y algunos todo eso más comerciantes y encargados del orden, como los hermanos Bernardo y Gregorio González. Entre los no propietarios y los minifundistas era muy frecuente que fueran alzadores primero, loderos y becerreros después, sembradores de maíz, ordeñadores y albañiles, pequeños comerciantes, artesanos o cualquiera otra cosa más tarde. El mudar de oficio no tenía límite. Lugardo Gómez, maestro de escuela en 1892, fue desde 1894 ordeñador.

Don Juan Chávez Tejeda

No había trabajos agobiadores ni de tiempo completo. En la hacienda del Sabino hubo peonaje y se trabajaba de sol a sol. Fuera de allí el quehacer no era rudo. Los más de los trabajadores (en su mayoría de género masculino, aun cuando la participación de las mujeres en las ocupaciones remuneradas no bajaba del 20% de la población económicamente activa) consumían, sin amonedarlo, la mayor parte del fruto de su trabajo. *Grosso modo* es posible afirmar que un pequeño propietario productor de leche, fabricante de queso y blanqueador de cera, además de lo que se comía él y su familia, percibía en un año normal alrededor de 300 pesos. Un aparcero, ordeñador, vinatero, etcétera, podía juntarse al año, descontando la comida, con cuarenta pesos. El asalariado puro era un ser casi inexistente. Los jornales eran tan bajos que se dificultaba sostener una familia siendo sólo jornalero. "El jornal de los peones en las haciendas era de doce y medio centavos en efectivo y un cuarterón de maíz. . ., y en las pequeñas propiedades, de 25 centavos diarios, sin recibir ración de maíz".[8] El peón de por acá solía tener una o dos vacas "costándole el pastoreo mensualmente un centavo por cabeza". "Esos individuos que tenían una o más vacas, con su producto podían alimentar sus familias y lo que ganaban con su trabajo personal lo dedicaban para compra de mercancías".[9]

Hacia 1901 en la vicaría de San José había alrededor de 140 predios rústicos. En promedio, a cada uno le correspondía 178 hectáreas. En el resto del municipio de Jiquilpan había 1 171 fincas rústicas con una extensión promedio de 265 hectáreas. En este Distrito y en todo el resto del Estado de Michoacán, lo normal era la existencia de vastos latifundios al lado de minifundios, menos en la vicaría de San José que únicamente tenía una hacienda de medianas proporciones. Lo demás eran ranchos. Fuera de la hacienda que pasaba ligeramente de las cuatro mil hectáreas, había siete propietarios que poseían de 1 000 a 3 000 hectáreas; 16 dueños de 300 a mil hectáreas; 28 propietarios de 100 a 300, y 88 parvifundistas con menos de cien hectáreas. En 1896 don Ramón Sánchez veía con simpa-

[8] Sánchez, *op. cit.*, p. 205.
[9] *Íbid.*, p. 204.

tía "a los muchos propietarios de los terrenos altos situados al poniente de Jiquilpan".[10] El número aumentaba año con año; las propiedades se dividían por sucesión o por venta de algunas de sus partes. En 1892 la Tinaja se reparte entre dos hijos de don Francisco Gutiérrez; en 1893, los hijos de don Vicente Chávez venden Los Sauces a numerosos compradores: Secundino Haro, Francisco Orozco, Julián Moreno, etcétera; en 1894 don Jesús Zepeda le compra a uno de los hijos de don Francisco Arias el potrero de San Miguel; en 1895 comienzan a integrarse las grandes propiedades de don José Martínez al comprar a los Contreras, sus cuñados, diversas fracciones de La Arena. En 1897 Valeriano Cárdenas se hace de un rancho en El Espino juntando, por compra, tres; en cambio la propiedad de Dolores Zepeda, en La Venta, se reparte entre sus tres hijos. Al año siguiente la viuda de don Antonio Barrios reparte La Estancia del Monte entre cinco de sus hijos; por otro lado don Manuel Arias, el rico dueño de la hacienda de El Sabino, adquiere diversos terrenos contiguos a su hacienda. Mientras unas propiedades se dividen, otras se ensanchan. Como quiera, predomina la división. Por eso se pasa de 62 propietarios en 1867 a 140 en 1900.[11]

Al terminar el siglo pasado, de las 600 familias de la vicaría de San José de Gracia, casi la cuarta parte era propietaria de fincas rústicas. Los señores de tierras y ganados residentes formaban la clase media de la región. Su nivel material de bienestar no era malo. Don Ramón Sánchez atestigua que el Distrito de Jiquilpan tiene hacia donde el sol se pone, "grandes mesetas de tierras de labor y montes de encinos, madroños y otros árboles propios de la fría temperatura. Los muchos propietarios de esos terrenos que compraron a la hacienda de Guaracha, tienen en sus pequeños predios casas cómodas amuebladas con algún lujo, y no es raro ver buenas colecciones de cromos".[12] Algunos poseían casa en el rancho y en el pueblo; casas de muros de adobe y techos de tejas, con amplias recámaras y muebles pegados a la pared (las petaquillas, las camas, la silla de ixtle), con imágenes y paisajes

[10] *Íbid.*, p. 30.
[11] ANJ, Protocolo de los Lics. Ignacio Zepeda y Aurelio Gómez.
[12] Sánchez, *op. cit.*, p. 30.

70

colgando de las paredes, con macetas en el portal interior, con muchas matas regadas en el jardín interior. Casas con comedor y cocinas bien abastecidas, y lejos del conjunto, el común y su banqueta de tres hoyos en el corral de los puercos, las gallinas y el caballo. Casas con otro corral lleno de árboles frutales. Viviendas pobladas por hombres vestidos de charro o de calzón y camisa de manta, por acaudalados que viven casi como los pobres, con un mínimo de lujo. Estos riquillos de San José de Gracia invertían los trescientos pesos ganados en el año en compra de terrenos y educación de los hijos. También en llenar con monedas amarillas o alazanas ollas de barro, y en obtener pequeñas comodidades y solaces. Los pobres dedicaban los cuarenta pesos reunidos anualmente a la obtención, también, de alguna comodidad y solaz o a la celebración de una fiesta casera.

Los propietarios mayores, residentes en Sahuayo, Mazamitla, Jiquilpan y Tizapán formaban mundo aparte y hostil. Eran los gruñones. Los vecinos de San José solían quejarse ante la autoridad municipal del egoísmo de los hacendados. Don Manuel Arias venía al Sabino, es verdad, pero también es cierto que declaraba prohibido el paso por su propiedad; argüía que se le paraban los pelos de rabia al ver que el caballo de un caminante comía un matojo de los suyos. Los munícipes de Sahuayo procedieron contra el viejo miserable, y contra los demás ricos fuereños cuantas veces se hizo necesario. [13]

Por supuesto que también había discordias en el seno de la sociedad josefina, pero de poco fuste. En el decenio 1890-1900 sólo se dan 5 homicidios y varias riñas sin mayores consecuencias. [14] El honor mancillado y los hurtos seguían prendiendo lumbres; pero lo normal eran las relaciones amistosas y secas. "Relaciones cautelosas y bajo todos los respetos y disimulos". [15] Vivía cada cual a su modo y todos igual: rigurosa separación de mujeres y hombres, vida sexual vergonzante, autoridad paterna absoluta; los patronos le anteponen el don al nombre de sus medieros; éstos se descubren delante de sus amos; el saludo con quitada de sombrero y a media voz es imprescindi-

[13] AMS, Libros de acuerdos, años 1896-1903.
[14] ANJ, sentencias criminales, 1891-1900.
[15] La vida del pueblo de San José de Gracia coincide en muchos aspectos a la descrita por Agustín Yáñez en *Al filo del agua*.

ble cuando dos se encuentran; al sacerdote se le besa la mano; los viejecitos son tratados con todo comedimiento; los compadres, las comadres y los parientes se visitan; a las bodas y los entierros acuden todos; muchas gentes entran a la casa del moribundo para ayudarlo a bien morir; las mujeres enlutadas lloran y se ponen a vestir al difunto; a los muertos se les viste con la misma solemnidad que a las novias; y a unos y otras hay que rezarles y llorarles. El padre Othón preside las ceremonias de la vida social; las recomienda, las pule y hace que niños y adultos se ejerciten en ellas.

La autoridad máxima seguía siendo el padre Othón. Los jefes políticos que aquí se llamaban encargados del orden y los jueces que aquí eran jefes de acordada, reconocían y acataban la autoridad del padre; consultaban con él lo que debía hacerse. La encargatura del orden se la alternaron don Juan Chávez, don Gregorio y don Bernardo González. Ninguno quería tenerla; procuraba enemistades; dejaba muy pocas satifacciones y ninguna de índole económica. A los encargados del orden y a los jueces de acordada los proponía el jefe de tenencia o de policía en Cojumatlán y los nombraba el ayuntamiento dc Sahuayo. Cojumatlán y Sahuayo únicamente les exigía dos virtudes: honradez y valentía.[16]

Solaces y quehaceres religiosos

En aquellos tiempos no había en la jurisdicción de San José ni discordia social ni pobreza extrema ni quehaceres agobiantes ni comodidad. Eran frecuentes las zozobras y el miedo agudo y la alegría desbordante. La oscilación emotiva parece haber sido mayor que hoy. Fácilmente se pasaba del sufrimiento al gozo y viceversa. Emotividad y religiosidad se mezclaban muy a menudo. Temor, aguda conciencia de pecado, placer erótico, arrepentimiento en masa. No eran holgazanes ni los amos ni los sirvientes, pero unos y otros tenían mucho tiempo de sobra y suficientes recursos para permitirse solaces. Si se los dieron sus progenitores, menos pudientes que ellos, con más razón se los darían ellos. Pero los solaces siempre fueron esporádicos y cortos.

[16] AMS, Libros de Actas.

Don Bernardo González Pulido

Solaces gastronómicos: bebidas embriagantes, cigarrillos y antojos. El consumo de aguardiente de mezcal era abundante. Únicamente en el pueblo había diez profesionales de la embriaguez. No se tiene noticia de que haya habido abstemios totales. Los hombres (las mujeres casi nunca) se emborrachaban en las fiestas. Pero las fiestas no eran muy frecuentes. Había 130 bautizos al año y muy pocos se celebraban; había 30 bodas y muchas pasaban en seco. Para los más, el aguardiente no era pan de cada día; el cigarrillo de hoja lo era de cada rato. Fumaban mucho hombres y mujeres. Por supuesto que las comidas de antojo no eran únicamente para las mujeres embarazadas; se servían en día de fiesta, en bautizos y bodas, en herraderos y cosechas, se podían servir un día cualquiera en la casa; las servían las mujeres para solaz del marido, del padre y los hermanos a quienes se les antojaban con frecuencia los tamales, los buñuelos, el minguiche, los moles picantísimos, las enchiladas, las sopas de elote, las tortas de requesón y el arroz con leche, y en la cuaresma, la capirotada y los torreznos.[17]

Solaces deportivos. No eran ni más ni menos que los acarreados por la tradición. Los frecuentaban todas las edades, pero eran exclusivos del hombre, o casi. A los pequeños, aparte de permitirles jugar con trompos y canicas y volar papalotes, se les ejercitaba para ser buenos charros. Amansar y hacer a la rienda un caballo, calarlo, correr y saltar con él, lazar y pelear desde él, ir como torre o dormirse sobre él; jinetear y torear un novillo, herrarlo, caparlo y ponerle marca; abatir güilotas o un pájaro cualquiera; matar tejones, ardillas, liebres, conejos, coyotes y víboras; emprenderla contra la fauna silvestre a resoterazos, pedradas y balazos; treparse a los árboles; atreverse a pasar los ríos crecidos; hacer largas caminatas eran solaces frecuentes que, por añadidura, le acarreaban prestigio a quien los hacía rápidamente y bien; eran ejercicios de esparcimiento en herraderos y fuera de ellos que facilitaban el acceso a otros tipos de solaces, en especial a los del género femenino.

Los solaces amorosos eran de tres especies: preconyugales, conyugales y extraconyugales. Los primeros resultaban un

[17] Datos comunicados por Josefina González Cárdenas.

poco acrobáticos y riesgosos. Requerían horadación de muros y escalamiento de paredes a deshora de la noche. El coloquio con la pretendida, si era descubierto por los padres, fácilmente terminaba a balazos. Los ejercicios preconyugales exigían también el uso de la carta, la alcahueta y una breve obra de teatro que representaban el que iba a pedir a la muchacha y los padres que no la darían así como así. De los solaces conyugales baste decir que en pocas ocasiones (porque los de aquí no eran como los de otros pueblos) incluían el deporte de azotar a la mujer. No era raro, sobre todo en las rancherías, el rapto de la novia cuando los padres de la muchacha se oponían al matrimonio. El padre Othón no logró desterrar del todo esa costumbre. En cambio sí acabó con la fiesta matrimonial al uso viejo, con el intercambio de coplas entre los partidos masculino y femenino, el combate con cascarones y el papaqui. Tampoco consiguió evitar relaciones amorosas fuera del matrimonio. Testimonio incontrovertible de la supervivencia de tales amoríos son los hijos ilegítimos. Por cada doce hijos de matrimonio hubo un bastardo en la década 1890-1899. [18] Otra diversión extramarital inocente y muy frecuentada era la de acechar a las muchachas cuando se bañaban en los arroyos, al aire libre, tal como vinieron al mundo, en cueros vivos, encueradas.

Los solaces musicales de cada día estaban a cargo del piar de las golondrinas, los quiquiriquíes madrugadores, el interminable afinamiento de los violines por parte de los grillos y todos los relinchos, bramas, rebufes, ladraduras, gruñimientos, miaus, ronroneos, rebuznos, aullidos, cacareos, píos, roncas y cucúes. Aquí comenzó el clamoreo de las campanas cuando don Camilo Ocaranza las fundió hacia 1895. En adelante sus toques, repiques, plañidos, dobles, rebatos, apeldes y ángelus le indicaban a la feligresía los quehaceres de cada momento. También la vieja música de los cuernos fue significativa. Las campanas eran las cornetas de órdenes para toda la población; el cuerno enviaba mensajes a un individuo o a una familia. Su sonido era audible a gran distancia. Estaba muy asociado a la noche, como las canciones que grupos callejeros entonaban, en la oscuridad, con voces aflautadas, durante los meses de

[18] APSJ, Libro de bautismos, I y II.

elotes y cosechas. Esos coros nocturnos, melancólicos, lúbricos, eran el reverso del coro femenino que acompañaban misas y rosarios solemnes; difería también de las múltiples voces que día a día cantaban el "alabado". Los sones eran otra cosa; su música la desparramaba, en día de fiesta general, el afamado mariachi de don Antonio Vargas.[19] Tanto como el arpa, las guitarras y el coro del mariachi, el tambor, pocas veces oído, alebrestaba los ánimos. Fue inolvidable el festival de tambores y violines que durante todo un mes no dejó de retumbar y chillar en la casa de campo de don Epifanio Arias.

Los solaces ígneos sólo podían darse en la noche o en la penumbra del templo. Había muchas maneras de jugar con fuego. Entre las más espectaculares estaban la de hacer una fogata en la noche irremisiblemente oscura, a campo raso y con acompañamiento de música y canciones, y la de prenderle fuego a un pastizal o a un monte, en una noche muda y ventosa, y al último, por ser la primera, la de los fuegos artificiales: las ristras de cohetones en las misas y rosarios de mayo y junio, los cohetes de colores, las girándulas y los toritos de fuego del 19 de marzo.[20]

Los solaces literarios nunca eran comparables a los ígneos y filarmónicos. Había poca cultura literaria, no obstante los esfuerzos del padre Othón para que la gente leyera: prestaba y recomendaba libros y él mismo ponía el ejemplo al terminar el rosario, cuando leía durante un cuarto de hora algunos párrafos de libros piadosos. El hábito de la lectura se inició antes en las mujeres que en los hombres. En las tertulias preponderantemente femeninas se leía al Arco Iris de Paz (explicación de los misterios del rosario), Bertoldo, Bertoldino y Cacaseno, El Mártir del Gólgota, el Año Cristiano (colección de vida de santos), La imitación de Cristo, Estaurófila y la Historia de Genoveva de Brabante.[21]

Los solaces de la conversación comenzaban al oscurecer, cuando se recogían las gallinas. En las tertulias masculinas, conforme a la tradición, se platicaba del tiempo, las cosechas, el ganado, los crímenes, y toda la temática de siempre. Se

[19] Datos comunicados por Luis González Cárdenas.
[20] Datos comunicados por Agustina González Cárdenas.
[21] Datos comunicados por Josefina González Cárdenas.

comentaba el viaje al infierno de don Antonio Vargas y otras habladurías. Don Dolores Toscano seguía teniendo un adagio o un verso para cada ocurrencia de la vida. Todos aprendían de memoria sus versos y los del "Pronunciado". A los hombres no les entraba la letra, eran hombres de "palabra". Y sin embargo la lectura en voz alta, todavía no la lectura en silencio, cundía lentamente.

Los solaces dramáticos los introdujo el padre Othón a pesar de no existir una tradición al respecto. Para el objeto de divertir y adoctrinar, durante un par de años se representaron en las calles del pueblo, con actores pueblerinos, las misterios de la Pasión de Nuestro Señor Jesucristo: fariseos enmascarados y vestidos de colores chillantes; el Judas con chicote. A comienzos del siglo actual la semana santa era ya otra cosa. La abría el domingo de Ramos con la bendición de las palmas. Desde el miércoles en la tarde hasta el lunes de Pascua nadie trabajaba. Todo era tristeza y devoción. Enmudecían las campanas y empezaba el trac-trac de la matraca para convocar a diversos ejercicios: el del lavatorio en primer término. El padre, después de lavar y besar los pies de doce niños, profería un sermón, coreado por los lloriqueos de la gente. En la noche venía otro sobre la Última Cena y el Viernes Santo, dos más: el de las Siete Palabras y el del Pésame. Durante todos los Días Santos don Tiburcio Torres iba por las calles tocando la tristísima chirimía. Los ayunos eran rigurosos. El silencio impenetrable. Las mujeres enlutadas y los hombres de camisa y calzón blanco llenaban el templo a todas horas. Pero las lágrimas, el silencio y la tristeza se paraban en seco al darse el repique de la Gloria, el sábado por la mañana.[22]

Con la venida del padre Othón la vida religiosa, ya desde antes robusta, se vigorizó más. Él consiguió que el ideal del honor se supeditara al ideal de la santidad. Al despertarse, todo pueblerino se persignaba y rezaba varias oraciones, a veces cantadas. Las "Gracias" decían:

> Gracias te doy, gran Señor
> y alabo tu gran poder
> pues con el alma en el cuerpo
> me dejaste amanecer.

[22] Datos comunicados por José Chávez Fonseca, de 82 años de edad.

Venía luego la misa rezada por el padre Othón, justamente al acabar de amanecer. Casi todo el pueblo la oía y la coreaban con toses. Una tos daba la señal para la explosión de muchas otras. Mientras el oficiante murmuraba textos latinos, los asistentes, con recogimiento y compostura se ponían de pie y se hincaban. Un alto porcentaje comulgaba para después ir a sus quehaceres y cantar alegremente:

> El que va a misa no se atrasa,
> le va el Ángel de la Guarda
> contando paso por paso,
> y así jamás tiene atraso.

Al sonar las doce campanadas rezaban muchos el Ángelus:

> El Ángel del Señor anunció a María
> y concibió por obra del Espíritu Santo.
> "He aquí la esclava del Señor,
> hágase en mí según tu palabra".
> El Verbo Divino se hizo hombre
> y habitó entre nosotros.

Las oraciones de la tarde eran el rosario y las letanías a la Virgen seguidas de un cuarto de hora de lectura para meditarse. En la noche se volvía a rezar, y cualquier hora, en el campo o saliendo de las casas del pueblo, cundía el famoso Alabado:

> Con Juan Bautista se encuentra
> Y de esta manera le habla:
> ¿qué no has visto tú pasar
> al hijo de mis entrañas?
> —Por aquí pasó, Señora
> tres horas antes del alba,
> cinco mil azotes lleva
> en sus sagradas espaldas,
> una túnica morada
> y una soga en su garganta.
> La Virgen oyendo esto
> cayó en tierra desmayada,
> San Juan como buen sobrino
> luego acudió a levantarla.

Dos congregaciones encauzaban la vida piadosa de los feligreses: Las Hijas de María y el Apostolado de la Oración. Aquélla era una congregación rígida, preconventual, a la que pertenecían todas las muchachas. Entre otras obligaciones imponía la de llevar traje negro con cuello alto, mangas largas y falda hasta el tobillo; cinta azul y medalla de plata. Las Hijas de María eran el espejo de todas las virtudes. Digna de verse era la devoción con que escuchaban la misa y el rosario y la cantidad de oraciones que le agregaban a la cuota diaria normal, aparte de cánticos, como el "trisagio". Además eran ellas las que arreglaban el templo para las fiestas de San José, Semana Santa, mes de María, San Isidro, Gradas de la Virgen, Doce de diciembre y Nochebuena. También decoraban el templo con flores para la misa mayor de todos los domingos, a la que asistían rancheros y pueblerinos, la misa de la vicaría. Esto, sin contar las penitencias y caridades de esas jóvenes, pálidas y enlutadas, secundadoras del padre Othón en la campaña de adoctrinamiento y buenas costumbres.[23]

Las Hijas de María y las "madres del asilo" (éstas a partir de 1900) enseñaban el Ripalda a los niños. Los grandes se lo sabían de cuerito a cuerito; lo creían al pie de la letra; lo practicaban haciéndole excepciones de varia índole. La fe se mantenía inmaculada, como la de los padres y abuelos y los que llegaron de España a poblar estas tierras. Todos estaban seguros de que la vida no merece mayores regalos por ser un simple puente hacia la otra vida, porque a fin de cuentas todo se deja, y porque es mejor llegar con una carga liviana de placeres ante el severísimo juicio del día de la muerte. Había pequeños teólogos entre los feligreses del padre Othón. Eran frecuentes las discusiones sobre puntos de varia doctrina. Cualquier debate lo zanjaba el dictamen del padre o un texto oportunamente aducido. La gran mayoría, no menos católica que la minoría ilustrada en puntos religiosos, tenía un credo con algunas adherencias supersticiosas, un vasto devocionario y una moral frecuentemente vulnerada.

La actitud de la generación que fundó a San José de Gracia puede calificarse de conservadora, aunque con sus "peros". Entre camino viejo conocido y bueno por conocer, escogía la mayoría de las veces el camino viejo, pero no siempre. No avanzaba un pie hasta que tenía bien asentado el otro. "Le

[23] Datos comunicados por Agustina y Josefina González Cárdenas.

79

buscaba el modo a las cosas" para aprovecharlas mejor. La conformidad con el estilo de vida recibido de sus antepasados era casi completa, pero no dejaba de carcomerlos el gusano de la ambición, el deseo de ser más honrados, ricos y sabedores que sus padres, y sobre todo el anhelo de que sus hijos fueran más que ellos. A veces la conformidad lograba vencer a la ambición; otras, la lucha quedaba indecisa; pero no era rara la victoria del espíritu de mudanza. Eran tardos en resolver, justamente porque no se sujetaban incondicionalmente al imperio de la tradición; eran tardos pero no tercos. Caminaban paso a paso, sin impaciencia. Quizá movidos por vagos sentimientos de inferioridad, aquellos pueblerinos y rancheros tendían a calzarse costumbres citadinas, a buscar trato e ilustración y sobre todo, a conseguirlo para su prole. Según José López Portillo, "porque el hombre de campo, aun siendo rico, suele padecer numerosos engaños y bochornos durante la vida, nacidos de su falta de tratos e ilustración; siente anhelo vivísimo de que sus descendientes salgan de la penumbra intelectual y social en que él se ha agitado, esperando de ellos ayuda, consejo y fortaleza".[24] Quizá por eso la generación fundadora de San José se preocupó mucho por la educación de sus hijos. Paga a Lugardo Gómez para que enseñe a los niños del pueblo, pero no perdura. Cambia el oficio de maestro por el de ordeñador. Viene don Francisco Balsas en su lugar, el profesor borrachín, y enseguida el severísimo don Francisco Gama, que a fuerza de desbaratar varas de membrillo en las asentaderas de los muchachos, los enseña a leer, escribir y contar mientras la vista se lo permite.

Enceguecido Gama, se buscó otro maestro, y se le halló en una orden religiosa reciente. Hacia 1884, sabedor el señor Cázares de que en Sahuayo vivía la monja exclaustrada sor Margarita Gómez, la invitó a fundar en Zamora una orden que se dedicaría principalmente a difundir la enseñanza primaria en los pueblos. Por otra parte dispuso el obispo que cada pueblo tuviera su escuela que se llamaría "asilo". En la construcción del de San José colaboró con entusiasmo todo el vecindario, pero antes de que se terminara llegó sor Juana Garnica a esparcir las primeras letras y el catecismo en los párvulos. Al otro año, en 1900, vinieron sor Ángela Gómez y tres compañeras más. Todavía

[24] José López Portillo y Rojas, *La Parcela*, p. 36.

faltaba terminar el asilo cuando las religiosas empezaron a enseñar su repertorio a casi todos los niños y niñas del pueblo. Enseñaban lectura, escritura, nociones de gramática y aritmética, catecismo del padre Ripalda e historia religiosa de Fleury. A las niñas se les daban cursos suplementarios de labores domésticas. A la primera escuela religiosa acudieron dos centenares de alumnos.[25]

En la vicaría de San José de Gracia se vivía tan atado a la tradición como a la tierra, es decir, muy atado, pero no al punto de no poder desatarse, y menos querer estar sujeto. La gente del pueblo y contornos, en su gran mayoría, no había visto más mundo que el de la meseta; en algunos casos, los salitrales de Teocuitatlán, las playas de Chapala, las villas de Jiquilpan, y Sahuayo, la pequeña ciudad de Cotija, las tierras de la miel y de la cera, y Contla, Tamazula y Zapotlán. Había hombres (muy pocos) que hacían viajes a Zamora, a Guadalajara y a México. Pero lo común no era viajar. La gente se plantaba de por vida en su pequeña patria, en la reducida patria que alcanzaban a divisar sus ojos. Era lo corriente el sentirse a gusto en su rincón. Eran muy pocas las gentes que se decidían a cambiar su tierra por otra más pródiga, como la del contorno, o más poltronas, como la de las ciudades. Aquí la iban pasando pobremente, pero sin mayores agobios. Sin embargo, la carcoma de la curiosidad hacía su obra. Iba en aumento el interés por conocer lo distante, por averiguar lo sucedido allá lejos. Se les preguntaba a los arrieros por las selvas de Tabasco. Don Gregorio González Pulido refería maravillas de la capital de la República. Un día don Gregorio se aventuró hasta Orizaba, y vino con la noticia de la luz eléctrica. Era también el encargado de describir a don Porfirio y los fastuosos desfiles de la capital. Él estaba familiarizado con el tren, pero la mayor parte de sus paisanos jamás lo habían visto, y a algunos, al verlo por primera vez estruendoso y llameante, les temblaron las corvas y no faltó quien echara a correr.[26]

A la curiosidad por lo lejano se suma la curiosidad por lo moderno. Se viaja para conocer el tren. Llegan los primeros rumores acerca del fonógrafo y la fotografía. Comienzan a colarse aires foráneos del mundo reciente.

[25] Datos comunicados por Luis y Josefina González Cárdenas.
[26] Datos comunicados por Agustina y Josefina González Cárdenas.

81

Los aires de afuera

Los primeros años del siglo xx no fueron buenos. En 1902 se inició una época de sequía que sacrificó más de la mitad del ganado. Sin embargo, a ningún ganadero se le ocurrió abandonar el negocio de la ganadería. En los últimos años del siglo anterior había muchos vendedores de tierras; en los comienzos del presente siglo varios querían comprar terrenos, pero casi nadie estaba dispuesto a vender. El valor de la propiedad rústica subió. En 1902 se dijo que don José Martínez acababa de comprar el rancho de Auchen casi regalado porque había dado por él únicamente $10 000. Cuarenta años antes la misma finca había valido $2 000, precio que entonces se estimó altísimo.[27] Por otra parte, don José Martínez fue un comprador afortunado no sólo por haber comprado barato, sino por haber conseguido vendedor. Además con la entrada del siglo la muerte se olvidó de las personas. En el pueblo de San José murieron 28 el último año de la centuria pasada; nueve el primer año de la nueva y cinco en 1902. También mejoraron con ese advenimiento las relaciones personales. Hubo menos riñas y robos. En el quinquenio 1901-1905 sólo se registraron dos homicidios.[28]

Al pueblo seguían llegando inmigrantes. Muy pocos de las rancherías de su jurisdicción; entre ellos, don Isidro Martínez, condueño de El Saucito. Otros llegaron de más allá: de Sahuayo el ganadero Faustino Villanueva, después de desposar una hija de Don Gregorio González. Eran de Zináparo los alfareros Salomé Barriga y Mateo Zavala, más sus mujeres e hijos; de la Manzanilla, el zapatero don Carmen Berbera y familia, y del Valle uno de los ricos de ese pueblo, seguido por sus hermanos: en 1902 se establecen en San José don Herculano Zepeda y la numerosa prole de su primer matrimonio.[29]

Mientras unos llegaban otros se iban. Mucha de la gente atraída por el padre don Othón salió tras él. El 5 de abril de 1903 el padre entrega la vicaría al clérigo Francisco Castillo, también de Sahuayo. Enmedio de la consternación general se

[27] ANJ, *Protocolo del Lic. Ignacio Zepeda*, 1902, y *Protocolo del Lic. Miguel E. Cázares*.

[28] APSJ, *Libro de defunciones*, I.

[29] APSJ, *Informaciones matrimoniales*, II.

despide don Othón, el padre que había sido de San José por doce años. El nuevo sacerdote era tan joven como el anterior y más ilustrado, pero inmisericorde, duro, ascético. Llegó dando machetazos contra los enemigos del alma: el mundo, el demonio y la carne. Se propuso levantar todavía más las tapias que tenían aislado a San José, abatir todos los pecados, purificar al cuerpo e imponer sin tregua ni piedad la limpieza y el orden cristianos.

El padre Castillo introdujo algunas mudanzas. Cerró la escuela de las madres y abrió en su lugar otra donde enseñó él personalmente, auxiliado por alumnas aventajadas de las expulsas: María Pulido, Elena Cárdenas, María y Agustina González Cárdenas. Redujo festividades profanas. Se le cercenaron a las fiestas públicas, incluso a la del 19 de marzo, la música, los cohetes y los castillos. Aspiró a convertir en asceta a cada uno de sus feligreses. Incrementó las vigilias, los ayunos y las oraciones. Fueron las abanderadas de su política purificadora las "Hijas de María". A éstas no se les permitía tener novio, ni vestir atractivamente ni andar en fiestas ni en espéctaculos profanos.[30] Su campaña contra las apetencias de la carne obtuvo algunas modestas victorias. Varias muchachas de las mejores familias se quedaron solteras para siempre. Él consigue una disminución en el número de matrimonios. En 1902 el padre Othón casa a 40 parejas, en el primer año del padre Castillo sólo hay 32 bodas, y en el segundo, 31. Pero sufre también derrotas de consideración.[31] Bajo su mandato comienzan a desmoronarse las barreras de la soledad.

Al mesón de don Lorenzo Zepeda empezaron a llegar gentes extrañas. Era un mesón pobre al que se entraba por un zaguán largo y ancho. Enmedio del patio empedrado había un pozo. Alrededor estaban cuartuchos con puertas llenas de resquicios, sin muebles, con chinches y pulgas. De que no hubiera ratones se encargaban los cincuates, las víboras negras de dos metros de largo que ahuyentan a las víboras malignas y se comen a los ratones. Al fondo del patio había macheros y caballerizas. A toda hora se oían golpes, rebuznos, relinchos, canciones y pláticas. Al principio sólo llegaban al mesón los

---

[30] Datos comunicados por Agustina González Cárdenas.
[31] APSJ, *Libro de matrimonios*, I.

83

rancheros de las cercanías y los arrieros de Sahuayo y Cotija. Luego dieron en venir gitanos, saltimbanquis, catrines, los que atravesaban corriendo por entre un aro de lumbre, los adivinadores de la suerte, los titiriteros, los merolicos que ofrecían ungüentos y yerbas, los payasos y los agentes de casas comerciales y firmas de renombre. En una de ésas vino el agente comercial de la Bayer a proponer la aspirina, la píldora milagrosa, la que por algún tiempo fue curalotodo.

En 1905 aparece en el pueblo un hombre catrín, de sombrero chiquito. Llama a la puerta de las casas principales. Algunos vecinos, por equivocación, le besan la mano. Lo creen sacerdote. De hecho es un agente viajero de la casa Singer. Propone máquinas de coser movidas por pedales. Logra entusiasmar a varios jefes de familia. Después de un mes entran al pueblo cinco máquinas lustrosas y con ellas una señorita de Jiquilpan que viene a mostrar cómo se manejaban.[32]

El correo llega a San José de Gracia en 1906. Con Guadalupe González Buenrostro al frente, se funda en el pueblo una agencia postal. Un día a la semana don Camilo recorrería la ruta San José-Tizapán a caballo, lentamente.[33] Antes era difícil y costoso mandar o recibir una carta. Se hacía con propio o por medio de arrieros. A partir de 1906 la correspondencia se vuelve fácil y normal, pero eso es lo de menos. Lo importante es que por consejo de los seminaristas algunos señores del pueblo, quizá no más de tres o cuatro, se suscriben a los periódicos. Por primera vez algunas personas de San José se enteran de la anchura del mundo y de las muchas cosas que suceden en él gracias a los diarios, o mejor dicho al diario El País, de la capital de la República.

El País era el diario católico más leído en las provincias. Don Trinidad Sánchez Santos, su director, era provinciano, de la falda oriental de la Malinche. A los veintiún años fue a México, y finalmente, en 1899, se fundó El País que combatió "el caciquismo y otras lacras de la dictadura. . . Quísose, en vano, atraerlo a la blanda comodidad del conformismo. Pero él optó por la dureza y el riesgo. . . Sus breves e inflamados editoriales llegaban al pueblo y levantaban ámpula".[34] Como

[32] Datos comunicados por Josefina González Cárdenas.
[33] *Huanimba* (1941), núm. 1, p. 13.
[34] Alfonso Junco, *Sangre de Hispania*, pp. 56-57.

quiera, al pueblo de San José más que los editoriales y artículos de índole política, más que los pormenores de las huelgas de Cananea y Río Blanco y de la entrevista del presidente Díaz con el periodista Creelman, incluso más que las noticias sobre el Tercer Congreso Agrícola de Zamora y el Tercer Congreso Católico y Primero Eucarístico de Guadalajara, más que cualquier reportaje sobre sucesos nacionales, causaban admiración las noticias sobre inventos que parecían increíbles: el vuelo de los hombres en aparatos alados, la telegrafía sin hilos, el teléfono, el automóvil, el cine, los tranvías eléctricos, la fotografía, el fonógrafo, la lámpara incandescente, el submarino, la aspirina y otros medicamentos y artefactos de la vida moderna.

Don Gregorio González Pulido seguía viajando periódicamente a la capital de la República de donde volvía cargado de monedas y noticias. Él confirmaba muchas cosas referidas por el periódico. Él veía en México tranvías y focos eléctricos, teléfonos, automóviles, cine y demás aparatos de bienestar y les contaba a sus paisanos lo que había visto. Don Gregorio también acarreaba rumores políticos, pero vagos y escasos. Debe tomarse en cuenta que las estadías de don Gregorio en la capital eran cortas, pasadas en el mercado de la Merced y los templos aledaños, y que no podía traer muchas noticias aparte de las relativas a los inventos más notorios.

Los colegiales fueron otra fuente de información que se agregó a la caudalosa del periódico. Llegaban en los primeros días de noviembre; venían del Seminario Conciliar de Zamora. Dos o tres eran de San José y rara vez faltaba el invitado de fuera. Se llegaron a juntar en el pueblecito hasta media docena de colegiales que hablaban de todo; se referían despectivamente al gobierno de la República porque era liberal; empezaban a mentar a Madero y a Reyes que eran otra cosa; pronosticaban la caída de don Porfirio; lucían su información política, pero sobre todo les gustaba lucirse en la manera de hablar, en resolver casos de conciencia, en dictaminar dónde terminaba el bien y comenzaba el pecado y en referir los nuevos inventos, algunos de los cuales ya habían llegado a Zamora, y todavía no a San José.[35]

[35] Datos comunicados por Luis González Cárdenas.

Entre lo que llegó a San José estaba el gramófono, que provocó un remolino de curiosidad. Enseguida vinieron los fotógrafos. Muchos no habían oído hablar nunca del invento de la fotografía. En 1908, algunas familias de San José, con una expresión de solemnidad asombrada, se hicieron retratar. Doña Gertrudis Pulido, la más vieja del pueblo, la viuda de don Guadalupe González Toscano se resistía a que le tomaran su imagen pero sus nietos vencieron la resistencia. Para otros no hubo poder humano que los hiciera ponerse frente a la cámara.[36]

El padre Castillo trató de contener el alud de noticias e inventos. A las mujeres les prohibió terminantemente la lectura del periódico. Alimentaba las afectas a leer con obras piadosas. Pero sin menoscabo de su piedad, los hombres y las mujeres que sabían leer continuaron leyendo *El País* y asombrándose con el gramófono, la máquina de coser, las "vistas" y la fotografía. Probablemente por conducto de este periódico penetraron a San José nuevas formas de vestirse y ataviarse. Seguramente por *El País* nacieron las inquietudes políticas entre los josefinos. Por las ventanas del diario capitalino, los colegiales del seminario, los viajes de don Gregorio y los forasteros que traían "vistas", fonógrafos y cámaras de retratar se colaron los aires de afuera, las inquietudes nacionales, los primeros aparatos de bienestar y las ideas exóticas. Los vientos foráneos no hicieron mella en las viejas generaciones, pero fueron aspirados por los jóvenes.

La generación del nuevo siglo, formada con los hermanos menores y los hijos mayores de la gente fundadora del pueblo, o sea con los nacidos entre 1862 y 1877, fue una generación rebelde. Se rebeló contra las rigideces, los escrúpulos y las tristezas del padre Castillo y se rebeló contra parte de sus antepasados. Los jóvenes que andaban entre los 25 y los 40 años a la entrada del siglo, se afeitaron; vieron con repugnancia la luenga barba de sus padres y abuelos; comenzaron a retorcerse los bigotes, y los pudientes, los hijos de los ricos, agregaron botonaduras y alamares de plata a sus vestidos charros. En las casas se introdujeron nuevos elementos de bienestar, como el agua corriente. Se entubó la del Ojo de

---

[36] Datos comunicados por Josefina González Cárdenas.

Don Bernardo con su familia

Agua y se trajo por caños de barro hasta una de las orillas del pueblo, donde se construyó el depósito. De éste se hicieron salir caños para las casas sobresalientes de la población. Otras mejoras, como la de empedrar las calles, mampostear con baldoquines rojos las fachadas, usar la cantera para adornos y construir balcones con rejilla se introdujeron entonces. La nueva generación fue activa y de manos emprendedoras. Conservó el espíritu de iniciativa social de sus padres. Fue nacionalista, política y novelera, y tuvo líderes de iniciativa y empuje.

El padre Juan González fue el máximo líder de esa generación. Había nacido hacia 1873. Era nieto de Antonio González Horta. Hacía lodo cuando el padre Othón se fijó en él para mandarlo al seminario. En el Auxiliar de Sahuayo se le colgó el mote de "El Alezno". Allí y en Zamora gozó fama de astuto. Su don de gentes, su capacidad para inspirar confianza, su entusiasmo y su dinamismo, le facilitaron una brillante carrera. Fue habilísimo hombre de negocios. En 1907 se celebró solemnemente el cantamisas del padre Juan. Asistieron al banquete los ricos de la región, además de los parientes del recién ordenado sacerdote. Volvió a Zamora para ser catedrático distinguido en el seminario. Era filósofo de mente clara, persuasivo y excelente orador, y hubiera podido ser un intelectual de fuste si no se hubiera dejado vencer por la tentación del dinero. En un abrir y cerrar de ojos se hizo de una fortuna respetable; adquirió ranchos y vacas. Creía tanto en la virtud creadora de la riqueza que trató de traer a San José a los ricos de los contornos; se propuso llenar el pueblo de "gente de provecho". También era afecto a la política.

El comerciante Manuel González Cárdenas, hijo de don Gregorio González Pulido, le hacía segunda al padre Juan. Sin cultura, pero tan emprendedor como éste, trató de hacerse rico mediante el comercio y las actividades agropecuarias. Puso una tienda tan bien surtida, con tantos abarrotes, telas y trebejos que hizo quebrar a otras tiendas y consiguió que los tenderos de las poblaciones vecinas vinieran a surtir sus establecimientos en el suyo. Las ganancias obtenidas en el comercio las invirtió en la compra de tierras y ganados. Como el padre Juan, aspiraba a ser rico entre ricos. Secundó la política de traer adinerados a San José. También se empeñó en el mejoramiento de la fisonomía del pueblo. Tampoco fue ajeno a las inquietudes políticas.

Revolucionario de otro tipo fue Narciso Chávez. Como su tío don Juan se instaló en los negocios artesanales y como él llevó su curiosidad a esas tareas sólo conducido por la afición y la inteligencia que no por la cultura. Fue hábil en todo lo que puso mano. De sus muchas y raras habilidades quedan las rejas de algunos balcones pueblerinos y el barandal del atrio. Del tintineo de su herrería salieron mil cosas dignas de admiración y hubieran salido más sí de ahí a poco no hubiese muerto.

Otro personaje central de la nueva época sería don Apolinar Partida. Se formó con don Juan Chávez. Había venido de la Villita cuando comenzó el pueblo. Aquí le enseñó don Juan la manera de hacer molinos de piedra para moler nixtamal. Puso taller y fue a muchas partes a vender sus molinitos. Después se dedicó a la carnicería. Mataba reses y vendía su carne en la plaza. Su verdadero destino no se reveló entonces. Él no había nacido ni para ser artesano ni para ser matancero. La sangre fría, los ojos pequeños y alertas, el gusto por el peligro y las hazañas físicas lo empujaron a la vida bronca. Al sobrevenir la revolución encontró su camino.

Luego vinieron a sumarse al padre, a don Manuel, a don Narciso y a don Apolinar, los anhelados ricos. El pueblo se llenó de pronto de huéspedes adinerados: don Ignacio Sánchez llegó armado con pistola, carabina, machete, daga, escopeta y navaja. Era dueño de un par de ranchos de extensión considerable. Otro de sus méritos residía en el hecho de ser marido de la hija de don José Martínez. Era éste el dueño de Auchen y La Arena y estaba próximo a serlo del Palo Verde. Don José Martínez fue otro de los inmigrantes al pueblo, como lo fueron también sus tocayos de apellido: don Proto, don Vicente y don Ignacio Martínez, dueños de El Saucito. También uno de los propietarios de La Estancia del Monte, don Gumersindo, se avecindó en San José. Con los que había y con todos estos recién llegados, San José completó su docena de ricos. Ciertamente las nuevas adquisiciones no dieron señales de sentir amor por el pueblo ni interés en su desarrollo. Los trajo a él la comodidad o el temor; los que llegaron en vísperas de la revolución, aceptaron la invitación de fincarse en la cabecera por el primero de esos motivos. Los venidos después, enmedio de la trifulca, buscaban guarecerse.

El hacerse rico se puso de moda. Los que ya tenían alguna fortuna en tierras y ganados trataban de conseguir más tierras y ganados. Así don José Martínez, don Juan Arias, don Gregorio y don Bernardo González, don Emiliano Barrios y otros. Los que aún no tenían nada solían dedicarse al comercio y a obtener de esa actividad los recursos para comprar ranchos y vacas. Rico seguía siendo sinónimo de latifundista y ganadero. Y era difícil llegar a ser rico de esa especie. El que tenía ranchos no se deshacía de ellos casi nunca. Únicamente los indios a los que la desamortización liberal había hecho propietarios individuales seguían vendiendo sus parcelas que los compradores les arrebataban de las manos. Algunos conseguían ensanchar sus modestos latifundios con esas parcelas, sitas fuera de San José, generalmente en los términos de Mazamitla.

El padre Castillo se fue en enero de 1909. Por todo el resto del año se encargó de la vicaría el padre Juan González Zepeda. Entonces tuvo oportunidad de vigilar de cerca la realización de sus propósitos: acarrear a San José terratenientes respetables y convertir el pueblo en una entidad política y económicamente importante. En lo político seguía siendo una ranchería. Su máxima autoridad era un encargado del orden, la mínima autoridad dentro del escalafón de autoridades. A don Gregorio González Pulido se le dio el cargo de gestionar la elevación del pueblo a una categoría política superior. Don Gregorio recorrió diversas oficinas gubernamentales hasta llegar al despacho de don Porfirio. Habló con el dictador.[37]

En 1909 la vicaría de San José fue elevada a la categoría de tenencia. Al ámbito territorial se le dio el nombre de Ornelas en honor al general que murió de un balazo en el cuello cuando defendía la plaza de Jiquilpan contra los franceses. La cabecera siguió llamándose San José de Gracia. En ella residirían un jefe y tres alcaldes de tenencia. Serían obligaciones del jefe "mantener el orden, tranquilidad y seguridad de los vecinos de su jurisdicción y la observación de las leyes y reglamentos", especialmente cumplir y ejecutar los acuerdos y órdenes

[37] Datos comunicados por María González Cárdenas, la de don Gregorio.

90

Don José Martínez y su esposa

del presidente municipal y de las autoridades superiores. Los alcaldes de la tenencia (un propietario y dos suplentes) debían "ejercer funciones de policía judicial; conocer de los delitos que tienen una pena que no pasa de arresto menor. . ., practicar las primeras diligencias de los delitos; conocer contiendas civiles cuyo interés no exceda de 25 pesos. . ., dar aviso de delitos y citar a testigos y demás personas que les indica la autoridad judicial. Para auxiliar al jefe y a los alcaldes de la tenencia se nombrarían catorce encargados del orden (uno por cada rancho), policías y encargados de cobrar los impuestos.[38] La nueva tenencia (San José y las rancherías aledañas) dejó entonces de pertenecer al municipio de Sahuayo; quedó englobada dentro del municipio de Jiquilpan porque así lo quiso don Gregorio.

Con la elevación de San José a la categoría de tenencia coincide el nacimiento de las pasiones políticas. A nadie le interesaba ser encargado del orden en un pueblo sin jurisdicción territorial; pero al convertirse San José en cabecera de tenencia despertó la ambición política. Ya no faltaron aspirantes a los cargos de jefe y alcaldes de tenencia. Con todo, al decir que nacen en esta época las pasiones políticas se alude a otra cosa; al interés puesto en la vida política de la nación. Era raro el hombre de la nueva hornada que no hablara o discurriera, bien o mal, de don Porfirio y su gabinete, del gobernador Aristeo Mercado y de la conducta de las autoridades. No todos era antiporfiristas, pero sí hostiles a los funcionarios que rodeaban al dictador. La hostilidad era generalmente de oriundez conservadora, forjada en *El País*. El gobierno estaba lleno de liberales de los que se decía eran masones, enemigos del sacerdocio, malas personas que gustaban casarse por lo civil, como si fueran animales. Si la moral iba cuesta abajo, era causa de los gobernantes impíos; si se cobraban tantos impuestos. . ., si no dejaban los empleos. . ., si había juicios injustos. . ., todo era culpa de las autoridades sin temor a Dios. Los jóvenes de San José de Gracia no recibían generalmente ni beneficios ni maleficios del gobierno, pero decidieron hacer suyas algunas quejas contra el régimen, lo que sin duda significaba algo muy importante: los inicios de la identi-

[38] Torres, *op. cit.*, p. 80.

ficación de San José con la patria mexicana, los primeros brotes de nacionalismo en una aldea distante y muy poco comunicada.

Medio siglo de progreso pacífico y ordenado

Cabe dividir el período de 1861 a 1910 en las tres etapas en que lo hemos hecho. 1) La de 1861-1881 tiene límites perfectamente bien marcados: la aurora boreal y la nevada. Abriga un suceso de gran influjo y trascendencia: el fraccionamiento y la venta de la hacienda de Cojumatlán. Caen también en esta etapa la "guerra de los güeros" y la rebelión cristera número uno. En fin, es un trozo de tiempo regido por una generación dinámica, por los hombres nacidos entre 1818 y 1833, y no por los oriundos de 1834-1847 que nunca tuvieron la responsabilidad de nada. 2) La segunda ola (1882-1900) estuvo al mando de los nacidos entre 1848 y 1862. Entonces se funda el pueblo y la vida de una cuarta parte de los campesinos se modifica notablemente. 3) Después de 1900 se imponen los gustos de la generación nacida entre 1863 y 1878, de los rancheros y pueblerinos aspirantes a no ser diferentes, a ser como todo el mundo. El pueblo de San José madura. Se convierte en verdadera capital de una veintena de rancherías, en centro ceremonial, mercantil y civilizador. Las dos últimas etapas transcurren en un clima optimista, expansivo. Se trata de una *belle époque* ranchera.

De 1861 a 1910 la población del área de San José creció mucho más aprisa que la del conjunto del país; mientras ésta apenas se duplicó, aquélla enteramente se triplicó; los mil habitantes de 1861 se volvieron 3 850 en 1910. Además del crecimiento natural hubo pequeñas oleadas de inmigrantes alrededor de los años 1860, 1890 y 1910. Las familias, que en esos tres momentos se trasladaron acá, procedían de rancherías y pueblos cercanos, eran de la región, excepción hecha de cinco o seis.

La estructura demográfica varió poco. Se mantuvo una elevada tasa de natalidad (40 por mil); una mortandad de tipo medio (16 por mil). A pesar de la inmigración de jóvenes y adultos, la pirámide de edades no perdió su forma tradicional: un primer piso muy ancho; los ocupados por adolescentes y jóvenes mucho menos amplios; verdaderamente reducidos el de los adultos de 40 a 60 años, casi tan angosto como el de los viejos. Había mucha mortalidad infantil; era también sensible la juvenil; pero muy poca la adulta. El que lograba vivir la infancia y la juventud tenía segura, o casi, la vejez.

El hecho más importante desde el punto de vista demográfico fue la tendencia a la concentración. En medio siglo sólo se poblaron tres localidades nuevas; en cambio aumentó el número de habitantes en las ya existentes, y sobre todo en la que se fundó en 1888, en la congregación o pueblo de San José de Gracia que de la nada pasó a 410 en 1890, a 894 en 1900 y a 980 en 1910, o sea a contar con el 26% de la población total de la vicaría.

Paralelamente a la concentración demográfica se produjo el fenómeno del paso de una economía de consumo a una economía de mercado y el crecimiento extensivo, que no en intensidad, de la producción. No hay progresos técnicos apreciables. No se introducen mejores sistemas para el cultivo de cereales y la explotación del ganado. Tampoco se traen maquinaria y herramientas más eficaces, pero el aumento de la producción se deja ver a leguas.

La ganadería mayor siguió siendo la tarea predominante de los vecinos, pero se acentúa dentro de esa actividad la extracción de leche y la fabricación de queso. El cuero deja de ser el principal atractivo del ganado vacuno. Fuera de los exigidos por la ganadería lechera, los demás quehaceres son más o menos secundarios. Se aumenta la extensión, que no la importancia de los cultivos tradicionales: maíz, frijol y calabazas. Tuvieron mayor relieve algunas ocupaciones sin tradición y sin futuro.

En el breve período de cincuenta años tuvo lugar el ascenso, el apogeo y la decadencia de tres actividades económicas: la explotación de ganado lanar, la factura de aguardiente de maguey y sobre todo el blanqueamiento de la cera de abejas que llegó a ser, después de la ganadería lechera, el quehacer más importante en el último tercio del siglo XX, pero al llegar a las ciudades formas eléctricas y parafinadas de alumbrado, empezó a languidecer como negocio hasta quedar reducido a casi nada hacia 1910.

Después de 1861 comienzan a tener importancia los intercambios mercantiles. Entre 1861 y 1888 crece notoriamente el volumen y el valor de los productos de la zona que son conducidos a los mercados de la región, especialmente a Cotija. También engordan las compras hechas por los rancheros de acá en los pueblos limítrofes, sobre todo en Cotija, Teocuitatlán y Zapotlán. A partir de 1888, el ferrocarril México-Guadalajara, que tuvo estación en Ocotlán, a sólo 25 kilómetros de la zona josefina, favoreció la integración de ésta al mercado nacional. Dos de sus princiNplales productos, el queso y los puercos, fueron desde entonces conducidos hasta la capital de la República; primero por dos comerciantes de Pachuca y poco después, por uno de San José. Por otra parte, este pueblo se convirtió en centro mercantil regional de alguna importancia en el primer decenio del presente siglo.

En el período 1861-1910 empezó a entrar dinero al terruño en cantidad apreciable. Muy poco de ese dinero se destinó en un principio a darse comodidades. La mayoría fue refundido en ollas bajo tierra; otra porción se destinó a comprar predios rústicos. Así pues, tuvo como principal finalidad la de conseguir prestigio mediante su posesión. Por excepción, desde 1888, algunos lo utilizaron para hacerse una buena casa en el pueblo, y después de 1906, aunque en poca cuantía, para comprarse algunos aparatos del bienestar (máquinas de coser, autóctonos molinitos de nixtamal, píldoras curativas) o artículos de lujo (sombreros de fieltro, trajes charros con alamares de plata, camas de latón, etc.).

No creció notablemente el nivel de bienestar material. Fuera del pueblo se mantuvo la costumbre de vivir en jacales; en el pueblo y los ranchos siguieron imperando como vestiduras masculinas los guaraches, el calzón de manta, el ceñidor rojo o azul, la camisa y el sombrero de zoyate al que le creció la copa desmesuradamente. Se supo, que no se vio, que las mujeres ya se pusieron ropa debajo de las enaguas. En comida no parece haber habido avances, ni hacía falta que los hubiera. Lo importante fue que la fuente del comer se repartió entre muchos.

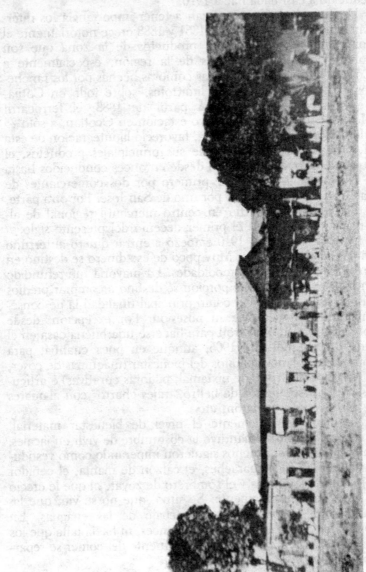

El pueblo en sus comienzos

Los tres grandes problemas del México moderno relacionados con la propiedad rústica (deslinde de baldíos, desamortización de bienes de manos muertas y latifundismo) no fueron problemas en la demarcación josefina. No se conocían, desde siglos atrás, tierras · sin terratenientes. Ni la Iglesia ni las comunidades indias habían tenido aquí propiedades. Desde 1861 se fraccionó en 50 pedazos el latifundio que cubría la zona y cada trozo, por razón de herencia, siguió fraccionándose hasta llegar en 1910 a 168 fracciones en poder de otros tantos dueños. Esto no quiere decir que junto a la tendencia pulverizadora no se haya dado la opuesta, la tendiente a juntar la propiedad rústica en pocas manos. Tampoco faltaron los fenómenos del propietario ausentista, el arrendatario, el aparcero y otras cosas más.

El trabajo siguió siendo la parte menos definible de aquella vida. Es seguro que no gozó de mucha estimación. Lo común fue entre los propietarios medianos y pequeños, los comerciantes y los menestrales que cada uno manejara su negocio con sus propias manos, y a lo sumo, las de su mujer y sus hijos. Con todo, aumentó el trabajo jornalero y la aparcería. Los jornales eran bajos, de real y medio o dos reales, pero no había, por lo menos fuera de la hacienda, quien se la pasara con sólo el jornal. No existía tradición de peonaje o servidumbre. El peón y el aparcero podían aprovechar ampliamente la tierra del amo, si ese amo no era dueño del Sabino, la única gran propiedad sobreviviente.

La vida social no sólo sufrió trastornos. Se mantuvieron muchas características tradicionales: la "familia chica" y numerosa regida por el marido; la "familia extensa" aconsejada por el patriarca; la fortaleza de los lazos familiares; la institución del compadrazgo, anudadora de lazos interfamiliares; la abnegación y el trabajo múltiple e incesante de la mujer; el poner trabas al matrimonio de las hijas; el dar a punta de chicota buena crianza a los hijos, y el no ir muy lejos para conseguir mujer. Lo nuevo fue la división de la sociedad en clases, la escuela, el templo, el mercado, la incipiente vida de relación con la ciudad, la difusión de las armas de fuego que vienen a completar la trinidad de caballo, perro y rifle, y sobre todo el nacimiento y el rápido desarrollo del pueblo de San José de Gracia y la aparición de las pasiones políticas.

En el período 1861-1910 el gobierno local impuesto por la tradición se derrumbó, o casi. Esto no quita que en cada hogar el marido mantuviera la batuta y en cada familia extensa el patriarca siguiera siendo muy respetado. A esas autoridades vinieron a sumarse otras, no siempre de forasteros, pero procedentes de arriba, designadas por los grandes de los gobiernos municipal, estatal, federal y episcopal. El gobierno civil nombró y respaldó en cada una de las doce rancherías y en el pueblo un encargado del orden y un enérgico juez de acordada. Además compelió a la gente a que fuera a pagar sus contribuciones, y puso a disposición de los criminales, jueces de letras, y sobre todo, amplias penitenciarías. Pero lo que vino a disminuir más en la zona de San José la autoridad de los ancianos fue el poder del sacerdote a partir de 1888. Con algo de exageración puede decirse que el período 1861-1910 vio el paso del régimen patriarcal al teocrático.

Aunque nunca fue tan grande como la de los sacerdotes se inició la influencia de los maestros. En educación se partió del cero. Antes de 1861 jamás había habido maestros de primeras letras. En el período siguiente entran sucesivamente cuatro o cinco. Los contratan los campesinos; se asientan en la ranchería mayor y al fin en el pueblo. Imparten, a grupos no mayores de cincuenta niños, la lectura, la escritura y la contabilidad. Desde 1900, por órdenes del obispo, se establece la primera escuela en toda forma, con local propio, varios maestros, dos centenares de alumnos y diversos grados de enseñanza elemental. Aquí la educación fue predominantemente levítica.

En los cincuenta años que van de 1861 a 1910 se registran novedades de consideración en la vida religiosa: presencia del sacerdote, organización de asociaciones devotas, asistencia cotidiana a los ejercicios de misa y rosario, educación religiosa generalizada, "mandas", festivales religiosos con motivo de diversas conmemoraciones, especialmente la del santo patrono, visitas trienales a San José del obispo de Zamora, tandas frecuentes de misiones y periódicas de ejercicios espirituales, penitencias a propósito de la cuaresma (ayunos, autoazotaínas, llantos públicos), aguda conciencia de pecado, sentimiento de pudor elevado al máximo, menos lujuria extramarital, largas conversaciones de las viejas con los difuntos. En suma, las actividades religiosas y sus compañeras de camino pasaron a ocupar la mayor parte de la vida privada y pública de los josefinos. El pueblo rival, Mazamitla, les colgó a los de San José un apodo muy merecido, el sobrenombre de "beatos".

Al margen del recrudecimiento de la mentalidad y la práctica religiosas, muchas ideas, actitudes y creencias de fondo perduraron. Algunas las afianzó la creciente religiosidad. Así la vieja idea de que el mundo se rige por voluntades, no por leyes. En primer término por la voluntad de Dios; en segundo por la voluntad de los santos y en tercero, por la de los hombres, cuando Dios les da licencia. El hombre ideal siguió teniendo las mismas características: valor físico, destreza, machismo, honradez, riqueza en dinero, tierras y ganado, salud, robustez y en fin, "hombría". Entra en uso la idea de que la riqueza se obtiene a costa de los otros, el dicho de que es necesario que uno suelte para que otro agarre; la idea del bien limitado de que trata Foster.

Después de 1888 dan principio muchas de las expresiones de fiesta que han perdurado en la zona: esa supervivencia de la representación de moros que es el castillo pirotécnico,[39] el torito de cohetes, las ristras de cohetes, las composturas con papel de china y alguna cosa más. Pero también es mucho lo que se aminora el entusiasmo de fiesta y regocijo desde que hubo sacerdote. Son reprimidos el juego de naipes, la embriaguez generalizada, el baile, incluso la danza acrobática. La que había sido una comunidad de bailadores famosos, se paraliza. Se mantienen muchos juegos de destreza: carreras a caballo y todas las artes charras. Aquellos cristianos tienen pocos motivos de aflicción. "Y no conocen la prisa / ni aun en los días de fiesta. Donde hay vino, beben vino; / donde no hay vino, agua fresca. Son buenas gentes que viven, / laboran, pasan y sueñan, / y en un día como tantos / descansan bajo la tierra".

De los hombres que habitaban en la zona antes de 1861 se puede asegurar que se conocían muy bien entre sí, pero no conocían a casi nadie ni nada de fuera del terruño. En adelante se siguieron conociendo muy bien entre sí, y además comenzaron a frecuentar tierra y gente forasteras. A la sombra

[39] Arturo Warman, *La danza de moros y cristianos*, pp. 41, 102 y 157.

de la paz porfiriana, el intercambio mercantil y de toda índole crece lentamente. Poco a poco comienzan a venir hombres de fuera y distintos. Ya son los arrieros, ya los agentes comerciales, ya los agentes del Estado y la Iglesia, ya los cirqueros y gitanos. En 1906 llegó el correo y con él la prensa periódica. También se comenzó a salir, y no sólo a los pueblos comarcanos. Pasan de la docena los que llegan hasta la ciudad de México; por lo menos uno de cada cien se asoma a Guadalajara, y un pequeño grupo de jóvenes va a estudiar a Sahuayo y Zamora, sucesivamente.

Todas esas cosas determinaron la formación de sentimientos de pertenencia a una región y a una patria grande. Los sentimientos nacionalistas, la politización, la apertura hacia el exterior, la curiosidad técnica y el afán de lucro comenzaron a inmiscuirse en vísperas de la Revolución. Mal que bien la élite social llegó a saberse, sentirse y quererse inscrita en la diócesis de Zamora, el distrito de Jiquilpan, el Estado de Michoacán y la República Mexicana. Los principales estaban bien enterados de quiénes eran Porfirio Díaz, Aristeo Mercado y los prefectos de Jiquilpan, pero la mayoría de la gente quedó al margen de la nacionalización e incluso de la regionalización.

Dos de los primeros josefinos que fueron a México, D.F.

PARTE SEGUNDA

TREINTA AÑOS DE PENITENCIA

IV. LA REVOLUCIÓN MEXICANA
(1910-1924)

La revolución de Madero

En 1910, *El País* vino cargado de noticias. Como el presidente había dicho que el pueblo estaba preparado para la democracia, se constituyeron partidos políticos para contender en las próximas elecciones: el Democrático, el Antirreeleccionista, el Porfirista, el Científico y el Reyista. Cuatro de ellos concordaron en reelegir al general Díaz, y el más popular de todos propuso como candidatos a Francisco Madero y a su tocayo Vázquez Gómez para presidente y vicepresidente. Madero hizo su gira política; en Monterrey fue reducido a prisión. Hubo elecciones sin haberlas. Porfirio Díaz y Ramón Corral fueron declarados reelectos. Madero fue conducido a la cárcel de San Luis Potosí de donde se fugó. Poco antes el periódico había descrito el esplendor de las fiestas del Centenario en la capital de la República; poco después empezó a describir una serie de complots descubiertos, a narrar la defensa heroica de los Serdán en Puebla y a traer diversas noticias sobre levantamientos en el Norte.

También llegaron rumores interesantes de Zamora, la capital eclesiástica de San José. Desde un año antes había nuevo obispo. El señor Othón Núñez dispuso la celebración de actos religiosos para conmemorar el Centenario de la Independencia. Las autoridades civiles organizaron carreras de bicicletas, desfiles de escolares, recitaciones, discursos, banquetes para los niños pobres, carros alegóricos, serenatas, fuegos artificiales y noche mexicana. "Recorrieron las calles 300 jinetes encabezados por el prefecto; llevaban teas en las manos y a los

105

acordes del himno nacional se vitoreaba a nuestros héroes."[1]
De otros lugares también llegaron los "díceres" sobre las fiestas
del centenario y detrás de esos "díceres" vinieron las noticias
sobre la revolución. En todas partes eran maderistas lo. mismo
las multitudes que la gente bien.

En San José no hubo fiestas del centenario, pero sí tres
alarmas mayores durante 1910. En mayo se vio el cometa
Halley. El periódico habló del peligro de que la cola del
monstruo chocara con la tierra. En el mismo mes la mortandad del ganado fue pavorosa. Llovió poco el año anterior,
llovió menos en 1910. Muchas siembras de maíz se perdieron.
El padre Juan contagiaba de entusiasmo pro-Madero. Lo más
de la gente no conocía a ciencia cierta las ventajas del maderismo. Unos decían que con Madero ya no se iban a pagar
impuestos; otros, que era hombre de bien, y otros que don
Porfirio era muy viejo y ya debía dejarle la silla a un joven. De
don Aristeo, su gobernador de Michoacán, decían que era un
bueno para nada.

En 1911 se extiende la chamusca; se generalizan los levantamientos; cae Ciudad Juárez; Salvador Escalante lanza en el
oriente de Michoacán su proclama maderista y es ovacionado
en todos aquellos rumbos; Ireneo y Melesio Contreras, en
Zamora, enmedio de una concurrida serenata, dan el grito de
¡Viva Madero!, grito que es secundado en otros puntos de la
región; don Ireneo le telegrafía al caudillo: "Hónrome altamente poniendo a su disposición esta plaza de Zamora y la de
Jiquilpan, cabeceras de Distrito con todas sus municipalida-
des. Todas han sido tomadas en el mayor orden, sin derramamiento de sangre y con satisfacción para todos sus habitantes."[2]

En San José esperaban ansiosamente la entrada de los maderistas, pero no llegaron. Corrió el rumor de que iban a pasar
cerca del pueblo. La gente joven salió a verlos. De vuelta en su
casa, se regocijó con la noticia de la caída de don Porfirio; supo
de la entrada de Madero a la capital. "La ciudad lucía adornos de
gran día de fiesta. . . No se tiene memoria de un entusiasmo
popular mayor." Enseguida se desencadenó la lucha electoral.

[1] Rodríguez Zetina, *op. cit.*, p. 839.
[2] *Ibid* , pp. 841-845.

En San José de Gracia nunca había habido elecciones. Las primeras fueron en 1911. Mucha gente acudió a votar por Madero y Pino Suárez para la presidencia y la vicepresidencia de la República, respectivamente. Un vago sentimiento nacionalista se apoderó del pueblo.[3]

El maderismo del padre Juan cundió en el pueblo, pero no duró mucho. El animador se volvió al Seminario de Zamora de donde era catedrático. Vino a sustituirlo el padre Trinidad Barragán hijo de una rica familia de Sahuayo. Don Trinidad duró dos meses en el pueblo. Apenas le alcanzó ese breve tiempo para contar algunos chistes de su vasto repertorio y para atender a los padres misioneros que contaron cosas terroríficas. Su sustituto fue el padre Marcos Vega que era de aquí nomás de Los Corrales. Con él se entendió todo mundo. Llegó en marzo de 1910 haciendo lumbre. Sin demora organizó una fiesta para el santo patrono. Al padre Vega se le recordará por las lucidas funciones, aunque no sólo anduvo metido en fandangos. Estaba muy lejos de ser apolítico. Fue maderista y al último villista entusiasta. Además, como el padre Juan trabajó por avecindar en San José a los terratenientes de la región. También creía que los ricos eran "gente de provecho".

Las autoridades civiles de la localidad mantenían las mejores relaciones con el padre Vega. Los nombramientos de jefe y alcaldes de tenencia habían recaído en los vecinos más devotos del pueblo; la jefatura en don Gregorio González y las alcaldías en su hijo Luis, Matías Pulido y Juan Chávez.[4] En septiembre de 1911 entraron a sustituirlos dos hijos de don Gregorio (Manuel y Agapito) y don Vicente Martínez. Bajo la jefatura de Manuel González Cárdenas, el dinámico comerciante, se emprendió una obra de gran interés publerino: el arreglo de la plaza. Se empedró la parte exterior, se plantaron nuevos árboles, se acondicionó para lo que principalmente servían esos lugares, para el mercado y la serenata. Además, entonces o un poco después, se adquirieron cuatro lámparas de gasolina para colocarse en cada una de las cuatro esquinas de la plaza. Vinieron a sustituir, enmedio de la admiración general, la lumbre roja de los hachones de ocote.

[3] Datos comunicados por Luis González Cárdenas.
[4] ANJ, Correspondencia del Juzgado.

La luz de las lámparas era luz como del día, y aparte, encandiladora y zumbadora. Muchos domingos se le vio y se le comentó, y se estuvo de acuerdo en que, fuera de verse uno como muerto, era la luz mejor de todas las conocidas hasta entonces. Con empedrado, con bancas y además con iluminación moderna, la plaza quedó a la altura de los centros de categoría.[5]

La plaza quedó lista para toda clase de fiestas dispuestas por el padre; para las del 19 de marzo y todo el novenario de San José que desde entonces se celebró con música ruidosa, abundantes cohetes, fuegos artificiales (toritos y castillos) y sobre todo castillos. Todavía se dice: "Nunca se prendieron tan buenos castillos como en tiempos del padre Vega", "¡Cuánta pólvora se quemaba entonces!" El joven sacerdote autorizó y recomendó las serenatas; propició que los domingos, al anochecer, se juntaran en la plaza los jóvenes de ambos sexos y los del masculino en grupos de dos o tres, dieran vueltas al paseo en un sentido, y los del femenino, también en grupo, en el sentido opuesto y que se requebraran al encontrarse mediante los símbolos de costumbre. Se podían intercambiar flores, pero el uso de otros pueblos recomendaba para los paseos y coloquios placeros el empleo de serpentinas y puños de confetti.

Don Marcos Vega mandó otra vez por las religiosas de Zamora que no había querido el padre Castillo. Mujeres uniformadas vuelven a enseñar a párvulos y a niñas. Las madres forman un grupo teatral con las niñas. Presentan dramas, comedias y sainetes, además de las fiestas escolares. A las representaciones del "Asilo" acude todo el vecindario, viene gente de las rancherías y aun de otros pueblos. Aquel teatro fue de adoctrinamiento y escasa valía, pero de gran trascendencia social; una especie de catequesis para adultos ampliamente aceptado.[6] El padre Vega promovió también la lectura. Fundó una biblioteca con 300 libros entre devotos y agrotécnicos, comprados unos y los demás regalados por los jesuitas.

Y aparte de todo esto, en tiempos del padre Vega hubo peleas de gallos, célebres jaripeos, estrépito de cohetes y luces de Ben-

---

[5] Datos comunicados por Luis González Cárdenas.
[6] Datos comunicados por Agustina González Cárdenas.

gala. Las mujeres jóvenes volvieron a vestir de color aunque siempre de largo. Todo fue alegre en vísperas del sobresalto de la guerra, poco antes de que la tronasca del verdadero fuego ahogara el esplendor de los fuegos artificiales. Como se presintiera que la revolución llegaría hasta San José tarde que temprano, muchos se dieron con más frecuencia que antes a las nobles tareas de divertirse y reproducirse, pero sin mayores aspavientos, sin romper el sosiego habitual de la población.

La población seguía creciendo a gran prisa. Según los datos del censo levantado en 1910 el crecimiento no era espectacular, pero ese recuento fue deficiente. En San José de Gracia se registraron 980 (454 hombres y 526 mujeres) y en las rancherías, 1 419 hombres y 1 200 mujeres.[7] El total de la tenencia fue de 3 599. Quizá no hubiera ocultaciones en los ranchos, pero es presumible que en San José se hayan ocultado al censo 250 personas, varones en su gran mayoría. Por lo tanto, sin temor a errores por exceso, la población de la tenencia había subido a 3 850 habitantes, o sea, 450 más que en 1900. El 30% se concentraba en el pueblo; esto es, una proporción mayor que en 1900. El incremento fue de 2.8% al año. La densidad de población había pasado de quince a diecisiete habitantes por kilómetro cuadrado. No hubo cambios de nota en la distribución geográfica, fuera de la desaparición de Auchen y La Arena y el rápido poblamiento de Aguacaliente. El propietario de Auchen y La Arena no gustaba de tener vecinos en sus ranchos y se dice que cuando adquirió esos predios expulsó a sus habitantes. Por lo demás la mayoría de los campesinos siguió prefiriendo habitar sobre la línea fronteriza entre los estados de Michoacán y Jalisco. El hecho de que haya aumentado el índice de masculinidad da la impresión de que esta zona ofrecía mejores condiciones de trabajo que las circundantes. No cabe duda que vinieron fuereños de lugares próximos, aparte de los mencionados ricos, a vivir en la tenencia de Ornelas. Por lo que toca a la natalidad y a la mortalidad no hubo cambios apreciables. Seguían naciendo cerca de cuatro niños por cada cien habitantes, y muriendo uno de cada diez nacidos antes de cumplir el año. Había disminuido el número de víctimas de la viruela, por la generalización de la

---

[7] *Dirección de Estadística, División territorial de los EUM correspondiente al censo de 1910. Michoacán,* pp. 14-103.

vacuna, pero se mantenía alta la mortandad producida por la neumonía y demás endemias regionales.[8]

Entretanto seguía llegando *El País* cargado de noticias, pero pasado el entusiasmo del primer momento esas noticias se oían como venidas de otro mundo y como si fueran asuntos sin importancia. Ya sin mucho fervor político se enteraron en el pueblo del ascenso de su candidato a la presidencia; del espiritismo del presidente, el grito de rebelión dado por Zapata desde el cerro de Las Tetillas, la toma de plazas y el saqueo de poblaciones por los zapatistas, el lanzamiento del Plan de Ayala, los crímenes de Juan Banderas, la vuelta de Bernardo Reyes, el proceso que se le sigue por el delito de rebelión, la insurrección orozquista en Ciudad Juárez, el levantamiento de Pascual Orozco, el avance de los orozquistas rumbo al sur, el suicidio del general González Salas a raíz de la derrota que le impone Orozco, el discurso de Emiliano Zapata al entrar a Jojutla ("Muchachos, todo esto es de ustedes y debe volver a ustedes"), el regreso de Francisco León de la Barra, la derrota de los orozquistas, el nombre de Victoriano Huerta como general vencedor, la prisión de Francisco Villa, el otro héroe en la lucha antiorozquista, elecciones para diputados y senadores, batalla de Bachimba, regreso del general Huerta a la capital de la República, asalto zapatista al reportero Ignacio Herrerías, protesta de periodistas y fotógrafos contra el asalto, rebelión de Félix Díaz en el puerto de Veracruz, caída de Veracruz en poder del ejército federal y muchas noticias más, mientras en San José y sus alrededores no pasaba nada, fuera de la tentativa de Elías Martínez para volverse pájaro.

Elías hizo una armazón con alas de petate; se la echó a la espalda; se trepó a un fresno; desde arriba le pidió a un amigo y observador que lo espantara; el amigo le arrojó una piedra y Elías se tiró a volar. Según unos estuvo a punto de matarse porque se olvidó de ponerse cola y pico; según otros porque no fue azuzado con el suficiente vigor.[9]

Otro año de ritmo tan rápido como el de 1910 fue el de 1913. Hubo noticias nacionales teñidas de negro, que *El País* llevó hasta San José de Gracia: prisión de Félix Díaz;

[8] APSJ, Libros de bautismo y defunciones.
[9] Datos comunicados por José Chávez Fonseca.

La revolufia

toma del Palacio Nacional por los cadetes; liberación de los generales Félix Díaz y Bernardo Reyes; muerte de este último; caída de la Ciudadela en poder de los felicistas; el general Victoriano Huerta, días antes nombrado comandante militar de la plaza de México, desconoce al gobierno; el presidente y el vicepresidente de la República son aprehendidos y obligados a renunciar; a Pedro Lascuráin lo dejan sólo 55 minutos en la silla presidencial; Victoriano Huerta se autonombra presidente y protesta ante el Congreso, "sin reserva alguna, guardar y hacer guardar la Constitución de los Estados Unidos Mexicanos, con sus adiciones y reformas a las leyes, las demás que de ella emanan, y desempeñar leal y patrióticamente el cargo de presidente interino de la República. . . mirando en todo por el bien y prosperidad de la Unión".[10] Terminada la ceremonia, Victoriano Huerta, después de prometer todo lo que no hará, se dirige al Palacio Nacional. Sentado en la ambicionada silla nombra su primer gabinete y dispone los asesinatos de don Francisco I. Madero y don José María Pino Suárez.

El gobernador de Coahuila, don Venustiano Carranza, desconoce a Huerta; el gobernador de Sonora, don José María Maytorena, desconoce a Huerta; para prevenir otros desconocimientos, Huerta depone y pone gobernadores y no se abstiene de la tentación de matar al gobernador de Chihuahua, don Abraham González. Pancho Villa se vuelve a levantar; se acarrean hacia la cárcel de México a varios gobernadores, políticos de nota y gente destacada; el general Félix Díaz y el licenciado Francisco León de la Barra les dicen "no" a sus postuladores y partidarios; dizque para establecer la paz, Huerta envía tropas a combatir a los revoltosos; Emiliano Zapata vuelve a levantarse; la revolución cunde y llega hasta Michoacán; aquí pelean contra el ejército federal Gertrudis Sánchez y Rentería Luviano; caen Zacatecas y Durango en poder de los antihuertistas; más asesinatos y nuevos cambios en el gobierno; el general Villa toma a Torreón; el senador Belisario Domínguez afirma: "La situación actual de la República es infinitamente peor que antes"; el senador Belisario Domínguez es asesinado por orden de Huerta; se disuelve el Congreso; el Partido Católico postula a don Federico Gamboa

[10] Luis González, *Los presidentes de México ante la Nación*, t. III, p. 51.

para presidente de la República; Pancho Villa entra en Ciudad Juárez, y Álvaro Obregón en Culiacán; nueva crisis ministerial; el gobierno consigue tropas por medio de la leva.

Los sucesos locales empiezan a ser varios, abundantes y de nota. El primer acontecimiento digno de recordación fue la erupción del volcán de Colima. Era pasado el mediodía del 20 de enero de 1913. Una nutrida lluvia de cenizas que oscureció el ambiente al grado de no dejar ver nada, un estruendo general y relámpagos a diestra y siniestra no eran para que la gente se mantuviera serena. Con todo, en San José de Gracia la alarma no llegó a mayores. Los cultos se encargaron de explicarle a la gente que se trataba de un fenómeno natural y pasajero. En cambio en las rancherías ya se habían hecho el ánimo de que aquella ceniza y oscuridad y aquellos truenos y relámpagos que no pararon hasta las 10 de la noche fueran los preparativos para el juicio final. Los presagios habían comenzado desde 1910 con el cometa Halley, y seguido con la revolución, y la tembladera que se soltó a la entrada de Madero. Todo comenzaba a tambalearse. La revolución misma iba en vías de convertirse en una sangrienta rivalidad de caudillos.

Las cenizas arenosas arrojadas por el volcán de Colima estuvieron a punto de producir una catástrofe agropecuaria. La capa de arena subió algunos centímetros. El pasto quedó costroso. Ni siquiera el ramoneo se mantuvo. Las vacas desdeñaban las hojas cubiertas de cenizas. Al fin no sucedió nada. Cayó una tormenta fuerte, un aguacero que se tuvo por milagroso, que dejó limpios pastos y arbustos. La vida casi volvió a lo de siempre: la muerte de mucho ganado en el período de secas; la llegada del temporal lluvioso; las siembras de maíz y de frijol; las ordeñas de las aguas; el arribo del otoño y las cosechas; los escasos quehaceres de invierno y primavera, el ocio en esos meses desde que desapareció la costumbre de blanquear cera. La falta de trabajo en los varones, pues las mujeres en todo tiempo seguían hacendosas, con un quehacer ligeramente mermado por los molinitos de nixtamal y las máquinas de coser. Como las mujeres, los comerciantes y artesanos se mantenían activos todo el año. Se giraba en la ronda anual de las estaciones, pero ya no sólo en ella. Los acontecimientos irrepetibles aumentaron en número y gravedad a partir de 1913. Los inquietantes sucesos de la nación y de la vida moderna se entrometieron en San José y sus ranchos con más fuerza y frecuencia cada vez.

El volcán de Colima hizo erupción cuando todavía se comentaba entre los cultos de San José lo oído en la Gran Dieta de la Confederación de Círculos Obreros Católicos, celebrada en Zamora al empezar el año de 1913. Estuvieron representados en la asamblea 50 agrupaciones con 15 539 socios,[11] aparte del concurso de arzobispos y obispos. El señor Núñez, de Zamora, al dar la bienvenida a los asambleístas, dijo "que por fin veía satisfecho su gran anhelo de organizar a los obreros mexicanos en confederaciones semejantes a las existentes en Alemania y que naturalmente los círculos eran tan sólo noviciados del sindicalismo y cooperativismo". El presidente de la Confederación informó que algunos círculos "tenían ya establecidas escuelas nocturnas" y cajas de ahorro. Siguieron días con misas solemnes, discursos declamatorios o de sustancia hasta llegar a las resoluciones: salario mínimo, reglamentación del trabajo de mujeres y niños, patrimonio familiar, seguros contra el paro involuntario, arbitraje obligatorio, "facultad de participar, en lo posible, de los beneficios y aun de la propiedad de las empresas", protección contra el agiotaje, y "por lo que hace a la cuestión agraria [después de hacerse] cargo del respeto debido a los legítimos derechos de los terratenientes y propietarios", los asambleístas ofrecieron "asegurar en lo posible al campesino laborioso y honrado, la posesión o el uso más estable de un terreno suficiente para el decoroso sostenimiento de la familia". Los hacendados no tenían por qué alarmarse; tres de ellos, los García, ofrecieron un banquete en una de sus haciendas; los señores obispos bendijeron a los propietarios, y en ese comelitón se dio por terminada la Gran Dieta el 23 de enero de 1913.[12]

Uno de los asistentes a la Gran Dieta fue un joven seminarista que ese mismo año de 1913 tomó las órdenes mayores. La fecha del 21 de noviembre será memorable por el celebrado cantamisa del padre Federico, y sobre todo porque ese sacer-

---

[11] Alicia Olivares, *Aspectos del conflicto religioso de 1926 a 1929, sus antecedentes y consecuencias*, p. 40.
[12] Rodríguez Zetina, *op. cit.*, p. 415.

dote que encarnaría hasta cierto punto el espíritu de la Dieta, sería, a poco andar, el personaje sobresaliente en las tres etapas de cambio y trastorno. A él le tocaría afrontar y conducir la creciente modernización, politización, nacionalización e inquietud social de los habitantes de San José de Gracia. Por lo pronto tuvo que enfrentarse, con su gran tino, a las partidas de militares extorsionadores que comenzaban a llegar al pueblo.

Don Gregorio González Pulido dejó de llevar los productos de la región a México. Las partidas revolucionarias habían vuelto intransitables los caminos. La zona de San José empezó el tornaviaje al autoconsumo. La actividad mercantil decayó. La meta del enriquecimiento alentada por el padre Juan, tomó la retirada. A partir de 1913 lo normal fue el empobrecimiento. Algunos se quedaron sin pizca en un abrir y cerrar de ojos; otros perdieron su fortuna lentamente, a medida que arreciaba la tormenta de la revolución. Al naciente nacionalismo se lo llevó Judas. Toda la vida de San José echó marcha atrás. La revolución dejó de hacerle gracia al pueblo y las rancherías.

Don Manuel González Cárdenas, hijo de don Gregorio, se fue a Zamora en busca de comodidad y nuevos negocios. Allá tomó en arriendo dos vastas haciendas; allá dejó todas las ganacias obtenidas con anterioridad en actividades mercantiles. La gente revolucionaria arrasó las haciendas. Don Manuel volvió a San José deseoso de paz y nuevas oportunidades. El sosiego pueblerino se había roto. También a San José había llegado la trifulca. Las campanas del templo habían añadido un nuevo toque a su repertorio: "la queda" que invitaba a meterse en las casas a poco de oscurecer.

Los agentes de la revolución en San José

Las partidas revolucionarias visitaron con mucha frecuencia a sus amigos de San José, ya para obtener de ellos préstamos forzosos, ya para rescatar a las muchachas de la virginidad, ya para hacer un buen festín con los sabrosos quesos y carne de estos rumbos, ya para incorporar a su caballada los buenos caballos de la zona. Abrieron la lista de visitantes ilustres don

El padre Federico González Cárdenas

Antonio y don Jesús Contreras, oriundos de Jiquilpan, que se levantaron con la bandera del maderismo. Pero la revolución maderista no satisfizo sus ansias revolucionarias. Fue muy breve. Ellos y su gente siguieron en pie de lucha, ora diciéndose seguidores de Félix Díaz, ora de Venustiano Carranza. En número de 25, llegaron a San José en junio de 1913, unos dicen que en plan de felicistas, otros opinan que ya eran carranclanes. Convocaron a los ricos de la localidad; les señalaron las monedas de oro con que cada uno iba a contribuir a la causa. Ante la presencia de los rifles nadie protestó. Todos estaban muy asustados y depusieron sus contribuciones en talegas de lona. Don Dolores Pulido no sólo se puso triste como los demás contribuyentes; enfermó de pena y previó su muerte próxima. Hizo testamento, donde se lee: "Mi enfermedad provino de la toma de esta plaza por los rebeldes". Después de dejar esa constancia añade que fuera de una fracción del rancho de Las Cuevas para su sobrino, los demás de sus bienes los da para el sostenimiento de escuelas en San José, o sea unas doscientas cincuenta hectáreas de agostadero, su casa y los 4 000 pesos en efectivo que eran, aparte de los 1 000 pesos dados a los rebeldes, lo ahorrado en medio siglo de trabajo rudo y tacañería. Don José Dolores Pulido murió más o menos por la misma fecha que don Antonio Contreras. A éste, el 25 de octubre un subalterno suyo "le echó una pesada piedra en la cabeza mientras dormía".[13]

Con la visita de los Contreras el afecto de los josefinos a la revolución se enfrió, y con las entradas subsiguientes se volvió desafecto. Además, para defender el pueblo, sus bienes, sus familias del acecho exterior, los vecinos acordaron constituír una "defensa". Los pudientes aportaron las armas y doce jóvenes se ofrecieron como soldados. Para encabezar la "defensa" se designó a don Apolinar Partida que era valiente, diestro y decidido. Cualquier extraño en el pueblo podía ser espía. Por eso se le conducía al cementerio; se llamaba al padre para que lo confesara y se le proporcionaba el balazo indispensable para caer en una tumba previamente abierta.[14]

[13] ANJ, Protocolo del Lic. Zepeda, 1913. Sobre la muerte de Contreras, vid. Chávez, *op. cit.*, p. 45.
[14] Informante: Anatolio Partida Pulido, hijo del jefe de la defensa social y miembro de ella.

117

El ejército local no pudo impedir todas las visitas revolucionarias y extrarrevolucionarias. Un día llegaron los soldados de Huerta dizque en busca de gente para rechazar a los gringos invasores de Veracruz. Nadie se prestó voluntariamente para ir a esa lucha. Los de aquí eran patriotas neófitos. Todavía no se identificaban con el Estado. Los de Huerta acabaron con su incipiente patriotismo. Arrearon gente hacia la plaza; seleccionaron a catorce o quince, y bien atados, en cuerda, los condujeron a los cuarteles de la dictadura.[15] Ninguno murió ni peleó. Todos desertaron a la primera oportunidad. Huerta fue mal visto, tan mal querido como los carrancistas a quienes jamás se quiso por ladrones y anticlericales.

En plan de seguidor de Carranza se presentó, con un piquete de soldados, el capitan Villarreal que buscaba dinero y curas. El padre Vega se había ido en noviembre de 1913. Lo sustituyeron dos clérigos de Sahuayo, los padres Sánchez, predispuestos contra la Revolución. Poco antes, en su tierra, el general Eugenio Zúñiga estuvo a punto de decapitar a todos los sacerdotes sahuayenses. Una fuerte cantidad aportada por el vecindario les salvó la vida.[16] En San José los padres Sánchez no contestaron a las preguntas del capitán Villarreal con el debido comedimiento y él cargó con ellos. La gente quedó azorada. Los carrancistas eran sin duda masones, a juzgar por ese y otros hechos sacrílegos. Desde el punto de vista josefino los carrancistas eran hombres del demonio, y sin embargo la región produjo una pequeña banda de carranclanes ansiosos de carrancear o robar que encabezó Salvador Magaña.

Aunque se suspende *El País* y dejan de tenerse noticias periodísticas, se supo que el antídoto contra el carrancismo era el villismo. En junio de 1914 el general Villa rompe la amistad con Carranza. Luego deslumbra al mundo con una serie de victorias relampagueantes. Se sitúa cerca de Aguascalientes, con 11 000 hombres, donde se celebraba la Convención Revolucionaria. El 17 de octubre hace su entrada al recinto de la Convención enmedio de aplausos estruendosos. Como de

[15] Datos obtenidos de Luis González Cárdenas.
[16] Francisco García Urbizu, *Sahuayo y Zamora*, p. 86, y Chávez, *op. cit.*, p. 46.

costumbre, Villa llora y se suena. La Convención prosigue sus trabajos; Carranza la desconoce; mucha gente se declara convencionista, mucha más se adhiere al villismo; los levantamientos villistas menudean; un numeroso grupo de sahuayenses que encabeza Gálvez Toscano, se pronuncia por el Centauro del Norte; el fervor villista se apodera de algunos josefinos, sobre todo de los propietarios pequeños, aunque ninguno toma las armas.

Partidas villistas entran al pueblo sin estorbo ninguno. Ahora son los sahuayenses de Gálvez Toscano; enseguida el grupito de Miguel Guízar Valencia, apodado "Mechitas", por la cabellera y la barba que había jurado no cortarse. Después del cotijense entra David Zapién que hacía y "sellaba moneda sobre la montura de su caballo".[17] Luego hace su visita una fracción del ejército del general Fierro. A los miembros de las demás parcialidades revolucionarias nunca se les vio bien. En cuanto se olfateaba la presencia de gente armada, los padres corrían a esconder a las hijas, los caballos, las monturas y todo lo que tuviera algún valor. Se sabía que los visitantes llegaban con el único negocio de robar lo que les agradaba: bienes y muchachas. A veces dejaban recibos firmados de sus hurtos, recibos que podían ser cobrados —decían— al triunfo de la causa. En plan de saqueadores entraron los antivillistas Ignacio, Vidal y Mariano Cárdenas que impusieron préstamos, robaron caballos y armas, y todo lo que les gustó. Poco después cayeron Aceves y don Luis Morales Ibarra. A fines de junio de 1915 llegó Camilo López al mando de 300 yaquis. Respetuosamente se quedó con su gente en las afueras de la población. Entretanto los de aquí se preguntaban por el plan que pelearían aquellos robustos indios. Don Camilo dio la respuesta: nosotros peleamos contra el clero pero respetamos a los padrecitos.[18]

El que sí se mostró verdaderamente anticlerical fue Francisco Murguía. Traía un ejército de miles de hombres que duró pasando tres días. Desde el primer día fue saqueado el templo, y los sacerdotes, que habían salido de estampida, fueron perseguidos a balazos por muchas leguas. La población

[17] Chávez, op. cit., p. 47.
[18] Datos proporcionados por Porfirio González Buenrostro, testigo presencial.

atemorizada dejó que los de Murguía comieran y les dieran de comer a sus caballos. Fuera de hartarse y de robar al templo, no hicieron otros estropicios. Iban o venían de pelear contra Pancho Villa. La batalla fue en la cuesta de Sayula. Unos días antes Villa había hecho su entrada triunfal a Guadalajara. El 13 de febrero combate y destroza a Murguía en Sayula. Después del triunfo el general Villa comenta: "Otra victoria como ésta y se nos acaba la División del Norte". [19] Dos meses después el Centauro del Norte que todavía creía en las cargas de caballería, pierde varios combates en los llanos de Celaya. La facción de Carranza acaba por imperar en la mayor parte del país. Don Venustiano, en 1916, entra y se instala en la ciudad de México. Se convoca a un Congreso Constituyente. Las partidas villistas y zapatistas no se rinden. Algunos toman el camino del bandolerismo.

El bandolerismo no fue un fenómeno local. La revolución la había ganado una sola de las facciones revolucionarias, la menos necesitada del triunfo, la de los catrines carrancistas. Los pobres que se habían levantado en seguimiento de Villa o de Zapata, se convirtieron de la noche a la mañana en enemigos de la revolución. Se les puso el rubro de bandoleros; así les dijeron los carrancistas. No cabe duda de que robaron, mataron e incendiaron al por mayor, como venían haciéndolo sin título de bandoleros y con menos entusiasmo, desde antes. También es cierto que muchos de los llamados bandoleros no habían militado anteriormente en las filas de la revolución. Muchos se metieron tarde a la "bola", ya porque no tuvieron oportunidad de hacerlo al principio, ya porque comenzaron a sufrir los rigores del hambre y de la injusticia cuando la revolución se acababa oficialmente, en 1915, 1916 y 1917, en los años de sequía intensa, malcomer y desmoralización.

La guerra dejaba tres saldos desfavorables: el relajamiento en la moral pública, el hambre y el bandolerismo. Los tres se sintieron en la vicaría de San José de Gracia. Los jóvenes de la región que no habían tomado parte en la lucha civil ya manifestaban hacia 1916 un desmedido culto a la fuerza física, desdén por la ley y el orden y amor por las diversiones antisociales. Los desacuerdos y los reconcomios comenzaban

[19] Juan José Arreola, *La feria*, p. 22.

a ser graves. Seguido había desavenencias. Unas veces las provocaban los de la Media Luna; otras, los de San José. Llegó a ser costumbre la de amenizar las borracheras con tiros y muertitos. En 1914 murieron cinco a balazos; en 1915, tres; en 1916 y 1917 no se registraron los homicidios, pero fueron más.[20] Un domingo la Custria ejercitó su puntería sobre la gente agolpada en el mercado, alrededor de los verduleros. En uno de los días del lustro 1915-1919 un hombre le clavó un puñal a otro. Las últimas palabras de la víctima fueron: "No seas desgraciado, sácame el puñal. No me dejes morir con él adentro". El agresor repuso: "Quédate con él. Puede servirte de algo en la otra vida".

Los juegos de azar y la embriaguez, que el padre Othón había combatido tan eficazmente, retoñaron. Por supuesto que no sólo la vicaría de San José se volvió bronca. En todos los pueblos circunvecinos los sacerdotes predicaban contra el homicidio y las apetencias de la carne. El párroco de La Manzanilla, don Mauro Calvario, les decía desde el púlpito a sus parroquianos: "Aprendan de los de San José. Ellos no matan, ni beben, ni son lujuriosos". En ocasión de la fiesta de San José, el padre de la Manzanilla llevó un grupo de sus feligreses al pueblo virtuoso para que tomaran ejemplo. Con motivo de esas fiestas hubo en la comunidad con fama de pura, cuatro homicidios, un par de raptos y embriaguez generalizada.[21]

Mientras unos mataban otros fornicaban. Año con año crecía el número de hijos naturales. El 15% de los bautizados en 1918 nacieron fuera de matrimonio. El pueblo y las rancherías se llenaron de rumores y anónimos no siempre infundados. Que se vio a fulano saltar la barda o la cerca de la casa de zutana; que el donjuán del pueblo caía con mucha frecuencia a diferentes alcobas, que prevenía a sus amantes con piedrecitas menudas arrojadas al techo, que varios maridos se habían vuelto cornudos, que el esposo de fulanita se asustó al ver que otro hombre se metía a su cama, y en lugar de golpearlo, se metió debajo del lecho y allí estuvo tiritando hasta el final del combate. Se desató

[20] APSJ, Libro de defunciones I.
[21] Datos comunicados por Sara Cárdenas.

121

una cadena de chismes, unos chuscos y los más trágicos. Hubo relajaciones de todo tipo.

Naturalmente que también se recrudeció la animadversión contra Mazamitla. Se culpó a los de aquel pueblo de poner en mal a los de San José ante las banderías revolucionarias. Se intercambiaron versos ofensivos los habitantes de ambas poblaciones. Tampoco faltó la riña a pedradas entre muchachos. Juan Zavala, el hombre ocurrente de San José, hizo algunos buenos chistes sobre la conducta de los mazamitlecos.

La Puntada, Inés Chávez García y la gripe española

Fueron aquellos años una sucesión de rapiñas, raptos, hurtos, epidemias y matanzas. El nuevo vicario, don Silvestre Novoa, no pudo contener la ola del vicio, predicó y amonestó en vano. Algunos opinaban que la escuela podía separar a los muchachos de la riña, la lujuria, el juego y la bebida.

Los varoncitos no asistían a la escuela de las madres donde sólo tenían cabida los párvulos y las mujeres jóvenes. En 1915 el cantor José María Ávalos instaló una escuela para varones en el curato, pero únicamente atendió y vapuleó a muy pocos. En 1916 volvió al pueblo Rafael Haro que había hecho estudios en Jiquilpan y para quien la enseñanza era una verdadera vocación. Él tomó otro grupo de jóvenes a su cargo. Con inteligencia y con tenacidad les infundió letras y buen comportamiento. [22] Eso no quita que hayan quedado muchos sin escuela en el pueblo y en las rancherías.

Al de 1917 se le conoce con el nombre del año del hambre. Lo de menos fue la escasez de moneda fraccionaria, pues eso se suplió con fichas emitidas por los comerciantes de los pueblos mayores (Sahuayo, Jiquilpan y Cotija) y por los pequeños (Mazamitla, Tizapán, Quitupan y San José). A la escasez de dinero se agregó la merma de cosechas y ganados. La sequía intensa comenzó en 1915 y se prolongó hasta 1917. Las siembras de maíz se perdieron por tres años consecutivos. [23] Los esqueletos y las calaveras de las reses blanqueaban en los campos. Los adinera-

[22] Datos proporcionados por Bernardo González Cárdenas, testigo.
[23] Chávez, *op. cit.*, p. 152.

122

dos fueron hasta la región de Autlán en busca de maíz; allá les vendieron el hectólitro a cuarenta pesos, a un precio quince veces mayor al de 1910, a más de lo que valía una vaca.[24] Hubo entonces mucha mortandad de niños. Algunas familias sin chistar iban abandonando el pueblo. Otras, de las rancherías cercanas, se trasladaban al pueblo en busca de protección. Los que no podían abandonar sus labores campestres, despachaban a San José a sus mujeres e hijos. Ciertamente en el campo se podían mantener mejor, pero tenían que optar entre el hambre y la seguridad. Los ranchos se convirtieron en pasto de los bandoleros. La desmoralización y el hambre habían atraído a muchos al terreno del robo y la violencia. Se formaron varias asociaciones de bandoleros que pelearon por su cuenta y riesgo.

Los de la Puntada fueron los bandidos más famosos. Eran oriundos de Cojumatlán, Sahuayo, Jiquilpan y la jurisdicción de San José. Su madriguera estuvo en la barranca de la Chicharra, a veinte kilómetros al oriente de San José de Gracia. Reconocían como jefe supremo al villista Eliseo Zepeda que incursionaba en la serranía del Tigre. Allá luchaba con otro villista muy afamado: el rústico y valiente Prudencio Mendoza. Aquí, los de la Puntada obedecían órdenes de José Corona, peón de la hacienda de El Sabino. Salían con frecuencia de su barranca. El mero día de los Inocentes del año 17, ya oscuro, cayeron sobre San José, pero sólo pudieron robar y quemar algunas casas. Apolinar Partida y su docena de valientes los corrieron a balazos. Los de la Puntada eran más de cien. Todos se creían revolucionarios, y estaban convencidos de que no podían hacer su revolución sin el dinero de los ricos. Cuando vieron que no podían quitárselo a los de San José, tan bien defendidos por Apolinar Partida, empezaron a caer sobre los ricos de las rancherías que seguían viviendo en ellas. Una de esas veces mataron a don Vicente Martínez. También dieron en secuestrar a los viajeros adinerados y a exigir un rescate por su libertad.[25]

El coco principal de la Puntada fue la guarnición de San José. En muchas ocasiones los de Apolinar Partida fueron a hostigarla en su madriguera y le hicieron muertos. Otra guarnición que se distinguió en esa lucha fue la del Valle, encabezada por Cenobio

[24] Informante: Luis González Cárdenas.
[25] Informante: Anatolio Partida Pulido.

El feroz cabecilla Inés Chávez García

Partida. Cada una peleaba por su lado y alguna vez pelearon entre sí. En San José corrió el rumor de que los seguidores de Cenobio Partida ejercían el robo y la violencia. Se comprobó que algunos eran abigeos. Una vez los de Apolinar Partida se trenzaron a balazos con los de Cenobio, que arriaban gran parte del ganado de la hacienda de El Sabino. Como quiera, ésos no fueron los peores redentores que tuvo la zona. Don Jerónimo Rubio los excedió a todos, incluso a los bandoleros declarados.

El terrible redentor don Jerónimo Rubio, más conocido con el apodo de "Mano Negra", tenía su residencia oficial en Teocuitatlán donde no dejaba pasar semana sin ahorcar a alguien. Era un güero alto y borracho, de esos que nunca ven de frente a su interlocutor, que en una entrada que hizo a Mazamitla "sin más pretexto aparente que suponer enemiga a la población ordenó detener a todos los varones que se encontrasen". Al otro día mandó que le sacasen de entre los detenidos "a diez de pantalón y a otros tantos de calzón" y los condujo a la horca. "La macabra tarea fue interrumpida" cuando ya había colgado a la mitad.[26] El capitán Jerónimo Rubio se presentó en San José investido de jurisdicción militar y al frente de veinticinco soldados. Apenas se enteró de que un rebelde solitario que se decía villista, un tal Ambrosio Magaña, recorría las rancherías del norte de la tenencia, salió al frente de sus tropas en persecución del insurrecto. Dio sobre él; Magaña iba a caballo canturreando; los de Rubio le vaciaron sus rifles; atravesaron el cadáver en la bestia; lo trajeron al pueblo; esculcaron minuciosamente su ropa; se le encontró una carta. Al día siguiente amanecieron tres cadáveres colgando en uno de los árboles de la plaza: Ambrosio y los destinatarios de la carta. En adelante, la imagen de los colgados con la lengua de fuera se volvió rutinaria.[27]

Se asegura que los valientes de "Mano Negra" ahuyentaron de Quitupan a las hordas de Inés Chávez García.[28] En San José no hicieron otro tanto, fueron los primeros en dar la estampida cuando se oyó el grito de ¡Ahí viene Chávez! Siendo presidente de la República don Venustiano Carranza, gobernador del Estado de Michoacán don Pascual Ortiz Rubio, jefe de la tenencia

[26] Chávez, *op. cit.*, pp. 47-48.
[27] Informantes: Luis González Cárdenas y Ángel Torres.
[28] Chávez, *op. cit.*, p. 52.

125

de Ornelas don Octaviano Plancarte, protector militar de San José de Gracia "Mano Negra" y jefe de la guarnición civil de este lugar don Apolinar Partida, hizo su entrada el más célebre bandolero del país, amparado bajo la táctica de "pega y vámonos", y movido por el triple propósito de obtener botín, violar muchachas y prender fuego a las fincas.

Los antecedentes de Inés Chávez García eran muy sonados. Había nacido en el jacal de una familia india de la región de Puruándiro. Nunca creció. Sería por la miseria o por ser ése su natural. Fue bajito y malvado. Figuró en la guerra junto al general Pantoja, asesinado poco después. "Chávez García (mozo de veinte años) aprovechó la indignación que había provocado la muerte injusta de su jefe y organizó la primera partida de rebeldes e inició sus correrías bajo la bandera del villismo. Sus fuerzas engrosaron rápidamente con los campesions de los pequeños poblados. . . En la extensa zona de sus correrías contaba con núcleos vigorosos de hombres. . . Pasado el combate volvían a su región; recuperaban el aspecto de campesios inofensivos. Si necesitaba mucha gente para un golpe, reunía dos o tres mil hombres. Empezaba sus correrías cuando lo atacó el tifo exantemático. Cuando se levantó de esta enfermedad era otro. Antes llegaba a las poblaciones y pedía elementos sin cometer atropellos. Después su lema fue sangre y dinero".[29] La gente de Chávez García era experta en la comisión de crímenes. En Tacámbaro, en La Piedad, en Pénjamo, en Degollado y Cotija la tropa chavista robó, mató, desvirgó, violó mujeres en presencia de sus maridos y cometió otros varios excesos. El jefe gozaba con el gozo de sus soldados. Otra de sus distracciones se la daba el manejo del caballo. Era un buen jinete, a pesar de ser gordo y de baja estatura. Lo adornaban muchas virtudes animales y algunos vicios humanos. Miles de hombres que el gobierno le opuso, muchos miles de hombres no pudieron contra el jefecillo que "dormía sobre su caballo y soportaba días enteros de hambre y sed".[30]

En mayo de 1918 se esparció en Quitupan la voz de que Inés Chávez García "acababa de incendiar y tomar Cotija donde

[29] Oviedo Mota, *Memorias*, II, p. 38, cit., por Bravo Ugarte, *op. cit.*, III, pp. 213-214.
[30] Agustín V. Casasola, *Historia gráfica de la Revolución*, t. II.

El Templo de San José quemado

había cometido toda clase de excesos". La población "se encontraba aterrada ante las noticias circulantes sobre las tropelías, vejaciones y arbitrariedades que la horda cometía en los pueblos que visitaba".[31] La visita a Quitupan parecía inminente. Pero también podía ser a Jiquilpan o a Sahuayo. De hecho fue San José de Gracia el pueblo escogido por Chávez García para su visita siguiente, y aquí ni se lo sospechaban, cuando llegó una escueta noticia de Quitupan: "Chávez va para allá".

Don Apolinar Partida repartió a sus muchachos en los lugares más a propósito del pueblo. Al mediodía la horda de García Chávez, a toda carrera, bajaba del cerro de Larios, mientras las familias huían despavoridas. Todo era correr, golpear de puertas, trepar a los caballos, huir sin volver la cara. La guarnición rompió el tiroteo. Los ochocientos de Chávez se abrieron para disponerse en forma de tenaza. El tiroteo arreció. Cayó Higinio Álvarez, uno de los valientes de la guarnición. Los atacantes habían rodeado el pueblo y empezaban a prender fuego a las fincas. El taca taca y el pum pum no cesó hasta las cuatro de la tarde, hasta que casi se acabaron los de la defensa, hasta que don Apolinar Partida salió de una casa en llamas y fue acribillado a balazos. La rabia del cabecilla había ido creciendo. En plena calle estimulaba a sus soldados con una sarta de malas palabras para que combatieran contra los defensores y prendiesen fuego a la población por varios lugares. Mientras se trababa el combate entre los empedrados de San José, y en tanto ardían con grandes llamaradas muchos hogares, el 90% de la gente corría por los montes, entraba a los pueblos vecinos de donde ya también salían las familias a toda carrera. En toda la región eran fugas precipitadas. Nadie confiaba en los pelotones que el gobierno tenía destacados en cada lugar. Todos sabían que los veinticinco soldados de línea en San José fueron los primeros en huir.[32]

Uno solo de los hombres de Apolinar Partida sobrevivió al empuje de las fuerzas de Chávez; pero antes de morir habían matado de setenta a cien enemigos. Los de Chávez cogían a sus difuntos y los echaban a las llamas. Las mujeres que no habían

[31] Chávez, *op. cit.*, p. 51.
[32] Informantes: Anatolio Partida Pulido, sobreviviente de la defensa; Bernardo González Cárdenas, niño que se quedó en el pueblo; José Núñez, otro testigo presencial, y Josefina Cárdenas, por los que se fugaron.

logrado escapar se apretujaban en casa de don Bernardo González Pulido. Cerca de veinte hombres fueron conducidos a la plaza. Allí, en fila y mudos acataron la orden de degüello que fue rubricada con sonoras piezas de música. De algún tiempo atrás Chávez había adquirido la costumbre de matar con acompañamiento de música. Entonces traía en calidad de prisionera a toda una banda caída en su poder cuando asaltó al tren tapatío. En un instante en que los músicos dejaron de tocar, el verdugo, un tal Chencho, se acercó al grupo de presos y les dijo: "Mi general Chávez les concede la gracia de que la banda le toque a cada uno, en el momento de ser degollado, la pieza que más le guste". Luego empezó a arremangarse la camisa, agarró el puñal y preguntó: "¿Por qué lado empiezo?" El zapatero don Juan González, que estaba en una punta, repuso: "Por la otra punta, señor". Don Gumersindo Barrios, que estaba en el extremo opuesto, gritó: "Que me toquen la Adelita". De aquella confusión, el padre Federico resultó el héroe que el pueblo anhelaba. Reconoció a dos chavistas. Ambos eran influyentes. El joven sacerdote los convenció de que no tomaran más represalias contra el pueblo. Ellos convencieron de lo mismo a Inés Chávez García, y sucedió lo increíble, se dejó con vida a los que estaban a punto de ser degollados y no se violó a ninguna mujer más. Al otro día Chávez se fue del pueblo a medio quemar y saqueado. A la semana o al mes estuvieron llegando las familias que habían huido ante la presencia del feroz cabecilla. Llegaron para ser víctimas de otra calamidad más: la influenza española.[33]

La influenza se ensañó con la juventud. "Se amanecía con dolor de cabeza, venían la fiebre y las hemorragias, y había que cuidarse unos seis días porque si se levantaba antes de tiempo, recaía con neumonía, y de la recaída nadie se salvaba". La gripe se llevó un número igual que los chavistas; mató a catorce. En ese año de 1918, sin contar los chavistas muertos, en San José murieron 40 y en los ranchos 43. Aparte de la entrada de Chávez y la gripe española, hubo epidemias de viruela y tos ferina. Año peor que ése no había habido nunca. Hizo destrozos, e hizo huir a los vecinos. De los que corrieron cuando Chávez, uno de cada

[33] Datos proporcionados por Porfirio González Buenrostro y P. Federico González Cárdenas.

ocho ya no volvió; veinte familias perdió el pueblo en ese año por haberse ido sin ánimo de volver al montón de ruinas.[34]

Después de Chávez García y de la gripe española, San José se quedó sin guarnición propia y prácticamente desprotegido. Contaba, dizque para defenderse, con quince soldados de línea a las órdenes de "Mano Negra". Por su número no era una cantidad despreciable de gente. Los únicos enemigos que quedaban a la vista eran los bandoleros de la Puntada, muy pocos desde que perdieron a Eliseo Zepeda. Un día de noviembre de 1918, como a eso de las cinco de la tarde, los 29 sobrantes de la Puntada entraron a San José. San José ya casi no era pueblo por sus muchas fincas quemadas, tantos vecinos muertos o ausentes, las ollas y talegas donde se guardaban los ahorros vacías y la sensación general de que los golpes acabados de recibir podían ser mortales. "Mano Negra", al ver a los hombres de la Puntada en las calles de la población, otra vez como cuando Chávez, dispuso la fuga. Sólo uno de sus soldados, debido a una hernia que le impidió correr, hizo frente a los bandoleros mientras tuvo parque. Luego intentó montar a su caballo, y lo hacía con mucho esfuerzo cuando fue conducido al pie de uno de los árboles de la plaza donde al anochecer se le vio subir jalado por una cuerda y se le vio mecerse al viento.

La etapa 1902-1919 fue sin duda inquietante, desasosegadora por la llegada al pueblo de las noticias periodísticas, los fotógrafos, el gusto por la técnica, el afán de lucro, los ricos, la elevación de San José a la categoría de cabecera de tenencia, las pasiones políticas, los sentimientos de nacionalidad, el cometa Halley, la sequía de 1910, el maderismo, la revolución, la caída de don Porfirio, el desaire de los maderistas a San José, las habilidades del padre Juan, las fiestas del padre Vega, las lámparas de gasolina, el temblor, las serenatas dominicales, el uso de la

[34] APSJ, Libro de defunciones, I, y datos proporcionados por Luis González Cárdenas. Según Edwin Oakes Jordán, autor de *Epidemic influenza*, a consecuencia de la gripe de 1918 se murieron 21 642 283 personas en el mundo. En España perdieron la vida 170 000; en Inglaterra, 200 000; en Japón, 250 000; en Italia, 350 000; en Rusia, 450 000; en México, medio millón; en los Estados Unidos, 550 000; en las colonias holandesas del suroeste de Asia, 750 000, y en la India, ocho millones y medio. Se llamó gripa española porque "algunos creyeron que provenía de España, país que había sufrido una seria epidemia de influenza en la primavera de ese año" (*Selecciones del Reader's Digest*, febrero de 1952, t. XXIII, núm. 135, pp. 51-54).

aspirina, los asesinatos de Madero y Pino Suárez, la erupción del volcán, el azufre y las cenizas del volcán, la Dieta de Zamora, las frecuentes visitas de los revolucionarios, los préstamos forzosos, las levas del general Huerta, los atentados contra personas de la Iglesia, el saqueo de los templos, el saqueo de todo, el abigeato, el robo de muchachas, las canciones y los corridos revolucionarios, el paso de la espléndida tropa de Francisco Murguía, las tropelías de Salvador Magaña, los medialunos, la embriaguez, los tiroteos a deshora de la noche, los ejercicios de tiro al blanco de la Custria, la escasez de alimentos, el hambre, la fuga de pueblerinos hacia la ciudad, la fuga de rancheros hacia San José, los bandoleros de la Puntada, la redención de "Mano Negra", los colgados, las historias de Inés Chávez García, el ataque de los chavistas a San José, la estampida, la muerte de los de la defensa civil, las casas en llamas y la mortandad de la gripe española.

Las incomodidades y zozobras de la época afectaron diversamente a las diversas generaciones y a las diversas clases sociales en juego. Don Gregorio, don Andrés, don Juan y don Bernardo y casi todos los de la vieja generación fundadora adoptaron una actitud de resignación. Tenían vagos recuerdos del bandolerismo y la inquietud que se precipitó a raíz de las guerras de Reforma e Intervención. Recordaban también que después del aguacero vino una calma larga y fructífera. Confiaban tranquilamente en que pasada la nueva tormenta y podado el ambiente, se volvería a los buenos tiempos. Nunca creyeron que las presentes calamidades fueran el principio del fin; además ellos no estaban dispuestos a dejar la tierra, a moverse de la zona del peligro. En cambio los de la generación joven veían tronchadas sus ambiciones por la guerra, la peste y el robo, y observaron conductas de desesperación, hastío y disgusto. Algunos pudientes se marcharon; otros habían muerto; a los pobres les quedó el recurso de vociferar. De los jóvenes, los nacidos de 1878 a 1892, se crecieron al castigo, se manifestaron en disposición de jugarse el todo por el todo; no pocos por el camino de la delincuencia y la fuerza bruta, y los más de la manera que se relatará enseguida, nada mansa por cierto. A esta última generación le viene como anillo al dedo el nombre de "generación del volcán" y no sólo por haber aparecido en público cuando hizo erupción el de Colima. A ella le tocó teñir en sangre la siguiente etapa de la historia de San José.

131

Tras tanto andar muriendo. . .

Desde 1920 los periódicos vuelven a San José. No llegan regularmente. De todos modos se sabe del desconocimiento de Obregón a Carranza; de la sublevación de los generales contra el presidente que al trasladarse a Veracruz es asesinado en Tlaxcalantongo, y del nombramiento de don Adolfo de la Huerta como presidente provisional. Se sabe de la llegada de Obregón a la presidencia, de cómo apacigua a Villa, Murguía, Blanco y otros generales díscolos y se mete en líos con Estados Unidos e Inglaterra. Llegan rumores sobre la creación de una Secretaría que no sólo difundirá cultura, como la porfiriana, entre la clase media de las ciudades. Vasconcelos hace cubrir los muros de los edificios públicos con pinturas que harían entrar por los ojos los nuevos ideales; erige escuelas campesinas y funda bibliotecas en los pueblos más pequeños y apartados. Una de las bibliotecas de cien libros se instala en San José de Gracia. La consigna obregonista de alfabeto, pan y jabón trasciende al terreno educativo. Aunque todavía no es posible aumentar la ración de pan, se empieza a repartirlo mejor mediante la reforma agraria. Los campesinos de los pueblos y ranchos próximos a San José, pero de la zona jalisciense, solicitan repartos de tierras. En el occidente de Michoacán no hay líos de tierras mientras los hay de varia índole en el centro del Estado.

Un ex seminarista de Zamora que tiene amigos en San José asume la gubernatura de Michoacán. El general Francisco J. Mújica protege a los socialistas que celebran el día del trabajo con violentos discursos contra el clero, los católicos, los ricos, y producen una contramanifestación disuelta a balazos por la policía. El gobernador se malquista con el presidente y cae, pero al cabo de un año recobra el gobierno. La Legislatura le achaca delitos contra la Constitución, y luego lo acusa de usurpación de poderes y lo encierra en la cárcel el primero de diciembre de 1923.[35]

En San José de Gracia causan alarma los alardes socialistas de Mújica y los exabruptos anticlericales de Obregón, pero no pasa de ahí. Todavía quedan algunas partidas de bandoleros en la comarca, que no impiden la normalización de las actividades. Se

[35] Bravo Ugarte, *op. cit.*, III, pp. 215-218.

pueden transitar los caminos con mayor seguridad que antes. Empiezan a soplar aires de paz y de bonanza.

Se prospera en las comunicaciones y los transportes. La Compañía de Fomento de Chapala pone en servicio una vía de ferrocarril entre Chapala y Guadalajara y fleta los vapores Vicking para pasajeros y los Tapatía para carga. Ambos recorren diariamente los principales puertos del lago.[36] Ambos son frecuentados por los vecinos menos arruinados de la vicaría de San José. Se utilizan para ir a Guadalajara. Se les aborda en Tizapán para trasponer el lago hasta Chapala, y en ese pueblo se toma el tren que conduce hasta la capital de Jalisco. También desde 1920 las cargas de queso vuelven a embarcarse en Tizapán; se llevan en canoa a Ocotlán y de ahí siguen por tren rumbo a México. A Jiquilpan van muy pocos y lo menos posible. Casi nadie tiene asuntos con el gobierno ni quiere tenerlos.[37]

El censo nacional de 1921 registra 3 258 habitantes en la tenencia de Ornelas, 1 640 hombres y 1 618 mujeres: 1 024 como habitantes de San José de Gracia, y 2 234 como moradores de las rancherías de su jurisdicción. Según esto había 341 habitantes menos que en 1910; pero según nuestras estimaciones la disminución fue de 314. Como el de 1910, el censo de 1921 no logró registrar toda la población y no por culpa de los censores.[38] Disminuyó el número de gente en 8% a causa de los muertos por la trifulca, las epidemias y las endemias y sobre todo por la emigración. Muchos de los que salieron ahuyentados por el bandolerismo de los años 1916-1919 se quedaron fuera. Su pérdida no se compensó con los que vinieron como vecinos en 1920: Timoteo Magaña y familia, provenientes de Pueblo Nuevo, el padre Leopoldo Gálvez y hermanos, oriundos de Jiquilpan; algunos de los Sánchez de Ménguaro. Los más de estos inmigrantes vinieron a San José en busca de paz. En sus lugares de origen el desorden no había cesado; seguían registrándose numerosos hechos de sangre. Tampoco San José era demasiado tranquilo, pero en tierra de ciegos el tuerto es rey. Aquí murieron a balazos tres en 1921, cuatro en 1922 y uno en 1923. Muy pocos si se

[36] Antonio de Alba, op. cit., pp. 120-121.
[37] Datos comunicados por Luis González Cárdenas.
[38] Departamento de la Estadística Nacional. Censo general de habitantes. 30 de noviembre de 1921. Estado de Michoacán, pp. 49-116 y 164-165.

133

compara con los muertos violentamente en los municipios circundantes.[39]

Las actividades agropecuarias se rehicieron a partir de 1921. Pasado el vendaval revolucionario se reinstaló la rutina de las siembras de temporal. Además comienza a extenderse la costumbre de ordeñar las vacas en tiempo de secas. La necesidad obligó a esto, pero ni así se pudo alcanzar el nivel de producción agropecuaria del período prerrevolucionario. Era difícil volver al número de vacas existentes en 1910. La rehabilitación económica marchaba lentamente a pesar de que los temporales iban siendo cada vez mejores. Quizá el desaliento de los terratenientes tuvo algo que ver en la lenta subida por la cuesta de la producción. En el origen de ese desaliento estaban los descalabros anteriores y la novedad de la reforma agraria. Comenzó el rumor del reparto de tierras. Ya en Jalisco había agraristas que solicitaban las tierras de sus amos. Aquí nomás los del Paso de Piedra, donde había 190 habitantes con más de 18 años, solicitaron en 1921 los terrenos de la hacienda de El Sabino.[40]

La propiedad de la tierra seguía tres caminos: el de la división por herencia, el del acaparamiento y el del agrarismo. Aumentó el número de propietarios individuales desde 1910 porque las propiedades de un par de terratenientes mayores se repartió entre una docena de sus hijos. Pero frente al proceso de división se daba el del acaparamiento. Por lo menos un par de terratenientes seguía ensanchando sus tierras mediante compras. Con todo, la propiedad estaba aquí más dividida que en las otras regiones comarcanas. La hacienda de El Sabino, de la que ya era dueña María Ramírez, nieta de don Manuel Arias, se mantenía indivisa y con más de cuatro mil hectáreas. Pero fuera de ese latifundio solamente había tres predios que medían entre 1 000 y 2 000 hectáreas, y los demás por lo regular no alcanzaban las 300 hectáreas, y muchas no llegaban a las 100. Sin embargo, aparte de unas 200 familias, las demás, que eran alrededor de 400, no poseían propiedades ni tenían un medio seguro para subsistir. El comercio mejor lo acaparaban los terratenientes. Ciertas indus-

[39] Archivo Judicial de Jiquilpan, sentencias criminales, 1921-1923.
[40] Archivo del Departamento de Asuntos Agrarios y Colonización que en adelante se citará ADAAC, exp. 1933.

trias, como la del blanqueamiento de la cera, habían desaparecido.

Algunos sabían que había regiones de lucro aparentemente fácil; pero muy pocos se atrevieron a ir en su busca. Entre los jóvenes de San José se difunde una atracción, oyen de la bonanza que siguió en los Estados Unidos al terminar la guerra mundial; se enteran de que miles de mexicanos abandonan las estériles regiones de su país para ir a ganar buenos dólares, y diez se atreven a correr la aventura: Apolinar Partida, Porfirio González, Ramiro y Socorro Chávez, Pascual Barajas, Benjamín Martínez y otros cuatro van en busca de trabajo y lucro a los Estados Unidos; se emplean como obreros en la fundición Inland de Indiana. Al cabo de dos o tres años, siete de ellos, decepcionados, vuelven a su tierra, acaso con algún fonógrafo, un par de camisas exóticas, una docena de palabras inglesas y pocos dólares. Vuelven a la pobreza tranquila del pueblo.[41]

Por lo demás, la vida política y social de San José y sus rancherías recobra lentamente su rutina. El gobierno prácticamente autónomo de la tenencia está más pobre que de costumbre y casi imposibilitado para emprender mejoras. Con mucho sacrificio, Gaudencio González Cárdenas, uno de los jefes de la tenencia, pone piso de piedra laja en el paseo del jardín. Lo normal es que las autoridades se limiten a ser guardianes del orden público y a veces no logran buen éxito en su labor policial. Entre 1920 y 1924 hubo zafarranchos de nota y una decena de muertos a balazos.[42]

No todo mundo comía bien, pero era raro el que carecía de pistola. No era fácil desterrar rápidamente las actitudes y los hábitos del machismo heredado del período anterior. Se mantenía el culto a la fuerza, la costumbre de emborracharse y el exagerado sentido del honor. De otro lado no dejaban de acentuarse las diferencias de grupo social. Los ricos eran menos ricos, pero los pobres se habían vuelto mucho más pobres. Los muros de respeto entre patrones y trabajadores se agrietaban cada vez más. Con todo las aguas de la discordia social todavía estaban lejos de llegar al río.

Las escuelas y la educación en general alcanzó cierto auge en el lustro 1920-1925. Vuelve don Rafael Haro a impartir una

[41] Datos comunicados por Porfirio González Buenrostro.
[42] Archivo de la Jefatura de la Tenencia de Ornelas (AIITO).

135

formación general a un grupo de niños y adolescentes. Rafael Haro, además de educar niños, emprende la reeducación de los mayores por medio del teatro. Compone y pone sainetes para satirizar algunas costumbres anormales que crecían en el pueblo. Ridiculiza en "El Alcalde de Panzacola" la bravura y en "La Zahorina" la ola de irracionalidad y superstición, la entrega de la gente a la charlatanería de curanderos y gitanos.[43] Ambas piezas y sobre todo "El Alcalde", tuvieron mucha resonancia.

Las madres de Zamora reabrieron el asilo de niñas que también había estado cerrado desde 1918. El 9 de enero de 1922 firman el contrato de reapertura don Luis González Cárdenas por el pueblo, y Lucía de Jesús por las religiosas.[44] El padre Marcos Vega atrae a su centro preparatorio para el seminario eclesiástico de Zamora a dos docenas de jóvenes. Imparte en los años de 1920 a 1922 la gramática latina y española y algunas nociones de aritmética.[45] No lejos de aquí, en Cojumatlán, el padre Federico González instaura y regenta otra escuela similar donde se inscriben cuatro de San José. De ambos planteles sale una veintena de aspirantes a sacerdotes que se trasladan al seminario de Zamora. Para 1924 había en ese seminario 22 jóvenes de San José empeñados en el latín y la filosofía escolástica. Con todo, en el pueblo y las rancherías de su jurisdicción más de la mitad de los niños en edad de aprender no asistía a ninguna escuela.

Por lo demás reinaba la calma. Sólo el padre Ávalos estaba intranquilo por las peligrosas novedades de la prensa periódica. Se molestó con Rafael Haro porque era suscriptor de *Revista de Revistas*, y no contento con autoenvenenarse él, prestaba la publicación a los jóvenes.

Vino el circo, un circo modesto como los que van a los pueblos, sin fieras, sólo con perritos amaestrados; sin grandes cómicos, con un simple payaso de cara encalada; sin trapecistas de fama, pero con un par de deshuesados hechos para hacer maro-

---

[43] Datos comunicados por Rafael Haro.
[44] Archivo particular de Luis González Cárdenas.
[45] Datos comunicados por Daniel González Cárdenas.
[46] Como en nota 43.

Maestras del "asilo"

mas. El circo se llevó a Joselón (José Gómez) dizque porque medía dos metros dieciocho centímetros de altura.

Vino también el nuevo obispo de Zamora y su recepción fue espectacular. Doscientos jinetes, de los de la espuela sonora y el potro piafante, lo escoltaron en el recorrido desde arriba de Cojumatlán hasta San José. Aquí llegó enmedio de la multitud y un aire de repique de campanas, música de mariachi y profusión de cohetes.

En resumidas cuentas la calma que siguió a la tempestad revolucionaria tuvo sus pros y sus contras. El régimen de lluvias, secas y heladas fue en general favorable al desarrollo de la ganadería. La vida económica se vio favorecida por la costumbre de ordeñar las vacas en las secas y perjudicada por la desaparición total de la industria cerera. El bienestar de los pudientes no logró alcanzar el nivel de la primera década del siglo; el malestar de los pobres sobrepasó la altura del decenio revolucionario. Hubo poco trabajo y malos sueldos.

El clero fue perseguido. Nadie molestó al padre Timoteo López, encargado de la vicaría de San José en 1919-1920. Nadie estorbó en sus funciones a su sucesor, el padre Emilio Ávalos. Los tiros anticlericales de Obregón y sus gobernadores se dirigieron a las cabezas de la estructura eclesiástica mexicana, pero no dejaban de molestar al pueblo creyente y mucho menos al vecindario de San José, tan identificado con sus sacerdotes y seminaristas. Otro motivo de desazón lo provocó la rebelión delahuertista. El ejército se desgajó en dos facciones enemigas cuando el presidente quiso imponer como sucesor suyo al general Calles. Se desata otra vez la guerra. Los de San José la ven acercarse. Hay una batalla grande, como nunca se había visto, en Ocotlán, al otro lado de la laguna de Chapala. Obregón la gana y se sale con la suya.

En San José la gente dio en ponerse como pólvora seca dispuesta a arder a la menor chispa. Todo mundo andaba en brama, como queriendo combatir, alborotado, inconforme, deseoso de revolufia contra unas autoridades que le empeoraron la plana a don Porfirio. El horizonte se nublaba poco a poco.

V. LA REVOLUCION CRISTERA
(1925-1932)

Unos meses antes

EL GENERAL Plutarco Elías Calles llega a la presidencia de la República el lo. de diciembre de 1924 y no tarda en manifestar su odio contra los curas. La burocracia le hace coro. La agitación anticlerical prohíja el nacimiento de una Iglesia Apostólica Mexicana que consigue un patriarca Pérez, el templo de La Soledad y casi ninguna clientela. Fracasado el cisma, se emprende la aplicación rigurosa de los artículos 3, 5, 24, 27, 32 y 130 de la Constitución General de la República. La reglamentación del artículo 130 dispone el registro y la reducción del número de sacerdotes. Poco antes de la llamada "Ley Calles", los oradores en el Congreso Eucarístico Nacional celebrado en México del 4 al 12 de octubre, al que asistió un par de josefinos, el obispo de Huejutla, el historiador Mariano Cuevas, el abogado Miguel Palomar y otros hablan de "luchar por la Iglesia y de salvar a la Patria".[1]

Un poco después una carta pastoral colectiva lanzó a los cuatro vientos grave advertencia: "Ha llegado el momento de decir *non possumus*". El 25 de julio de 1926 otra pastoral colectiva incitó a los fieles a imitar "la constancia de los primeros cristianos. . . que murieron como buenos, logrando que su sangre fuese semilla de nuevos y nuevos convertidos". Al mismo tiempo se propaló la noticia de que "la Iglesia no. . . aprobará un levantamiento en armas, pues sería perjudicial para el pueblo y el país". Se remachó: "La Iglesia se opone

[1] Jorge Gram, *Héctor*, pp. 80-82.

139

absolutamente al empleo de la fuerza armada para solventar los problemas de México". Pero lo cierto es que los prelados andaban divididos. "Unos —escribe Jean Meyer— se pronunciaban en favor de la resistencia activa —política—, otros por la resistencia pasiva (hasta el martirio) y otros por la perseverancia en la vía constitucional". Los más negaban a los católicos laicos el derecho a levantarse, pero no faltarían tres que los indujeron a tomar las armas contra un gobierno tan agresivamente antirreligioso. De hecho en un momento dado todos los obispos prohibieron la insurrección y a la vez autorizaron a la Liga de defensores de la Libertad Religiosa a decidirse por la guerra. Como quiera, los ligueros, gente catrina de ciudad, no eran capaces de armar revolufia alguna contra Calles.[2]

El general Calles no sólo es memorable por las disputas y las guerras sostenidas con el general Serrano, los yaquis, el clero y los cristeros. Además de remover obstáculos que se oponían a la práctica de la Constitución de 1917, puso los cimientos del desarrollo ulterior de México con la fundación de escuelas agrícolas y secundarias, el Banco de México, la creación del impuesto sobre la renta, el Banco de Crédito Agrícola y las Comisiones de Irrigación y Caminos.[3]

Michoacán no conoció las actividades constructivas de don Plutarco y sí la amplia variedad de las destructivas; cierre de escuelas y conventos; trabas al culto, "aun el que los católicos celebraban privadamente en sus casas"; confiscación de asilos y clausura de los centros productóres de sacerdotes que funcionaban en Morelia, Zamora y Tacámbaro.[4] El 8 de marzo de 1926 el gobierno ordenó la clausura del seminario conciliar de Zamora.[5] La veintena de jóvenes josefinos que estudiaban allí volvieron al pueblo a erigir la Acción Católica de la Juventud Mexicana local y emprender una sigilosa campaña de instigación. Llegó también a raudales la propaganda impresa de orientación antigobiernista. Los discursos de Ana-

[2] Los datos generales sobre la cristera han sido tomados del excelente libro de Jean Meyer, *La Cristiada*, México, siglo XXI, 1973-1974. 3 vols.
[3] Wigberto Jiménez Moreno y Alfonso García Ruiz, *Historia de México. Una Síntesis*, p. 119.
[4] Bravo Ugarte, *op. cit.*, III, p. 223.
[5] Rodríguez Zetina, *op. cit.*, p. 576.

cleto González Flores y otros líderes católicos se leyeron y difundieron y levantaron ámpula.

El padre Federico regresó a levantar la bandera del pueblo y especialmente la de la hornada que se dio a conocer en público cuando el enojo del volcán de Colima y cuyos miembros habían nacido de 1877 a 1890. El joven sacerdote, de apariencia enclenque, nació en 1889. Tres fuerzas ambientales configuraron su personalidad: el rancho, la familia y el seminario. El incipiente pueblo de San José que era una ranchería en región ganadera y frutal, le proporcionó las primeras tareas dentro de la vida al aire libre: juego de canicas, caminatas a caballo, jineteo de becerros, castigos por desobediencia y algún quehacer campesino, no de mucha obligación, porque él era hijo de familia algo acomodada y vieja en la zona. Su padre, Bernardo González Pulido, el encargado del orden en San José de 1891 a 1900; su madre, Herminia Cárdenas Barragán, originaria de un rancho próximo a La Manzanilla, de temperamento apasionado, activo, emotivo e inquebrantable. El niño recibió en herencia el temperamento de su madre y los sentimientos de honor y fe en el porvenir común. La religiosidad, la charrería y el señorío los contrajo de su padre. A los trece años de edad entró al seminario auxiliar de Sahuayo a estudiar latín, matemáticas y física. En Zamora, donde estudió filosofía escolástica y teología, adquirió la úlcera duodenal de toda su vida, el desafecto al curso seguido por la historia mexicana de la Reforma para acá, y el gusto por el raciocinio. Después de recibir las órdenes mayores en 1913, estuvo de vicario cooperador en Tingüindín, trabajó para los indígenas y entró en relación con los guerrilleros revolucionarios. Permaneció en San José de 1916 a 1918 para paliar los golpes del bandolerismo. Ya se dijo que fue el héroe civil cuando la jornada de Chávez García. De su pueblo se fue a Cojumatlán con el doble carácter de vicario y director de una escuela auxiliar del Seminario. En 1922 estuvo en Vistahermosa para enderezar un asunto peliagudo, y al año siguiente asumió la vicerrectoría del seminario zamorano. Recrudecida su úlcera, vuelve a instalarse en San José a fines de 1924. Nervioso, endeble, con ojos verdiazules, acaso verdegrises, de sueño ligero, activo y arriesgado, lúcido y de voluntad fuerte, las tenía todas para ser un líder. Como tal metió a sus paisanos en dos empresas delicadas: la parcelación de la hacienda de El Sabino y la lucha contra la clerofobia del general Plutarco Elías Calles.[6]

En el origen de la parcelación de la hacienda de El Sabino estuvo el miedo de la dueña a la reforma agraria. Varios de sus latifundios estaban amenazados por los solicitadores de tierras. En 1921 el comité agrarista del Paso de Piedra solicitó las tierras de El Sabino. El gobernador jalisciense encontró justa la solicitud: la pasó a la Comisión Local Agraria; ésta propuso que se dotara a los 190 vecinos del Paso mayores de 18 años con 1 140 hectáreas: 826 de El Sabino, 99 del Rancho Seco de Ignacio Sánchez y 117 de varios propietarios menores.[7] Entonces todavía no había adictos al agrarismo gubernamental en la tenencia de San José. Los de ésta sentían cierto desdoro en pedir regaladas las tierras ajenas. Tampoco el padre Federico alentaba esa forma de hacer propietarios.

El padre Federico aprovechó el miedo de la señorita María Ramírez Arias y de su abogado y tío don Mariano Ramírez para conseguir que aceptaran dividir y vender a largo plazo a los sin tierra de San José los terrenos de la hacienda de El Sabino. Obtenida la anuencia, se hizo venir a un ingeniero para que midiera, levantara planos y parcelara el vasto latifundio. Como el primer agrónomo durara meses en la tarea sin resultados visibles, se contrató a otro. El ingeniero David Vázquez terminó pronto la obra. Mil ochocientas setenta y dos hectáreas de las 4 232 que medía El Sabino se dividieron en 206 parcelas de 7 a 15 hectáreas cada una. Las parcelas pequeñas eran parcialmente de labor, susceptibles de sembrarse en tiempo de aguas, y las mayores casi exclusivamente de agostadero. De las 2 350 hectáreas restantes, 950 se tomaron para formar 12 ranchos de 40 a 150 hectáreas cada uno. La dueña se quedó con 1 400 hectáreas que sus parientes le impidieron vender en parcelas a los peones de El Sabino. De ese sobrante le fueron afectadas el mismo año de 1926, 672 para formar el ejido del Paso de Piedra.[8] Las parcelas y los

[6] Datos obtenidos de los familiares del biografiado, y especialmente de Rosa y Josefina González Cárdenas.
[7] ADAAC, exp. 1933.
[8] ADAAC, exp. 12558.

ranchos fueron vendidos a precios módicos, a un promedio de 50 pesos la hectárea para pagar en diez años en abonos anuales que podían ser en dinero o en especie. Así se duplicó el número de terratenientes en la tenencia. Así se satisfizo el ansia de propiedad de todos los vecinos de San José y una de las rancherías. Así, sólo quedaron sin tierra unas 200 familias que habitaban en los ranchos. Entre éstas, cuarenta del mero Sabino que, en carta al padre Federico González, le piden que "usted que tanto se ha interesado por los pobres que no tenemos terreno. . . y que vivíamos en la hacienda sólo porque nos dejaban criar nuestros animales y un pedazo de tierra donde sembrar [y que ahora vendidas las partes del latifundio donde se localizaban los corrales y los ecuaros gratuitos] nos encontramos sin tener donde vivir ni agostar los animales ni sembrar. . . pedimos a usted que pueda remediarnos nuestra situación y nos venda de los mismos terrenos de la hacienda parcelas del mismo tamaño que a los parceleros de San José para nosotros y 42 individuos más de esta hacienda en las mismas condiciones de precio que a los de San José de Gracia".

La solicitud de los peones de El Sabino llegó tarde. En julio de 1926 ya lo vendible se había vendido. Ni el padre, ni don Guadalupe González ni ninguno de los que tuvieron que ver con el reparto pudieron remediar el mal. Los lotes se habían rifado. Ya estaban en posesión de 218 parcelas y ranchos otros tantos jefes de familia de San José y del Jarrero. El que nadie en el pueblo se haya quedado sin tierra propia fue celebrado con un suculento día de campo y otras escenas de regocijo y fiesta.[9]

Otro acontecimiento luminoso se debió a don David Sánchez, quien instaló entonces una pequeña "planta de luz y fuerza motriz", suficiente para iluminar con focos amarillos las noches del templo, la plaza y dos docenas de hogares, y también para mover un molino de nixtamal, el segundo en el pueblo. Pocos años antes la afición de don Juan Chávez a las mujeres se había manifestado también en la instalación de un molino. En 1926 dos molinos despertaban a las señoras desde

[9] *Huanimba*, núm. 1 y datos comunicados por Porfirio González Buenrostro.

Día de campo

antes de amanecer con sus resoplidos agudos, y el de don Juan, además, con los truenos del escape, que semejaban un tiroteo. El tercer suceso venturoso de 1926 fue la abundancia de lluvias, tan abundantes que rompieron los diques de defensa en la ciénega de Chapala.[10]

Pero no todo fue bonanza. A varios políticos influyentes de la villa de Sahuayo no les pareció bien el reparto de El Sabino. Rafael Picazo lo declaró contrarrevolucionario e intentó deshacerlo.[11] Otros querían que se fraccionara en ranchos y se vendiera entre los sahuayenses. Tampoco los que se consideraban herederos de la solterona dueña vieron con buenos ojos la desmembración de la hacienda. Muchos, por una u otra razón, le declararon la guerra a los de San José. Nunca la población había sido víctima de tantos abusos. Se le molestó dizque por mocha. Se acudió a ese pretexto para conseguir apoyo oficial. Se dijo que en San José funcionaba un grupo de la A.C.J.M. y en efecto, todos los jóvenes solteros acudían desde 1925 a las juntas de la A.C.J.M., igual que en muchos otros pueblos.[12] Ciertamente los dirigentes urbanos de la ACJM eran también los principales promotores de la Liga Defensora de la Libertad Religiosa, aunque en San José la ACJM fuese sobre todo motor de acciones pías. Eso sí, es innegable que a los josefinos les dio por hablar mal del padrino del gobierno callista, por mentarle la madre a los Estados Unidos. También colaboraron para el memorial, firmado por dos millones de fieles, enviado al Congreso de la Unión con el fin de obtener las reformas constitucionales que les permitieran a la comunidad eclesiástica una vida más llevadera. No dijeron no a la orden de: "No compréis nada, por lo menos nada superfluo, y si tenéis que comprar, compradlo a los amigos de la causa". Tampoco se opusieron cuando los obispos anunciaron la decisión de suspender el culto público a partir del primero de agosto de 1926.[13]

Se acata la orden episcopal de suspender el culto en el templo. El pueblo se queda mudo cuando las campanas dejan

[10] Germán Behn, "El Lago de Chapala. . ." en *Boletín J. A. J. de la S. M. G. E.*, t. X, núms. 1 y 2 (1956), p. 25.
[11] Datos comunicados por Honorato González Buenrostro.
[12] Datos comunicados por el P. Federico González Cárdenas.
[13] Datos comunicados por Josefina González Cárdenas.

de tocar. El padre Federico sigue ejerciendo en privado su ministerio. La gente multiplica sus actividades religiosas; oye misa, se confiesa y comulga más frecuentemente. El pueblo siente cada vez más veneración por la iglesia y el estado sacerdotal. Desde su fundación ha sido religioso y clerical y raro sería que no lo fuera. No tiene por qué mal sentir de los sacerdotes. El paternalismo y la intromisión de los sacerdotes en asuntos temporales habían sido, por regla general, benéficos para el vecindario de San José. No hay quejas contra el clero: hay buenas evocaciones de los obispos de Zamora y de muchos vicarios de San José, especialmente de los padres Othón, Vega y Ávalos. Es además un sacerdote al que en ese momento acatan todos como caudillo. En cambio, a los funcionarios del gobierno civil nadie tiene nada que agradecerles. El afecto al movimiento maderista había sido la única muestra de identificación entre San José y las autoridades de la República. Hacia los gobiernos posteriores hubo un claro desafecto que se convirtió en odio a secas cuando Calles desde la presidencia y sus colaboradores desde distintos puestos, se dan a la tarea de perseguir curas y monjas y cerrar escuelas y templos.

Desde ocho meses antes Luis Navarro Origel andaba de insurrecto en el Bajío. En agosto de 1926 hubo un primer brote rebelde aquí nomás en Sahuayo. El mismo mes, allá lejos, en Zacatecas, tras una matachina de prisioneros ordenada por las autoridades, los cabecillas Acevedo y Quintanar, al grito de ¡Viva Cristo Rey!, inician la guerra. Poco después se echan al campo rebeldes de Tajimaroa en Michoacán; de Cocula, Juchitlán y otros pueblos en Jalisco; de Santiago Bayacora en Durango; de la Sierra Gorda de Querétaro; de Huajuapan de León; de Chilapa y de otros muchos sitios. La Liga dispone que el levantamiento general sea el primero de enero de 1927. A partir de esa fecha

> Señores, pongan cuidado
> lo que les voy a contar
> se levantaron en armas
> los de la Unión Popular,

o sea la numerosa gente que acaudillaba Anacleto González Flores en Jalisco, Colima y Michoacán. En un abrir y cerrar de ojos los campos de Occidente se llenan de grupos que cantan: "Tropas de Jesús, sigan su bandera, no desmaye nadie, vamos a la guerra". De un día para otro los gritos de Viva Cristo Rey, Viva la Virgen de Guadalupe, Viva México estallan en multitud de pueblos, rancherías y ranchos.

Mientras tanto en San José se discute la postura que debe tomarse ante el hecho de la persecución religiosa. Casi todos son ex seminaristas. El profesor Rafael Haro no lo es. La mayoría sostiene el deber de recurrir a la fuerza contra el gobierno; cree en la pequeñez y debilidad del régimen callista y está segura de que los dos millones de mexicanos que firmaron el memorial dirigido al Congreso para solicitar libertad religiosa están resueltos a tomar las armas, máxime que la Cámara de Diputados contestó al memorial con un violín. Se discute en un clima emotivo. El profesor Rafael Haro no cree que la catolicidad mexicana sea tan honda en otras partes como lo es aquí. Duda de que la persecución religiosa produzca en el Norte o en Veracruz la reacción que produce en San José y demás pueblos de la comarca. Algunos ven imposible ganarle la batalla al gobierno porque éste tiene armas y ejército, y la población carece de los medios de defensa y ataque. A esto responden los adictos a la violencia con varias razones. Se arguye entre otras cosas que los agraristas de los pueblos cercanos de Jalisco aportarán rifles. También se tiene la esperanza de que ayuden con dinero y útiles de guerra los católicos de Estados Unidos. Con todo, algunos siguen incrédulos, y con ellos un hombre de mucho peso en la opinión josefina, el padre Juan González. Éste muere de una enfermedad que pudo ser lepra, y se impone el punto de vista de la mayoría de la *élite* ilustrada y del padre Federico.[14]

Eufemio Ochoa, el jefe de la "Defensa Social" de Sahuayo, tenía sus razones para estar resentido con los poderosos de su villa; era descendiente de los indios despojados de sus tierras por los colonos blancos. Pero su deseo de venganza no sólo lo sació en hijos de los culpables. Repetidas veces fue a molestar al vecindario de San José. Un día llegó dispuesto a aprehender al padre Federico y a varias personas allegadas a él. No encontró a ninguno y a manera de desquite saqueó algunas

---

[14] Datos comunicados por el profesor Rafael C. Haro.

casas y la tienda de don Guadalupe González, la mejor del pueblo. La gente se enfureció, y no únicamente contra Eufemio, la Chiscuaza. Tenía motivos para creer que en esos atropellos andaba metida la mano del diputado federal del Distrito, y en última instancia la del gobierno. Los robos del comandante sahuayense y el auto-exilio de la Sagrada Familia fueron las gotas derramadoras del vaso.[15]

La decisión de tomar las armas contra el gobierno reconoce numerosos empujadores. Según ellos, el empujón definitivo fue la entrada vespertina de la gente de Eufemio Ochoa; según ellas, lo que aventó a los hombres a la Cristiada fue la salida nocturna de Jesús, José y María. Ésta, según los decires de las mujeres que salieron a barrer las banquetas de sus hogares apenas amanecido, quedó a ojos vistas en una serie de pisadas de seis pies: dos de criatura y las otras de hombre y de mujer grandes. Al principio las barrenderas creyeron que las pisadas podrían ser de cualquier papá, mamá y niño; al notar que la escoba no las borraba, abrieron tamaños ojos. Al ver que ni siquiera lavándolas se quitaban, les empezó el sucedido a oler a milagro, y al comprobar que la serie de pisadas salía por la puerta mayor del templo y remataba en el camino real, ya no les cupo la menor duda de que la Sagrada Familia era la prófuga y que el motivo de su éxodo era la timidez de los josefinos al no decidirse de una vez a la guerra contra los callistas.

El levantamiento

El padre Federico elige el camino de la violencia. A pesar de ser un hombre de decisiones rápidas, en el caso presente vacila. Indaga antes la opinión de los obispos. En general no son favorables al movimiento armado. Lee a los tratadistas sobre el asunto de la guerra justa. Se convence de que la guerra en esta ocasión es justa y necesaria. Se relaciona con dirigentes de la Unión Católica Mexicana, organización secreta de la que saldrían casi todos los jefes cristeros del oeste. Se rodea de "un pequeño grupo de hombres en quienes confía plenamente".[16] Van en persona a hablar con los párrocos y presidentes

[15] Datos comunicados por Honorato González Buenrostro.
[16] Datos comunicados por el P. Federico González Cárdenas.

148

de los pueblos circunvecinos.[17] Consigue seducir a los pueblos de Cojumatlán, Valle de Juárez, y otros puntos. Dondequiera la mayoría de las voluntades se inclinan por el movimiento armado. Las demás poblaciones no han sido tan castigadas como San José, pero también están en actitud levantisca. De común acuerdo se fija el 11 de junio de 1927 para iniciar la insurrección en San José. Allí se juntarían los grupos de media docena de pueblos que el padre Federico había alistado para tomar las armas. Para entonces numerosas partidas de cristeros ya peleaban en distintos y distantes rumbos del país.[18]

El 2 de enero de 1927 Miguel Hernández se levanta en Los Altos de Jalisco y tras él, El Catorce, Valadez, Rocha y los curas Vega y Pedroza.[19] Por las mismas fechas se alzan varios pueblos de la región del Bajío de Guanajuato.[20] En la zona de Colima no cesan de crecer los grupos insurrectos de Coquimatlán, Villa de Álvarez, Pihuamo y Zapotitlán.[21] Se prenden otras chispas en varios puntos de Michoacán, en las sierras del Sureste, en Tajimaroa, Zamora y Yurécuaro, ya muy cerca de San José. También arden el sur de Coahuila, el norte de Zacatecas, San Luis Potosí, Tamaulipas y algunos pueblos cercanos a la capital.[22] Se rumora que el número de levantados pasa de los 20 000. Se recibe también la noticia que decidirá a varios de los de San José. El admirado líder Anacleto González Flores cae preso, es torturado y muerto en abril de 1927. Poco antes, el 3 de marzo, don Prudencio Mendoza da el grito de rebelión a pocas leguas de San José, en El Calabozo y Cotija. "La casi totalidad de los habitantes de la sierra lo secundan."[23]

En San José había medio millar de hombres en edad de tomar las armas e irse a la guerra, pero ni todos se sentían con ánimos de hacerlo, y ni había fusiles para los bien dispuestos. Los que se alistaron fueron alrededor de 40 y sólo la mitad con

[17] Bravo Ugarte, *op. cit.*, III, p. 24.
[18] Degollado Guízar, *op. cit.*, p. 26.
[19] Olivera, *op. cit.*, pp. 157-158.
[20] *Ibid.*, pp. 160-162.
[21] *Ibid.*, pp. 162-165.
[22] Cf. Olivera, *op. cit.*; Antonio Rius Facius, *México Cristero*; Aquiles P. Moctezuma, *El conflicto religioso de 1926*.
[23] Chávez, *op. cit.*, p. 56.

armas largas: carabinas 30-30, rifles 44 y pocos máuseres. El nombramiento de general se le dio a León Sánchez, el de coronel a su hermano David, el de mayor a Anatolio Partida. A Rafael Pulido, jefe de la tenencia, se le otorgó el grado de capitán. Los doce componentes de la defensa social se adhirieron al movimiento. Otros habían salido del Seminario de Zamora un año antes. Unos eran pequeños propietarios, otros hijos de pequeños propietarios y ganaderos y los demás parceleros o simples peones. Una tercera parte estaban casados y tenían hijos. Los más eran jóvenes en el verdor de la edad, de 16 a 30 años, con alguna destreza en el manejo de armas y caballos y sin disciplina militar.

No todos los integrantes del grupo de San José eran idealistas puros. Además del sentimiento religioso, movía a muchos el deseo de vengar las ofensas que por líos de tierras les inferían los politicastros de la región. Hubo también ambiciosos de fama, dinero y poder, gente deseosa de aventuras y hasta algún criminal del orden común. Los resortes básicos fueron la religiosidad herida, el sentimiento de humillación, el deseo de reparar las injusticias perpetradas en personas indefensas por los funcionarios del callismo, la protección de la pequeña propiedad amenazada, y en suma, el odio al gobierno, un antiguo odio recrudecido, una sensación de hostilidad que venía desde épocas inmemoriales. Desde muy atrás creían los de San José, y antes los del Llano de la Cruz, como los del pueblo de Luvina en la historia de Juan Rulfo, que el gobierno "sólo se acordaba de ellos cuando alguno de sus muchachos había hecho alguna fechoría" y a la hora de cobrar las "contribuciones". Los pacifistas y sobre todo los ancianos lo veían como un mal imposible de vencer; pero el ejército cristero se levantó íntimamente convencido de que ese señor, el gobierno, era fácilmente derrotable.

Como hubo denuncias contra los conjurados, la rebelión se adelanta. Los grupos de otros pueblos se echan para atrás. El 8 de julio de 1927 se sabe en San José que Cojumatlán ya está en pie de lucha y que los rebeldes de aquel pueblo vienen hacia éste. El 9, los cuarenta de San José salen al encuentro de sus hermanos. Juntos hacen un ejército de cien hombres a caballo. En columna de dos en fondo entran a San José a la caída del sol. En la plaza dan el grito de ¡Viva Cristo Rey!, hacen los primeros disparos y reciben las primeras ovaciones. Ya oscuro, a las ocho de la noche, los de Cojumatlán comandados por el teniente coronel Enrique Rodríguez, parten a Mazamitla. Los de San José, súbditos del general León Sánchez, toman el callejón de Auchen.[24] Durante diez días andan de un lado para otro, siempre cerca del terruño. A veces se remontan a la sierra del Tigre. Le esconden la cara a los del gobierno; juntan provisiones, atraen a otros a "la causa"; consiguen más rifles; se entrevistan con los generales Jesús Degollado y Prudencio Mendoza en El Faisán, en plena sierra del municipio de Quitupan. De allá salen dispuestos al ataque, muchos aún sin miedo, con el valor de la inexperiencia militar.[25]

El 30 de julio acometen la primera empresa. Caen a Cojumatlán en la madrugada. Durante cuatro horas se intercambian balazos 95 callistas y 30 cristeros. No logran quedarse en la plaza pero se van de ella con la satisfacción de haber abatido a 28 federales. Toman el camino del poniente. Cruzan cautelosamente, zigzagueando, las lomas y las barranquillas de su meseta. Al amanecer del 9 de agosto descienden al pueblo grande de Teocuitatlán. Vencen a la guarnición; repican las campanas; sacan del cuartel algunas cosas útiles para la guerra y se ven obligados a salir antes del medio día. Las tropas de irregulares acaudilladas por el coronel Basulto Limón vienen al rescate de Teocuitatlán. Esa tropa estaba formada por agraristas. Cuando el gobierno vio que no podía fácilmente vencer a los rebeldes con su ejército de 70 mil hombres pensó en el refrán: "Para que la cuña apriete debe ser del mismo palo". Lanzó campesinos contra campesinos. Puso en manos de los agraristas que ya habían recibido tierras, en manos de unos 30 mil agraristas, fusiles y municiones para aniquilar cristeros. Les dio armas y los obligó a pelear a las órdenes de jefes militares que los utilizarían de vanguardias y en general para las tareas peligrosas y duras. Los agraristas expulsan de Teocuitatlán a los josefinos. Bernardo González Cárdenas, autor del "diario" de donde se han distraído estas

[24] Bernardo González Cárdenas, "Diario manuscrito, 1927-1929".
[25] Datos comunicados por Honorato González Buenrostro y Salvador Villanueva González.

noticias, dice que vuelven a San José haciendo escalas en Pueblo Nuevo que es simpatizante, y en Toluquilla. De hecho en toda la meseta son bien recibidos, pero en ninguna parte con tantas muestras de entusiasmo como en San José.[26]

Volvieron al terruño con la convicción de que las comunidades agraristas de Jalisco habían tomado el partido del gobierno. El resto de la población era simpatizadora. Más o menos confiados salieron de San José el 15 de agosto. Dan con cuatro agraristas en el camino a La Manzanilla y los cuelgan. Se enteran de que una partida de soldados los persigue. Toman la dirección de la sierra,[27] la vasta zona donde imperaba la ley de don Prudencio Mendoza, el hombre enjuto, trigueño, justo y ladino, en cuclillas, fumando. El reino del viejo Mendoza abarca lugares de cinco municipios (Quitupan, Santa María del Oro, Cotija, Tamazula y Jilotlán); es generalmente montañoso; tiene eminencias de respetable altura (Palo Verde, Cerro Blanco, La Cruz, El Cuascomate, El Faisán, El Montoso, Chinito) y barrancas profundas (Agua Fría, Agujas, Burra, Soledad). Hay ríos caudalosos (de las Huertas, Calóndrigo, Algodón, Santa María del Oro y el grande de Tepalcatepec). El feudo de Prudencio Mendoza tenía tierras frías y calientes, poco pobladas de hombres y muy abastecidas de plantas y animales comestibles; era un paraíso difícil donde los cristeros se reunirían con frecuencia.[28]

El 9 de septiembre se juntan varias partidas y atacan Tecatitlán por tres direcciones. El tiroteo no para durante siete horas. Los sitiados se dan por vencidos. Los sitiadores entran en tropel y con gran estruendo; se tropiezan con 74 federales difuntos. A ellos les matan seis. Poco después de la victoria huyen. Siempre les faltaba parque. Nunca podían sostenerse más de unas horas en una población tomada. En esa ocasión volvieron a las tierras seguras de Mendoza; cruzaron crecido el río de Santa María del Oro y fueron a celebrar el 16 de septiembre entre montañas. Hubo discursos del médico, los coroneles Alberto Gutiérrez y David Sánchez y el general sahuayense don Ignacio Sánchez Ramírez. Un poco antes

[26] B. González Cárdenas, *op. cit.*
[27] *Ibid.*
[28] Chávez, *op. cit.*, pp. 56-69, 187-193.

había sido la decisión de Anatolio Partida de apartarse con su gente; un poco después tuvo lugar la visita de Luis Navarro Origel, alias Fermín Gutiérrez, que pretendía ser comandante de la cristera michoacana, igual que Jesús Degollado Guízar.[29] Ambos traían nombramiento de la Liga Defensora de la Libertad Religiosa. La principal función de la Liga era fabricar y repartir grados. Los de general se los entregó a los acejotaemeros más piadosos, valientes, picos de oro e inexpertos. Señoritos de ciudad fueron al campo con la pretensión de que los rancheros los obedecieran. Algunos jefes locales se supeditaron; los demás no les hicieron el menor caso, y en primer lugar don Prudencio Mendoza. Antes de Gorostieta no hubo dirección militar entre los rebeldes. La dirección nacional de la Liga era invisible, impalpable y no acatada; los jefes locales nombrados por la Liga resultaron señores de vastas comarcas hasta fechas recientes, cuando escribieron sus memorias y cuando los publicistas de Acción Católica y la buena sociedad les confeccionaron biografías *ad hoc* para hacerlos hombres, santos y mártires.

El 6 de octubre los insurgentes de San José de Gracia salieron de la sierra con el propósito de volver a su terruño. En la madrugada del siete llegaron a él y recibieron la peor impresión de su vida "al verlo quemado, destruido y sin gente". Como a Martín Fierro, a más de uno "dos lagrimones les rodaron por la cara". El espectáculo de un pueblo sin ninguna voz, con paredones sin techo, escombros, cenizas, carbón, hierbajos, zacate verde en las calles y en las bardas, tizne en todas partes y aullidos de gatos hambrientos, los conmovió hasta la rabia.

El responsable de la despoblación y la incineración de San José había sido el general Juan B. Izaguirre. El gobierno de la República lo había despachado al frente de mil hombres con buenas armas, equipo y organización, a que venciera a los rebeldes. Entró al occidente de Michoacán con lentitud y con el azoro de quien no conoce la tierra que pisa. Al parecer no aniquiló a ningún grupo insurgente. Se ensañó con la población pacífica. A los mil habitantes de San José, más de la mitad mujeres y niños, les ordenó que abandonaran su pueblo

[29] B. González Cárdenas, *op. cit.*

153

en un lapso de veinticuatro horas. Tenían que irse a poblaciones de cierta importancia.

> Se subió para la sierra
> a acabar con los cristeros;
> se bajó que peloteaba
> porque vio muy feos los cerros.

> Nuestro plazo era muy corto
> para nuestra retirada.
> Todos decían ¿para dónde?
> si está la lluvia cerrada.[30]

Quince familias más o menos pudientes fueron a refugiarse a Guadalajara y allá a fuerza de préstamos que sus propiedades avalaban pudieron sostenerse con privaciones y zozobras, pero sin los gruñidos del hambre. Alrededor de veinticinco familias, las más pobres, se fueron a Mazamitla en donde se encontraron con un letrero que decía: "Aquí no se admite gente de San José." Con todo, don Refugio Reyes mandó borrar la frase y dio alojamiento a un centenar de desamparados.[31] Otras personas buscaron acogida en Jiquilpan, La Manzanilla, Sahuayo y Tizapán. Dondequiera los veían como apestados, y aun los que se compadecían de ellos estaban temerosos de proporcionarles trabajo; temían la represalia del gobierno.

> Izaguirre dio la orden
> de que quemaran al templo,
> y en el infierno arderá
> con todo su regimiento.

> Año de mil novecientos
> el veintisiete al contar
> fue quemado San José
> por gobierno federal.

El general condujo combustible suficiente para achicharrar al pueblo. Quemó casas al por mayor. Amontonaba muebles;

---

[30] Este y los demás trozos de corridos compuestos entonces son según la versión de quienes me los comunicaron: Agustina y José González Martínez.
[31] Datos comunicados por Margarita Orozco.

154

los bañaba de petróleo y les prendía fuego; las llamaradas subían hasta los techos. También practicó el deporte de colgar cristeros en los árboles. Los soldados y la gente paupérrima de los lugares próximos se dieron gusto saqueando los escombros del pueblo. Como final de fiesta Izaguirre sembró sal sobre las ruinas y arreó miles de reses a no se sabe dónde. La gente maltratada se creció al castigo. Los que no se habían atrevido a levantarse antes lo hicieron ahora. El número de levantados subió a 300, subió ocho veces en la tenencia de Ornelas o San José.

La chamusca se generalizó al grito de

Muera el Supremo Gobierno
y viva el coronel Partida
y viva siempre Cristo Rey.

De Tizapán en adelante

El 8 de octubre, las partidas de San José y Cojumatlán, más numerosas que al principio, asaltan a Tizapán. A fuerza de balazos derriban de las torres del templo a muchos guaches. Pelean rudamente todo el día ocho y amanecen peleando el día nueve. Los sitiados están a punto de rendirse cuando llega en su auxilio un refuerzo respetable. Los de la cristera salen precipitadamente, dejando 63 enemigos difuntos. Otra vez muestran la incapacidad de retener militarmente una plaza ante el ataque de las fuerzas del gobierno[32].

En la batalla de Tizapán tomó parte el general de división y jefe de operaciones Luis Navarro Origel, alias Fermín Gutiérrez. En nombre de la Liga trató de imponerse a los insurrectos de San José y Cojumatlán, pero no fue obedecido. El 11 de octubre partió rumbo a Tierra Caliente. Era un hombre de palabra y pluma fáciles. Se atribuyó, en cartas emotivas, numerosos triunfos. Las derrotas las cargó a la cuenta de los campesinos (El Guarachudo, El Perro y otro), y a la falta de ayuda de los promotores catrines de la cristera.[33]

[32] B. González Cárdenas, *op. cit*.
[33] Vid. Chowell (seudónimo de Alfonso Trueba), *Luis Navarro Origel*.

Jefes cristeros: Coronel Anatolio Partida al centro; Mayor Honorato González a la derecha

Todavía menos ayuda que el flamante general Navarro recibían los jefes auténticos de los campesinos, tan despreciados por los cultos ligueros de la capital. Como quiera, contaban con el apoyo de sus coterráneos que les servían de escuchas y les daban de comer. Los pertrechos de guerra se los arrebataban al enemigo. Más de alguna vez recibirían también ayuda de las Brigadas Femeninas de Santa Juana de Arco, organización clandestina y paramilitar de información, propaganda, avituallamiento de los cristeros y protección de sus familias. En las brigadas militaban 10 000 mujeres aborrecidas por la Liga.

El ataque a Jiquilpan se hizo en la noche del 23 al 24 de octubre. Los cristeros tomaron la plaza, pero antes de que comenzara a clarear se vieron comprometidos en otro combate. Los tiroteaban de todas partes; estaban sitiados; salieron corriendo a eso de las 9 de la mañana. Allí murieron once de la cristera. Gaudencio González, el hermano del padre Federico, cae prisionero. Los verdugos le tumban los dientes a culatazos; le pinchan el cuerpo con un verduguillo; lo cuelgan de un árbol y lo rematan con una puñalada en el pecho. Sus compañeros salen a toda carrera en absoluto desorden, cada uno por su lado. No se vuelven a juntar hasta el 6 de noviembre al ir en auxilio del general Prudencio Mendoza que anda en apuros.[34] En Jiquilpan los cristeros quemaron los archivos.[35]

Los días 9 y 10 de noviembre se traba la pelea desde el Fresnal hasta la Cruz. Se combate día y medio sin parar. Si hubiera habido parque quizá no hubiesen tenido que huir, unos hasta Santa María del Oro y los demás a quién sabe dónde. En grupitos fueron llegando al montón de ruinas que era San José. Ganaron una escaramuza en Mazamitla. El padre Leopoldo Gálvez, el "Padre Chiquito", quebró las ollas de las tamaleras y atoleras que no le quisieron dar de comer y beber. También quiso quemar el templo. La cercanía del general Domínguez cambió el rumbo de las cosas. La columna del general Juan Domínguez se componía de 3 000 hombres. Se internó en la sierra acaparada por Mendoza. Le

[34] B. González Cárdenas, *op. cit.*
[35] Datos comunicados por don Jesús Mújica, de Jiquilpan.

hicieron el vacío; dejaron las rancherías abandonadas. Con dificultad dio con un hombre dispuesto a propalar proposiciones de amnistía. Varios cristeros se indultaron en esa ocasión, en particular los del Montoso, súbditos de don Prudencio Mendoza. También por los indultos del general y el coronel del grupo josefino, Anatolio Partida asumió la jefatura.[36]

En aquella ocasión el general Domínguez despachó a doña Amalia Díaz, mujer muy conocida en vasta zona bajo el apelativo de "La Generala", a negociar el indulto de los cristeros de San José y su demarcación. La generala era de Concepción de Buenos Aires, lo que se dice Pueblo Nuevo; estaba emparentada con los Sánchez, y logró la rendición de sus parientes, pero de ninguno más.[37]

> La Generala decía
> para evitar más contiendas
> que a todo el que se indultara
> una hija le daría.

> "Ni que fuera gata inglesa"
> le contesta el vale Othón
> "¿De dónde agarra tanta hija
> para todo un batallón?"

> Honorato le contesta
> "pa qué quiero zancarrones,
> si hay flores en mi tierra
> para cortar a montones".

Otro incidente vino a cambiar la situación. El general Domínguez al pasar por el despoblado pueblo de San José encontró como único poblador a la anciana madre de don Federico. Decidió aprehenderla. Domínguez sabía del liderazgo que ejercía el hijo de la viejecita presa en los grupos cristeros del occidente de Michoacán, y supuso que su decisión acarrearía la rendición del padre Federico. Aunque no pasaron las cosas tal como las esperaba el general, de todos modos el sacerdote se separó de la gente de San José y con un

---

[36] B. González Cárdenas, op. cit.
[37] Datos comunicados por Honorato González Buenrostro.

hermano, un primo y un par de asistentes se fue en seguimiento de su madre. La columna de Juan Domínguez abandonó la sierra el 31 de diciembre y luego se metió, por Santa María del Oro, a la Tierra Caliente, ya casi toda dominada por los cristeros. Hubo agarres en los que ninguno de los contendientes ganó. El ejército perdió mil hombres; los levantados, terreno. A la larga Domínguez, cansado, salió de la zona con una columna mermada y triste, y soltó a doña Herminia a los tres meses de haberla aprehendido.

En la primera mitad de 1928 los cristeros de San José, Sahuayo, Cotija, Tizapán, Pueblo Nuevo, Teocuitatlán y otros pueblos y rancherías andaban entremezclados y divididos en numerosos grupos de diez, veinte y hasta treinta hombres sin dirección militar unificada, sin plan ninguno, mal comidos y peor armados, escondiéndose en barrancas y breñas, ora movidos por el miedo, ora por el valor, haciéndole frente en breves escaramuzas ya a la tropa federal, ya a los agraristas y a las defensas sociales de los pueblos. Había días buenos y malos, ratos de diversión y momentos de angustia y rara vez una batalla en grande. Unos grupos tuvieron como teatro de operaciones la serranía de don Prudencio Mendoza, otros la meseta y otros el volcán y el Estado de Colima.

Según el "diario" de Bernardo González Cárdenas, acompañante del padre Federico, lo mismo que Porfirio González Buenrostro y otros, hubo pocas novedades en la "Sierra" y en la Tierra Caliente. Los diez primeros días del año de 1928 se los pasaron en Coalcomán en comilonas y serenatas, y el resto del primer mes caminando por el rumbo de Jilotlán y Chinicuila. Mientras el padre Federico recorría el distrito de Coalcomán para animar a los defensores, sus acompañantes fueron frecuentemente a cazar venados, y llegaron, después de largos recorridos, a las playas del mar. Casi no hubo incidentes militares, sólo las molestias propias de los trópicos (el pinolillo, las alimañas, las fiebres palúdicas, el sopor), y las sierras boscosas y laberínticas.[38]

Mientras tanto Honorato González Buenrostro, investido con el grado de mayor y con un grupo de 8 hombres, se desprendió de Santa María del Oro con el cometido de dirigir

[38] B. González Cárdenas, *op. cit.*

las operaciones en la Meseta, donde andaban muchos cristeros de San José en desorden. El tránsito fue difícil. Entre mil peripecias, se cuenta la emboscada tendida por los indultados del Montoso que tomaron el partido anticristero. Como quiera, las más fueron sorpresas gratas. Las insurrecciones de las rancherías estaban en pleno auge. Rafael Madrigal, de Ménguaro encabezaba a 80 muchachos de la región de la sierra; Agustín Aguilar, de San Miguel, no traía menos de 30 seguidores. Los levantados de Cojumatlán eran ya 400. "El Chaparro" comandaba a un buen número de sahuayenses. Los rebeldes que recorrían la Meseta sumaban cerca de mil y peleaban día a día con los "guaches" y las "defensas" adictas al bando gubernamental.

Por febrero de 1928 el mayor González Buenrostro convocó a una reunión de jefes. La junta se hizo en Cojumatlán. Mientras discutían planes de defensa y ataque, los atacaron tres columnas de tropa disciplinada y el aguerrido grupo de Eufemio Ochoa Gutiérrez que era la pluma de vomitar de los de San José. Hubo combates cuerpo a cuerpo, de persona a persona. En uno de ellos cayó "La Chiscuaza". Ésa fue la señal de la victoria. El ejército recogió a su difunto ilustre y tomó las de villadiego.

> "Ufemio", por ti lo digo,
> el gato se te durmió,
> en ese Cojumatlán
> un valiente te mató.

Toda la primera mitad de 1928 fue de continuas hazañas y percances para los cristeros de la Meseta. En grupos de ocho a treinta individuos, todos diestros jinetes, se enfrentaban o le sacaban el bulto según convenía, a las tropas montadas de los generales Anacleto Guerrero y Anselmo Macías Valenzuela. Había en promedio cuatro escaramuzas y combates minúsculos por semana. Dos o tres veces presentaron batalla formal que siempre quedaba indecisa y con más muertos en el bando antirrebelde, aunque los descalabros sufridos por la cristera eran también cuantiosos. En el combate que hubo el Viernes Santo en las cercanías de Cojumatlán quedaron tendidos más de cuarenta cristeros. Tampoco la batalla de La Sabinilla fue

160

incruenta. Pero como aquello no era una guerra en toda forma, era una lucha de guerrillas, lo común era la escaramuza, el encuentro fugaz, la refriega poco lucidora que no se presta al lucimiento de los generales, pero sí al de los pequeños caudillos y soldados. Se podrían referir aquí las hazañosas proezas de los Pulido (Ramiro, José e Isidro), de los Ávila (Adolfo y Antonio), de los Villanueva (Faustino y Salvador), de los González (Luis Manuel, Honorato, etc.) y de Agustín Aguilar.[39]

Un grupo en plena lucha era el de Anatolio Partida. Traía unos 250 soldados. Muchos eran de San José y las rancherías cercanas; otros provenían de La Manzanilla, Pueblo Nuevo y sus jurisdicciones. En fin, traía rancheros de muchas partes con los que emprendió la hazaña mayor de tomar a Manzanillo. La toma del puerto fue proyectada minuciosamente por el general Degollado Guízar. Se reunieron para ejecutarla ocho jefes cristeros y cerca de mil hombres. El 22 de mayo se juntaron en Pueblo Nuevo; el 23 emprendieron la marcha repartidos en tres columnas (la del flanco izquierdo mandada por Anatolio Partida). El 24 entraron en Manzanillo y se echaron sobre la aduana. Momentos después un tren repleto de federales se introdujo hasta el puerto y los cristeros huyeron precipitadamente. Fue una acción de armas importante y sangrienta en la que murieron centenares de levantados.[40] El general afirma en sus *Memorias* recientemente publicadas, que en los combates de Manzanillo "se destacaron en forma extraordinaria los mayores don Anatolio Partida y don Rafael Covarrubias".[41] Muchos viejos del sur de Jalisco y Colima también recuerdan a los cristeros, al conjunto y no únicamente a los de San José y zonas aledañas, por los empréstitos forzosos exigidos a terratenientes y comerciantes y por la forma como se hacía de caballos, armamentos, municiones y muchachas. Como quiera, las fechorías de los cristeros eran poca cosa al lado de los incendios, las violaciones, las matanzas y los saqueos de los federales.

[39] Datos comunicados por Salvador Villanueva González.
[40] Datos comunicados por Anatolio Partida Pulido.
[41] Jesús Degollado Guízar, *Memorias del general*, pp. 138-149.

Al comenzar el temporal de lluvias de 1928 la guerra se estancó. Hubo menos entradas de los federales a las zonas cristeras. Tampoco a los grupos de levantados, aunque más numerosos más pequeños y menos abastecidos, se les ocurrió salir de sus "bebederos". En la zona de don Prudencio Mendoza, desde donde el padre Federico trataba de coordinar las operaciones de los cristeros del noroeste de Michoacán y porciones limítrofes de Jalisco, después del aguacero del 22 de mayo, se registran media docena de escaramuzas: subida de los callistas a la sierra e incendio de rancherías; ataque cristero, dos días después el 15 de julio, al tren de Los Reyes; acciones de Gallineros, el día 18, y Lagunillas, el 12 de agosto, más combate de San Cristóbal, el día 15. La poca actividad bélica permitió a muchos serranos cultivar milpas y ordeñar vacas. Los que andaban, como muchos de San José, alejados de su terruño, agotaron los días y las noches de aquel temporal de aguas resistiendo tormentas sobre el lomo de sus cabalgaduras, recibiendo noticias alentadoras como la de la muerte de Obregón, tomando parte en ejercicios religiosos presididos por el padre Federico o algún otro capellán de la cristera, escribiendo cartas a familiares y novias, y celebrando, un día aquí y otro allá, este o aquel acontecimiento, especialmente el de la repoblación de San José.[42]

Al comenzar el temporal de lluvias de 1928 San José era todavía una lástima: casas solas, chamuscadas y con techos desfundados, zacatonales, capitanejas, yerbamoras y tornalocos en las calles y entre los escombros y algarabía de coyotes y gatos. Pero apenas habían entrado las aguas, quizá a la vista de lo contraproducente de la "concentración", quizá conmovidos por la miseria que padecían los evacuados, las autoridades civiles y militares permitieron la repoblación de San José y las rancherías circunvecinas. Casi toda la gente, flaca y harapienta, volvió a juntarse en el pueblo y los ranchos. Las mujeres y los niños se dieron a la tarea de reacondicionar las casas para vivir, mientras los ancianos iban a rehacer milpas, buscar las vacas sobrantes y ordeñarlas. También volvieron a servirles de espías y de proveedores a los levantados en armas.

[42] B. González Cárdenas, *op. cit.*, y Federico González Cárdenas, "Diario, 1928-1929".

Se intentó desterrarlos de nuevo pero ya no fue posible; ya sabían cómo defenderse del gobierno; cómo usar la política contra los políticos; cómo esgrimir las artes del disimulo. Entre junio y julio volvió más de la mitad de la gente.[43]

Otra buena noticia para las personas empeñadas en la revolución contra Calles fue el lanzamiento del Plan de los Altos donde se dio a conocer en 15 puntos y 14 incisos el ideario de la cristiada: todas las libertades de la Constitución de 1857 "sin las leyes de Reforma", desconocimiento de los poderes, leyes nacidas de los anhelos y tradiciones populares, participación de la mujer en los plebiscitos, sindicalismo, convenios entre ejidatarios y propietarios para el pago de indemnizaciones, distribución "de propiedades rurales en forma justa y equitativa y previa indemnización", propiedad asequible al mayor número, y uso del lema "Dios, Patria y Libertad". Conforme a esos principios el general Gorostieta reorganizaría la rebelión cristera contra el gobierno; daría unidad a la "acción libertadora" sin "retroceder ante la orden que le imponía la representación nacional".[44] Mientras tanto se aplaudía la campaña de Vasconcelos para llegar a la presidencia de la República y se lamentaba entre los directores intelectuales del movimiento cristero la penuria, el desorden y las fechorías de la tropas cristeras.

Al finalizar el año de 1928 la gente de San José de Gracia andaba desperdigada. El grupo mayor fue conducido por Anatolio Partida a los Altos de Jalisco, donde se sintió en corral ajeno. Como quiera, tomó parte en la batalla habida por el rumbo de Atotonilco y en diversas escaramuzas. Hizo buen papel ante el enemigo y discutible ante la propiedad y las mujeres.[45] Un alto jefe de aquella zona le llamó la atención a Partida por los desmanes amorosos de su tropa. Anatolio repuso: "Yo traigo hombres, no jotos". Los numerosos grupos que permanecían en la meseta y la sierra agotaban los días de octubre y noviembre en caminatas, breves escaramuzas, cacería de venados, haciendo recuerdos de cuando eran pacíficos,

---

[43] Noticias obtenidas de diversas personas que fueron testigos presenciales, ya como actores, ya como víctimas.

[44] Olivera, *op. cit.*, pp. 93-195, 203-205.

[45] Datos comunicados por Anatolio Partida Pulido.

durmiendo en un punto ahora y mañana en otro, afiebrados y tiritantes por el paludismo, casi sin municiones y con la ropa despedazada; con escasas ocasiones para el amor y menos para el trago. A Porfirio González lo iban a fusilar por haber bebido un poco de alcohol destinado a los heridos. Rara vez recibían noticias y siempre contradictorias sobre el curso de la guerra. Muy pocas veces se hicieron de parque y el 12 de noviembre les llegó una muda de ropa a cada uno, lo que les quitó los piojos por algún tiempo.[46]

Los piojos blancos eran los peores; producían una comezón incesante, ronchas y llagas. Anidaban especialmente en la mota del cordón de San Blas, en los escapularios y en las reliquias, en objetos de los que no podían desprenderse los defensores de Cristo Rey porque eran parte de su religiosidad, de tanto valor como las misas que les decía el padre Federico y las frecuentes confesiones y comuniones. La religiosidad de los cristeros de San José se mantenía tan compleja y combativa como al principio. Por otra parte, ya habían perdido el miedo. Ya nadie, ni siquiera "La Monedita", se ponía a vomitar al empezar los combates. En fin, no se daban indicios de desaliento. Cuando en los últimos días de 1928 y los primeros de 1929 se presentaron nuevas ocasiones de combatir, pelearon valerosamente; así en el Sauz como en la Cuesta de la Guerra.

El 22 de noviembre el padre Federico y el general Sánchez Ramírez acordaron reunir a los cristeros de la meseta, la sierra y los valles circundantes para enfrentarse a las tropas del gobierno que se acercaban por todos lados. Desde octubre corrían los rumores, los decires, los díceres de que eran muchos, muchísimos, muchísísimos. Venían de abajo, trepaban reptaban, cascabeleaban y hacían sonar sus cornetas y clarines. La fiesta de la Virgen de Guadalupe, con velación del Santísimo, misas, confesiones, sermón y comuniones, se hizo a sabiendas de la cercanía del enemigo que la noche del 15 llegó al Sauz, "donde se encontraba reunida la gente", y donde chamuscó casas al por mayor. Al romper el alba empezó el combate. Hubo una pausa de silencio a eso del mediodía, a la hora del rancho. A las tres de la tarde se

[46] B. González Cárdenas, *op. cit.*

reanudó la pelea, y así hasta el pardear, cuando el atacante, sintiéndose tiroteado por la retaguardia se retiró a su cuartel donde disparó toda la noche para amedrentar a los defensores. Al otro día ahí estuvo de vuelta, pero sin provecho. Unos soldados atacaban por el lado de la Aguacaliente; otros por el Agostadero. Y los defensores no se iban. Éstos, por lo ruin del parque, hacían fuego sólo cuando veían al blanco, o mejor dicho al verde, cerca, muy cerca. Los soldados andaban vestidos de color verde para que se les confundiera con los árboles, color que sirvió para distinguirlos de los compañeros. El mismo día 16 se retiraron furiosos, según lo dejaron ver por la matanza de animales que hicieron y por otros estropicios. No es que se fueran muy lejos; pensaban volver con mejores ánimos y mejores armas.[47]

Hasta entonces el aire de San José y alrededores había estado rigurosamente reservado para los verdaderos pájaros, pero a partir del día en que el general Bouquet (con más de 500 hombres a su mando) se reunió con Honorato González y su gente en la explanada de El Sabino, las cosas cambiaron. En plena madrugada se empezó a oír el rugido de los aviones. Luego se vio cómo las bombas arrojadas por ellos hacían arder el pasto. Los cristeros no esperaron más; huyeron a todo huir hacia el sur. Volvieron a juntarse veinte kilómetros más allá, en El Zapatero, en una cortísima llanura circundada por altas montañas y pinares. Allí se disponían a comer por primera vez en el día, a eso de las seis de la tarde, cuando advirtieron que estaban rodeados por un titipuchal de gente y un círculo de fuego. Detrás del cerco de lumbre estaba el cinturón de los federales. Ambos cercos fueron traspasados, y muchos murieron en el empeño. Por semanas quedó, en lo que desde entonces se llamaría la Cuesta de la Guerra, un penetrante hedor a sangre.[48]

El mes de enero de 1929 es de desasosiego, sobresaltos y peleas. El padre Federico escribe en su diario: "Hace un año íbamos llegando a Coalcomán con la esperanza de que en el año de 28 habría terminado todo y ahora creemos que podemos durar otro más". Las noticias eran desalentadoras; "go-

[47] Federico González, "Diario".
[48] Testimonio de Honorato González.

Grupo de guerrilleros de San José

bierno" en Los Reyes; ataque y caída de Santa Inés; delegado eclesiástico que trata de convencer al padre Federico de que se retire, pues "los trabajos de los defensores son inútiles y perjudiciales"; federales en Jiquilpan; noticia de que el valeroso jefe cristero Ramón Aguilar había perdido toda la caballada; rumores de arreglos; recibo de un periódico con la noticia de que el arzobispo De la Mora, en una pastoral, pedía la entrega de las armas. "No creímos que pudiera ser así", escribe el padre Federico. "Nos desayunamos con chocolate y pan. . . Nos dijeron que de hoy a mañana nos atacaría el gobierno. . . Compramos un puerquito en diez pesos. . . Comí chicharrones. Hacía un año y medio que no los comía. . . Nos pusimos en marcha después del almuerzo. . . Ya noche supimos vagamente que Gorostieta había llegado. . . salimos a entrevistarlo enmedio de fuerte lluvia".

El jefe supremo ponía en marcha su plan de reorganización. Escoltado por Anatolio Partida y su gente, el general Gorostieta venía en busca de los cristeros michoacanos. El 29 "se empezó el trabajo de organización de las tropas". El 2 de febrero "se hizo la división del sector San José" y se le puso como general a Anatolio Partida. Algunos hicieron propaganda para que los de San José se supeditaran a los de Sahuayo. Eso trajo dificultades. Los sahuayenses se quedaron con el general Sánchez Ramírez y sus discursos. Gorostieta se hizo respetar y querer; ratificó y rectificó grados, discutió planes de combate, infundió coraje y contagió su esperanza en la proximidad del triunfo. El cinco de febrero empezó una nueva era. Se rompió una taza y cada quien se fue para su casa. Anatolio se fue para San José; el padre Federico por el rumbo de don Prudencio. Gorostieta tampoco se retiró mucho. Los del gobierno olfatearon la cercanía del general en jefe. Se pusieron en actividad tropas de líneas y defensas rurales. "Antes de amanecer", mucho antes, a eso de las tres a.m. "nos sentimos rodeados. Procuramos salir. . ." No había municiones.

A comienzos de marzo el padre Federico se traslada a su mera tierra. Entrevista a Anatolio Partida, a Rubén Guízar y a los cabecillas cristeros de Cojumatlán; corrige desavenencias. El 7 "después de cenar", le da un dolor muy fuerte; pasa toda la noche muriéndose. Todavía el día nueve estaba "imposibilitado para dar un paso", pero ya el doce se reanima con la llegada de Honorato González que volvía de Guadalajara con buen cargamento de cartuchos. A deshoras de la noche lo había pasado a través de la laguna de Chapala en una canoa. Corre la noticia. Se junta gente y se prepara una expedición. Anatolio Partida, ya convertido en flamante general de la División de San José, se apodera de Pueblo Nuevo y se hace de más armas. Delgadillo se incorpora a la lucha lo mismo que muchos de Pueblo Nuevo. El mayor Honorato González entra en la hacienda azucarera de Contla. Vuelve Gorostieta. Los de San José se juntan en su pueblo para celebrar la festividad de San José. Aquello fue muy alegre. Hubo música de fonógrafo, licores, comilonas y serenatas. El 21 llega el general Gorostieta. Todo el pueblo se reúne en la plaza. El general, en un discurso muy vitoreado, exhorta a seguir la lucha en defensa de la libertad y de la religión. "No hay que desanimarse por nada ni por nadie", dijo. [49]

El general José Gonzalo Escobar, inconforme con las maniobras políticas de Calles, había promovido, el 9 de marzo una serie de levantamientos en las zonas periféricas del país y había pactado con los cristeros. La rebelión escobarista ardió principalmente en el norte. Allá fue el general Calles al frente de las tropas fieles al gobierno y en un santiamén la aplastó. [50] En mayo se acabó el escobarismo, pero tomó fuerza la revolución cristera. Entonces se desbarató también la campaña vasconcelista, pero en el occidente de Michoacán los grupos cristeros participaron en dos encuentros memorables. Varios jefes y grupos reunidos, alrededor de 900 hombres, a fuerza de balacear y horadar muros se metieron a Tepalcatepec el 4 de mayo de 1929. [51] No fue una victoria duradera, pero fue seguida de otras batallas importantes, como la del Talayote, a las orillas del Lago de Chapala, y de varias escaramuzas que los rebeldes se anotaron a su favor.

La Cristiada alcanzó su apogeo en la primavera de 1929. Tras una derrota de los federales por los cruzados, el jefe de aquéllos le confesó al jefe de éstos: "Usted ganó porque manda

[49] F. González, "Diario".
[50] Olivera, *op. cit.*, pp. 224-227.
[51] Datos comunicados por Salvador Villanueva González.

hombres con verdaderos ideales. . . yo mando una bola de cobardes que no sirven para nada. . ." Los auxiliares agraristas, "fatigados por la duración y asustados por la dureza de la guerra, desertaban en masa". En cambio el número de los alzados iba en aumento. Gorostieta comandaba en el Occidente a 25 mil hombres armados y "respaldados por todo el pueblo". Un candidato tan popular a la presidencia de la República como lo era José Vasconcelos estaba a punto de entenderse con la cristeriada. A los tres poderosos de la familia revolucionaria (el embajador norteamericano Morrow, el jefe máximo Calles y el presidente Portes Gil) les entró el miedo y se apresuraron a hacer la paz para restarle a Vasconcelos— según dice éste— "el elemento aguerrido de la disensión católica".

San José de Gracia vuelve a levantar cabeza

Los periódicos propalaron la noticia de la muerte del general Gorostieta en una emboscada, el 2 de junio de 1929. Los dirigentes católicos que en aquel momento estaban negociando un *modus vivendi* con el gobierno, la encontraron providencial.[52] El 5 de junio en el Castillo de Chapultepec, don Emilio Portes Gil y los obispos Ruiz, delegado apostólico, y Díaz, arzobispo de México, conversaron largamente. Poco después se acordó la reanudación del culto, la devolución de templos y accesorios a la Iglesia, y la amnistía a los levantados en armas. Lo acordado se firmó el 21 de junio.[53] Las autoridades eclesiásticas urgieron a las partidas de rebeldes que cesaran la lucha; las militares hicieron igual con las tropas anticristeras. "El domingo 30 de junio de 1929 las iglesias de México volvieron a abrirse". No la de San José ni la de otros varios pueblos porque estaban quemadas. En San José se reanudó el culto en la casa del cristero Juan Gudiño.[54] La gente acudió a los oficios religiosos con más fervor que nunca. Muy pocos celebraron el *modus vivendi*, y muchísimos lo lamentaron.

[52] Olivera, *op. cit.*, p. 233.
[53] *Ibid.*, pp. 235-237.
[54] Datos comunicados por Juan Gudiño.

169

Los cristeros, obedientes, acudieron con la cabeza gacha al indulto dictaminado por Pascual Díaz.

Se convino que los cristeros de San José se indultaran en su pueblo. Ya no quedaba más salida que el indulto. La sencilla ceremonia en el destruido portal del norte, frente al árbol churi, fue presidida por el general Félix Ireta. Uno por uno de los sublevados fue deponiendo las armas, cada uno la más vieja y malucona, porque todos se guardaron la mejor. "No crean que nos hacen tarugos" decía Rafael Picazo, representante de la autoridad civil en la ceremonia de indulto, "pero como se quiere la paz, les aceptamos la pedacera de fierros que nos entregan en vez de las armas con que pelearon". La tropa se fue con aquellas mugres.[55] La gente del pueblo se dolió de los caídos: Agustín Aguilar, Demetrio Bautista, Salvador Buenrostro, Francisco y Román Cárdenas, José Gudiño, Manuel Chávez, Gaudencio y Jesús González, Luis Manjarrez, José Guadalupe Mancilla, Ramiro Pulido, Agustín Sánchez y otros. Los difuntos serían elevados a los altares privados, y muchos se dirigían a ellos como si fueran santos del calendario para pedirles favores, milagros y todo lo que se pide a los miembros de la corte celestial. En cambio los que no habían muerto peleando o los que ni siquiera habían peleado cayeron en el purgatorio en que se había convertido su tierra, purgatorio de pobreza, injusticia y malos sentimientos.

El ambiente natural pasó por un mal tiempo. El año de 1929 se abre con fuertes heladas. Las últimas que perjudican muy seriamente a los cultivos invernales y sobre todo a la ganadería, caen los días 13 y 15 de marzo. Fríos y secos son los años de 1930 a 1933. Por ejemplo el de 1932 no pudo ser peor con temblores y lluvias veraniegas sumamente raquíticas, con escasísimas lluvias seguidas de heladas fuertes y numerosas. Las milpas acaban secas y dobladas por la tierra dura y los ventarrones fríos de octubre. La producción de maíz y frijol no alcanza a cubrir el consumo local. Se tienen que comprar semillas a precios altísimos, a 110 pesos la tonelada de maíz y a 280 pesos la de frijol.[56] Y como si esto fuera poco las vacas se mueren a montones. A las malas cosechas siguen las heladas y

---

[55] Datos comunicados por Salvador Villanueva González.
[56] Josefina González Cárdenas, Cuadernos de Cuentas.

El indulto en la plaza de Armas de San José

la sequía que se chupa a las reses. De los bovinos, ya menguados por los robos de la tropa federal y el consumo de la tropa cristera, los tres o cuatro mil sobrantes quedan reducidos a la mitad en aquella "seca" de 1932. La miseria sube a hogares de la medianía. El usurero de la población, pues en San José nunca ha faltado usurero, hinca el diente. La gente dice que "hay crisis"; come mal, viste peor y se abriga en las casas a medio rehacer, en reconstrucción. Milpas tristes, ordeñas menguadas y escasez de trabajo son los autores de un malestar generalizado.

El general Calles seguía gobernando a México a través de presidentes, gobernadores y munícipes peleles. El armisticio no fue respetado del todo y por toda la maquinaria gubernamental. El presidente exigió la expatriación del arzobispo Orozco y Jiménez; el 27 de julio afirmó algo diferente a lo convenido con los prelados, y por último se negó a devolver muchos templos. Don Pascual Ortiz Rubio, el segundo presidente‑pelele, volvió a la idea de limitar el número de templos abiertos y a las expresiones anticlericáles de la vieja marca callista. Los gobernadores de algunos Estados continuaron la persecución religiosa. El general Lázaro Cárdenas, gobernador de Michoacán, toleró las quemas de santos emprendidas por grupos de "desfanatizadores", aunque las metas de su gobierno se levantaban muy por encima de los desahogos de la "callada". La tolerancia gubernamental fue tan grande en un principio para San José que el nombramiento de jefe de tenencia se le dio al ex seminarista y declarado procristero Daniel González Cárdenas. Hasta 1930 la autoridad local tuvo todo el mando, pero en adelante se vio obligada a supeditarse a un destacamiento militar que venía mandado por el teniente "Ino". Éste, fuera de declarar pública y solemnemente que la "canción que se llama ino no es una canción porque es un ino", y de opinar sobre esto y aquello, no hizo destrozo ni beneficio alguno.[57]

Al terminar la revolución cristera muchos soldados de Cristo Rey habían dejado de ser amigos de algunos de sus compañeros y varios simpatizantes del movimiento en sus principios se enemistaron con él a los finales. No todas las

[57] Datos comunicados por Porfirio González Buenrostro.

voluntades de San José concordaban como en 1927. Había desavenencias y algunos políticos interesados en acabar con los ex cristeros las alentaban. Ciertamente los de aquí se dieron cuenta de la trampa, como no sucedió con los de Cojumatlán, pero eso no bastó para rehacer la concordia. Aparte de las desavenencias personales, se padecían las exhibiciones de la barbarie contraída durante la guerra: tiros al aire, fanfarronerías, insultos, riñas, acrobacias y borracheras. Tampoco faltó el grupo de bandoleros que sigue a toda revolución. "Manga Morada" fue el jefe de ese grupo. Uno de sus gustos era el de sentarse en los hombros de los colgados al momento de subirlos. Pero malquerencias personales, malas maneras y bandolerismo eran males menores al lado de ciertos sentimientos relacionados con la miseria y la injusticia.

El odio siguió siendo el sentimiento predominante. En vísperas de la rebelión fue el principal resorte de los futuros rebeldes; a lo largo de la lucha fue la razón de los módicos triunfos ganados al gobierno. Antes y durante la guerra la ira desempeñó un papel, si se quiere, discutible, pero no inútil ni maléfico como el que produjo después. Objetivos de la ira posbélica fueron, además de la maquinaria gubernamental y de los agraristas, la jerarquía eclesiástica mexicana y todos los que no ayudaron al movimiento cristero o lo estorbaron. Entre los ingredientes de ese odio se encuentra la impotencia para ponerlo en marcha, la amargura de no poder agredir al enemigo y menos triturarlo, el deseo impotente de venganza y el furor incesante. La ira condujo a varios a la maldad pura, a convertirse en hombres de "mal corazón" dispuestos a dar palos de ciego. A los otros los arrastró al campo del resentimiento. No a los viejos ni los adultos mayores, pero sí a muchos de todas las demás edades. En ayuda del odio, detrás o adelante del odio, acompañándolo, estimulándolo, alimentándolo, rondaron por el pueblo las malas pasiones.

Otra vez como en los años de la preguerra el sentimiento de odio se basa, además de en la miseria y la injusticia, en el sentimiento de humillación. Los ex cristeros y sus simpatizadores se sienten doblemente humillados. Los han humillado las autoridades eclesiásticas. Tienen la sensación de que unas y otras se han reído de ellos y han despreciado su sacrificio. Quizá más que nada les duele la conducta de los obispos, de

173

ese Pascual Díaz y de ese Ruiz y Flores que los entregaron atados de pies y manos a sus enemigos. El fogoso cristero don Leopoldo Gálvez, el "padre chiquito" escribe su *Grande ofertorio de opiniones y esperanzas para un sacrificio*. Busca inútilmente una asociación católica que costee su publicación. Nadie quiere oír desahogos, escuchar frases como ésta: "El pueblo de México quedó, ahora sí, humillado". "No sé cómo tuvieron corazón los Ilustrísimos contratantes para entregar así, sin contemplaciones de ningún género, a los hijos en manos de los verdugos". ¿Por qué se suspendió el culto católico hace tres años. . . si había de reanudarse bajo las mismas condiciones inaceptables. . .? ¿Qué los esfuerzos heroicos de miles de humildísimos cristianos. . . con las armas en la mano, no significan nada? ¿O es que para el pueblo no se hicieron los higos y las manzanas, apenas las tunas y los magueyes?" "Como no todos fueron lo suficientemente hombres para tomar las armas en nombre de Dios. . . Dios nos humilló hasta orillarnos a aceptar el yugo".[58] Y como el padre chiquito, todos sus coterráneos y compañeros de armas, "nomás que a escondidas", manifestaron el sentimiento de humillacion.

Miseria, humillación e injusticia producen miedo y desconfianza. La poca confianza de cada persona hacia las otras se esfuma. Los ex cristeros se sienten acosados. "Muchos han sido muertos misteriosamente después del indulto". "En Cojumatlán no han dejado vivo a ningún ex cristero". "Acabarán con todos nosotros". Cada uno de los sobrevivientes ve en cada esquina de la calle un peligro, un hombre agazapado que lo matará irremisiblemente. Presas del miedo, muchos dan la estampida. Ven como única solución el escapar de sus perseguidores y no encuentran mejor refugio que el de las ciudades. Allá van a México a esconderse entre las multitudes, en 1930, 1931 y 1932. Por supuesto que los peligros provocadores del miedo existen. Dondequiera matan a ex cristeros. Lo malo, lo verdaderamente malo es que los temores, además de producir fugas, hacen del confiado pueblo de San José un nido de desconfianza y telarañas de engaños.

[58] Leopoldo Gálvez, *Grande ofertorio de opiniones y esperanzas para un sacrificio*.

Tanto los que se van como los que se quedan se vuelven desconfiados. Huelga decir que han perdido desde mucho antes la confianza en el gobierno. Pasada la cristera también dejan de confiar en los obispos; "pierden la fe que en ellos pusieron cuando el episcopado salió con una y un pedazo, con arreglos a medias", al decir del Padre Chiquito.[59] De hecho la desconfianza se extiende a todos los prójimos. Tienen miedo de confiar en los demás. El gran pecado de la desconfianza crece en el alma de la mayoría de los josefinos, quizá en los sitios ocupados antes por el amor, quizá en los casilleros donde anteriormente se cultivaban verdades. Las personas siguen diciendo que es muy bonito decir siempre la verdad, pero lo dicen para defenderse del engaño de los otros o para engañarlos dándoselas de veraces ante los demás. Se fabrica toda una atmósfera de engaño, una vasta telaraña de mentiras, revolturas, difusión de rumores, malestar. Si les preguntaran por las causas de las ridículas manías de perseguidos que han adoptado, contestarían: "Los hijos de la noche son más sagaces que los hijos de la luz".

No es de pensar que el obispo Fulcheri y Pietrasanta fuera consciente de la madeja de privaciones y sentimientos nocivos que estaban a punto de estrangular a los parroquianos de San José de Gracia. Quizá consideraba pecados menudos el dejarse arrastrar por los sentimientos de odio, humillación, miedo y desconfianza. Quizá no catalogara como pecado de orgullo la convicción de los ex luchadores de Cristo de que ellos eran, si no absolutamente justos, sí mejores que los demás. Se consolaban con la idea de que ellos sobresalían de entre una multitud de cobardes que huyeron en vez de tomar las armas contra el enemigo de Dios. Se dieron el lujo de despreciar a los que no habían peleado o a los que solicitaron el indulto antes del término de la guerra. No les cabía la menor duda de que ellos pertenecían a los elegidos y los del bando contrario a los réprobos.

Contra todo eso tuvo que combatir el padre Pablito. El obispo Fulcheri decidió elevar a la categoría de parroquia la vicaría de San José de Gracia y nombró como primer párroco a Pablo González, nativo de Cotija, quien ordenado en víspe-

[59] Gálvez, op. cit.

ras de la cristera, alcanzó a ser profesor del seminario durante algunos meses. Cuando todos los clérigos huyeron de Zamora por la persecución, el joven sacerdote vestido de obrero recorría la pequeña ciudad, "repartiendo la gracia de los sacramentos en casas particulares".[60] En agosto de 1929 el padre Pablito entró a San José cargando las virtudes que se habían esfumado en el pueblo a donde llegó. El padre era misericordioso, manso, digno, apacible, con altas dosis de serenidad, confianza y celo apostólico. Fue una contrayerba para las pasiones venenosas de San José. No logró exterminarlas en dos años, pero evitó que exterminaran al pueblo.

El padre Pablito promovió la paz cristiana, la piedad, la vida conventual y la cultura. En los sermones predicó el amor, el perdón, la mansedumbre, la virtud y el decoro. Llamó a ejercicios religiosos a señores, señoras y señoritas. Obtuvo que muchos asistentes al acto cuaresmal dirigieran el odio contra sus propias personas. Cientos de ejercitantes en las tandas de 1930 a 1931, en el templo de paredes y piso ahumados, ennegrecidos por las llamas, recién cubierto de tejas y con altares todavía ruinosos, cientos de ejercitantes escucharon en silencio las palabras del señor cura sobre el pecado, la muerte, el juicio, el infierno, el hijo pródigo y la gloria, en la noche y en la oscuridad, por siete días y en dos ocasiones, escucharon, meditaron, se autoflagelaron, lloraron y cantaron "Perdón ¡oh Dios mío! ¡Perdón e indulgencia!"; prometieron perdonar a los enemigos, ayudarse mutuamente, ser justos y limpios de corazón; lo prometieron con más fuerza que nunca, más convictos, más seguros.

Fuera de los ejercicios hubo muchas otras ocasiones para encaminarse a la piedad y el ascetismo, aducidas por el confesionario, la misa y el rosario de todos los días y juntas de las asociaciones religiosas. Aparte de Hijas de María y Vela Perpetua, el padre Pablito constituyó para los jóvenes de sexo masculino la congregación de San Luis Gonzaga, que como su advocación lo indica, era para contener los erotismos y mantenerse puro, y la congregación de Santa Teresita del Niño Jesús para las señoritas descontentas con la austeridad de las Hijas de María. A los señores casados se les dotó de la

[60] Rodríguez Zetina, *op. cit.*, p. 365.

En la reconstrucción del templo

UCM (Unión Católica Mexicana) y a las mujeres de aquéllos de la UFCM (Unión Femenina Católica Mexicana). Una vez a la semana los miembros de cada club se reunían; escuchaban las instrucciones sobre ejercicios piadosos dadas por el comité directivo de Zamora, la lectura de obras pías y la explicación del señor cura; rezaban jaculatorias y por lo menos una estación de cinco padrenuestros y cinco avemarías, y meditaban. . .[61]

Para los párvulos y las niñas pequeñas se tuvo otra vez la escuela de las Hermanas de los Pobres y Siervas del Sagrado Corazón, más conocida como "escuela de las madres", o "asilo", que funcionó en una casa particular, pues la suya propia había quedado bien quemada y ruinosa. El gobierno también decidió poner escuela en San José. Nombró para que la atendieran a don Braulio Valdovinos, a don Francisco Melgoza, al alegre ex seminarista José González "El Gordo" y a la eficaz y bondadosa maestra, señorita Josefina Barragán. Por otra parte la autoridad decidió, allá por 1931, que con la escuela oficial, donde se podía atender hasta 150 niños, bastaba en una población que apenas llegaba a los 500 chamacos en edad escolar, y suprimió el plantel de las madres. Lo hizo porque entonces estaba de moda desfanatizar a la gente, y si en San José la desfanatización no surtió efecto, fue por falta de desfanatizadores, pues los tres maestros nombrados para sustituir a las religiosas eran fanáticos, devotos de misa diaria.[62]

Don Pablo siguió adelante. Una de sus actividades fue la de esparcir jóvenes josefinos en diversas órdenes religiosas. Mandó un puñado de señoritas a la orden de las Hermanas de los Pobres, o para abreviar, de las madres de Zamora; otro, de varones, para convertirse en Hermanos de las Escuelas Cristianas, y por último, cuando se fue a la capital con el fin de hacerse jesuita, en febrero de 1932, se llevó consigo a seis adolescentes que depositó en el colegio capitalino de Santa Julia, regenteado por los padres de San Juan Bosco. Tampoco se olvidó de su seminario de Zamora, a donde fueron enviados

[61] Archivo particular de Josefina González Cárdenas.
[62] Datos comunicados por Josefina Barragán y Daniel González Cárdenas.

un trío de josefinos. En total, salieron hacia la santificación más de 15 jóvenes y los más remataron en el comercio.[63]

San José de Gracia tenía entonces para dar y prestar; tenía más gente que en ninguna fecha anterior. La destrucción fue una especie de poda. De no haber dejado ni personas ni casas en 1927, del cero, se pasó en año y medio a una población de 1 600 personas (o de 1 485 según el censo nacional de 1930) repartidos en doscientos escombros en proceso de reconstrucción. Al fin del destierro y de la cristera, los antes rancheros trataron de avecindarse en San José. En las rancherías se quedaron las dos terceras partes de los que había en 1921. La tenencia en su conjunto sufrió una merma considerable de 490 habitantes según los censos, y de poco más según otras estimaciones. Muchos ya no regresaron pasada la rebelión y a los demás faltantes los mató la guerra o la enfermedad. En suma, el pueblo creció en 55%; las rancherías bajaron en 42%, y el conjunto sufrió una merma demográfica del 15% en los nueve años que van de 1921 a 1930. La tenencia volvió a la población de 1890 por lo que toca al número, no a la estructura.[64]

La población de 1930 era un 53% femenina en toda la tenencia y casi un 60% en el pueblo de San José. La mitad de la gente no llegaba a los 15 años, y alrededor del 7% pasaba los sesenta. Había escasez de jóvenes y adultos del sexo masculino; escasez que se refleja poco en las actividades agropecuarias, y nada en las eróticas. La natalidad, siempre al cuidado de doña Trina Lara, subió a un nivel del 44 por millar al año. Las parejas se entregaron desenfrenadamente a la recuperación de los años perdidos en la trifulca.[65] Contra la mortalidad, aparte de don Juan Chávez, se dieron de alta Anatolio Partida vuelto de la cristera con el prestigio de cirujano especialista en extracción de balas y compostura de brazos y piernas rotas, y don David Sánchez que regresó de los Estados Unidos con facultades de médico general, que no con estudios de medicina. Ambos acaparan la mayoría de los enfermos;

[63] Datos comunicados por José Castillo Mendoza.
[64] Dirección General de Estadística. *Quinto censo de población. 15 de mayo de 1930. Estado de Michoacán*, pp. 67-68.
[65] APSJ, *Libro de bautismos*, V.

muy pocos podían darse el lujo de traer al doctor Sahagún de Sahuayo, o al doctor Maciel de Jiquilpan y muchos se untaban o bebían las yerbas que la tradición popular prescribe.

VI. LA REVOLUCION AGRARIA (1933-1943)

Solicitantes, solicitados y repartidores de tierra

Entre 1918 y 1940, la acción de los gobiernos revolucionarios presididos por Venustiano Carranza, Álvaro Obregón, Plutarco Elías Calles, Emilio Portes Gil, Pascual Ortiz Rubio, Abelardo Rodríguez y Lázaro Cárdenas, se consagró a remover los obstáculos que se oponían a la práctica de los preceptos innovadores de la Constitución de 1917 y a sentar las bases de la reconstrucción nacional. Esas bases se llamaron reforma agraria, laboral, política, religiosa, educativa y artístico-filosófica. El general Obregón, por medio de su ministro José Vasconcelos, fue el promotor básico de la reforma en la educación, las letras, las artes y la filosofía. El general Calles quiso pasar a la historia como el apóstol de la reforma religiosa. El licenciado Portes Gil después y don Venustiano Carranza antes, suelen ser considerados los principales artífices de la renovación política. El general Cárdenas fue sin duda el máximo líder de las reformas agraria y laboral.

La reforma agraria y agrícola se propuso aumentar el número de propietarios, fomentar la propiedad comunal de la tierra, mejorar e incrementar la producción agrícola mediante la apertura de nuevas zonas de cultivo, la irrigación, el aprovechamiento de los productos tropicales, la mejoría de los instrumentos de labranza y el crédito para los agricultores. La reforma laboral se fijó como metas el tomar medidas protectoras para el obrero por medio de la organización de sindicatos y confederaciones de trabajadores; leyes obreristas como la Ley Federal del Trabajo, promulgada en 1931; campañas para preservar la salud y desterrar el vicio de la clase obrera, y

181

ayuda oficial para la mejoría de la casa, el vestido y el sustento del elemento trabajador. Las políticas agraria y laborista se desarrollaron diversamente en las varias entidades federativas.[1]

Desde que fue gobernador del Estado de Michoacán en el período de 1928 a 1932, el general Cárdenas hizo sentir sus actitudes agrarista y laborista. Entonces "la obra agrarista de Cárdenas consistió en repartir muchos latifundios y hacer 400 dotaciones ejidales con extensión de 408 807 hectáreas para 24 000 ejidatarios". Desde entonces también el general procuró que las elecciones y nombramientos de funcionarios públicos, y en especial de munícipes, jefes de tenencia y encargados del orden, cayeran en personas adictas a las reformas gubernamentales. Y aunque el sucesor de don Lázaro, el general Benigno Serrato, trató de frenar el alud revolucionario, consiguió muy poco, entre otras cosas porque el cardenismo cobró fuerza nacional cuando su jefe asumió la presidencia de la República.[2]

El 30 de noviembre de 1934 Lázaro Cárdenas, un hombre oriundo del municipio de Jiquilpan, rinde la protesta como presidente de los Estados Unidos Mexicanos. "Las promesas de su campaña presidencial animan a los obreros a declarar una serie de huelgas, que para junio de 1935 pasan de mil."[3] El general Plutarco Elías Calles, que se las da de Jefe Máximo de la Revolución, hace declaraciones adversas a la política obrerista de su amigo Cárdenas. Poco después, una noche, conducido por hombres uniformados, el general Calles parte rumbo al exilio. Desde ese momento el general Cárdenas se entrega fervorosamente a la práctica de las reformas agraria y laboral, sin desatender y dejar de remediar numerosos líos de otra índole, tanto propios como ajenos: cuartelazo de Franco contra la República Española, invasión de Mussolini a Etiopía, invasión de Stalin a Finlandia, atracos de Hitler; y adentro, resabios del conflicto religioso, liderismo, huelgas, matanzas, terquedad de las compañías petroleras, cuantiosos aspirantes al puesto de presidente, etc. A cada uno de esos

[1] Luis González, "México" en *Enciclopedia Metódica Larousse*.
[2] Bravo Ugarte, *op. cit.* III, pp. 219-220.
[3] José Emilio Pacheco en Salvador Novo, *La vida en México en el período presidencial de Lázaro Cárdenas*, p. 11.

problemas el general Cárdenas les da la posible salida: protestas contra los imperialismos europeos; apertura de las puertas del país a niños y sabios de la zarandeada República Española; expropiación petrolera; organización del Partido de la Revolución Mexicana y candidatura oficial de don Miguel Ávila Camacho.[4]

Mientras en la ciudad de México, o durante alguno de sus viajes, el general Cárdenas da nuevo impulso al agrarismo y al laborismo, en Michoacán lo secunda con singular estusiasmo el coronel Gildardo Magaña, ex zapatista y ex gobernador de Baja California. Don Gildardo, durante su gubernatura (1936-1939) transforma la Confederación Regional Michoacana de Trabajadores, en Liga de Comunidades Agrarias y entrega la Universidad Nicolaita a los estudiantes, y la rectoría a Natalio Vázquez Pallares que se distinguía entonces como afecto al socialismo. Para facilitar las conquistas revolucionarias del presidente y gobernador se expiden o reforman leyes y se prosigue la creación de una burocracia y un profesorado *ad hoc*.[5]

Cárdenas desde la presidencia provoca un fenomenal chaparrón de leyes, discursos, artículos, proclamas, profesores, agrónomos, líderes y demás medios de difusión a fin de que el evangelio, la sorprendente nueva de la Revolución Mexicana (el agrarismo, los sindicatos, la expropiación y las escuelas) lleguen al conocimiento de todos, a los más distantes rincones del país y a las comunas más reaccionarias, incluso a las incubadoras de cristeros.[6] La ideología y la práctica revolucionaria se esparcen como nunca; en el municipio de Jiquilpan, más minuciosamente que en otros municipios, porque don Lázaro como los buenos jueces comienza por su casa y porque se topa en su municipalidad de origen con colaboradores tan entusiastas como el chaparrito Juventino Aguilar, presidente de Jiquilpan.

En San José y sus rancherías no fue fácil crear un partido agrarista. Había muchas resistencias en su contra. En primer lugar muchos propietarios de tierras. En segundo lugar, los

[4] González, *loc. cit.*
[5] Bravo Ugarte, *op. cit.*, III, p. 228.
[6] Luis González (et al.): *Fuentes de la historia contemporánea de México, libros y folletos*, II, pp. 88-93.

183

que no lo eran, tenían un concepto de la propiedad que no correspondía a la propiedad ejidal. Se creía que sólo había dos maneras morales y dignas de obtener tierras en propiedad: por compra o por herencia. Era desprestigiante obtener tierras por regalo; era mal visto ser propietario porque el gobierno les diera la propiedad. Por otra parte, el poseer rancho, el sentirse seguro con la posesión de una parcela, exigía la propiedad absoluta de ella y no sólo el usufructo prometido por el gobierno. En fin, todo mundo creía que aparte de absoluta, la tenencia de la tierra debía ser individual y no colectiva como se aspiraba a que lo fuera el ejido. Y por último, también pesó en el ánimo de los posibles agraristas el que el donador fuese el gobierno, una entidad mal vista.

Con todo, en la jurisdicción de San José se formó un partido agrarista; en parte con gente de la localidad y en parte con agraristas traídos de más allá para calentarles la cabeza a los de aquí. Los peones del Sabino dieron a entender que si no les vendían parcelas de labor y agostadero, que se dirigirían al gobierno "solicitando remedie nuestra situación, no en forma de ejidos, sino en legítima compra, en condiciones de precio y plazo". Entonces todavía decían "no queremos ser agraristas", pero "sí pedimos un pedazo de tierra, donde hemos trabajado toda nuestra vida". Y como el gobierno no vendía tierras, sólo las regalaba, y como era más fuerte la necesidad de tierra que la desvergüenza de ser mantenido, cayeron en el agrarismo. El honor se hizo a un lado por la fuerza del hambre, por la costumbre adquirida de vivir en el lugar de nacimiento, por el amor al terruño y el deseo de poseerlo.

El partido agrarista de la tenencia de Ornelas nace el año de 1930. Crece a la sombra del hambre. En 1934 lo componen aproximadamente 200 miembros, contando acarreados. Casi todos viven en las rancherías. Muy pocos son habitantes del pueblo. La razón es clara: los más de los pueblerinos son propietarios de tierras desde 1926. Los moradores de los ranchos son en gran mayoría medieros o simples peones. Los agraristas suelen pertenecer a la joven generación, nacida entre 1893 y 1905. Los adultos y los viejos generalmente no se atreven a ir contra sus patrones ni tampoco contra sus hermanos menores e hijos. Los jóvenes del partido

184

Agraristas (Fernando Torrico)

agrarista reconocen como líderes inmediatos a Camilo Chávez, del Paso Real y a don Antonio Ávila, de San José: aquél, secretario de la tenencia, y éste jefe de ella en 1934. Aparte los vecinos de cada ranchería erigen sus propios líderes: los del Sabino a Jesús Contreras, Federico Cárdenas y Juan Miranda; los del Paso Real a los Chávez y Ramiro López; los de San Miguel a José Contreras. El número de líderes llega a los doce, y como los doce apóstoles del Evangelio se distinguirán por lo aguerrido.

En el grupo de los propietarios se alínean todos los dueños de ranchos con superficies de treinta hectáreas para arriba. Son individuos de todas las edades. Suelen ponerse de su lado los comerciantes sin tierras, algunos parceleros y los futuribles propietarios de las fincas de sus padres o familiares. Algunos de los terratenientes viven en Sahuayo, Mazamitla, Tizapán, Guadalajara, pero la mayoría habita en San José. No tienen entonces ningún líder, ni llegan a organizarse para emprender conjuntamente la defensa de sus intereses. Cada quien se rasca con sus propias uñas y ninguno es tan rico y poderoso, aparte de la dueña del Sabino, y en menor escala Arnulfo Novoa Sánchez, Abraham González Flores, los Sandoval y los Arias para defenderse por separado. Si el párroco del pueblo, don Octaviano Villanueva simpatiza con el partido antiagrarista, no deja traslucir su simpatía en actos; pelea con los líderes del bando contrario sobre el tema de la educación y no sobre terrenos. El cura de Mazamitla toma el partido de los sin tierra; los padres de Sahuayo, el de los terratenientes.

La "gente de orden", que así se autonombró la propietaria, cae en el maniqueísmo. Da en creer que el mundo se divide entre los buenos que poseen algo y los malos que no tienen nada. Ven en la riqueza un signo de la predestinación divina. No les cabe la menor duda de que Dios premia a los buenos con bienes materiales y castiga a los malos con la pobreza. La bondad, por otra parte, se integra con prácticas devotas, buenas costumbres y espíritu de trabajo y ahorro. Esos ingredientes del hombre bueno los ven como gracia de Dios. No niegan del todo la libertad del hombre para hacerse bueno y rico o malo y pobre, pero tampoco creen que sin una buena dosis de buen natural o gracia divina se pueda aspirar a pertenecer al grupo de los escogidos, de los piadosos, adinera-

186

dos y amantes del orden. No pueden fundar su bondad en el hecho de haber sido soldados de Cristo Rey y sostener la maldad de los agraristas en haber sido anticristeros, porque los mayores propietarios de la tenencia fueron enemigos de la cristiada, y varios conversos al agrarismo a partir de 1929 fueron antes "defensores". Como sea, los del partido de la propiedad se sienten legítimos herederos de la gente que peleó bajo las banderas cristeras.

La subversión de los agraristas es vista por los terratenientes como atentado contra la voluntad de Dios. Sinceramente creen que los agraristas, al solicitar sus tierras pecan contra natura. Por eso los llaman herejes, impíos, malvivientes, o con sus sinónimos: sinvergüenzas, descreídos, malos cristianos, indiferentes, anticlericales, libertinos, borrachos, ladrones, buscapleitos y profanadores. Según los propietarios, los agraristas, cuando acuden al templo para oír misa o rezar el rosario, profanan la casa de Dios, y si comulgan, cometen sacrilegio, pues lo hacen en pecado, con infinidad de pecados, y en última instancia con el pecado del robo que no borra la confesión.

Aparte de pecaminosa, los propietarios declaran nociva a la reforma agraria. Ellos se consideran más inteligentes, laboriosos y sabios que sus trabajadores. Prácticamente todos saben leer y escribir y muchos han estudiado en buenos colegios o en el seminario. Tienen, además, experiencia y tacto en el negocio de la ganadería y han hecho su fortuna por listos y activos; en el peor de los casos por la inteligencia y el trabajo de sus padres. Sus mozos, en cambio, no tienen esas cualidades. Los patrones están seguros de que los medieros y peones son incapaces de emprender negocio alguno por su propia cuenta. Los consideran holgazanes, despilfarrados, rudos, tontos, enemigos del progreso, sin ciencia ni conciencia, sin medios y sin entusiasmo. No dudan de que si les dan la tierra la región se viene abajo, se empobrece, se hunde definitivamente.

Los pocos miembros del partido agrarista, fuera de poquísimas excepciones, no se sienten ser lo que dicen sus enemigos. Saben que entre ellos hay muchos que son a la vez buenos y pobres. Siguen creyendo en Dios, los santos, la vida celestial, el purgatorio y las penas infernales. No están endemoniados. A más de alguno se le hace mala conciencia. Llegan a creerse malos; pero eso no es lo general. El agrarismo nada tiene contra Dios y sus sacerdotes. Según ellos no son malos. Se sienten un poco desvergonzados y nada más.

Hacia 1931, Francisco Melgoza, el director de la escuela oficial, en el discurso de las fiestas patrias afirma que Jesucristo fue el primer agrarista y menciona a varios padres de la Iglesia en apoyo del agrarismo. Él se había enterado en el seminario del dicho de San Ambrosio: "La tierra fue hecha para todos, ricos y pobres, en común". Los del partido propietario que asisten a esa ceremonia del 16 de septiembre se irritan sobremanera; unos tratan de acallar al orador con gritos; otros improvisan discursos para refutarlo; muchos se retiran iracundos. Los agraristas, tanto por la opinión del profesor de San José como por la del párroco de Mazamitla, no se consideran pecadores. Aun los que aceptan que el reparto de tierras implica un robo, dicen que el ladrón es el gobierno y no ellos. Ellos no le quitan la tierra a nadie.

Por lo demás tampoco se consideran "pendejos", flojos e ignorantes. Lo que vale en el campo es la experiencia, no el ser colegial. Al contrario, los colegiales son torpes en los quehaceres de la siembra y el ganado. Son unos buenos para nada. No saben conducir una yunta de bueyes ni las demás tareas exigidas por la milpa. Tampoco son, por regla general, buenos jinetes ni hábiles para realar, lazar, ordeñar, apartar, levantar cercas, tapar portillos y hacer todo lo que pide el ganado. Para los medieros y peones no hay otro trabajo fuera del hecho con el cuerpo y están plenamente seguros de que ningún patrón les gana a trabajadores; para ellos no hay otro talento aparte de la destreza manual ni más sabiduría que la empírica suya, y por lo mismo se consideran más inteligentes que sus amos.

La averiguata corre fuertemente transida de emotividad. Los contendientes de ambas partes están todavía bajo la influencia de los malos sentimientos que el padre Pablo no logró abatir, especialmente el de la ira. El antiguo odio contra el gobierno se vuelca, de parte de los agraristas, contra los "ricos", y del lado de los terratenientes contra los aspirantes a serlo, los agrónomos, las comisiones agrarias, y el presidente agrarista. El odio se expresa con insultos, gestos, amenazas, y más de una vez con el uso de la pistola o el rifle. Muchos terratenientes consiguen desahogarse con la lectura del *Tornillo o El Hombre Libre*, las diatribas de la prensa periódica contra el régimen, la confección de chistes agresivos y la esperanza de un cambio en la situación. Ninguno se atrevió, y no por falta de ganas, a levantarse, pero no pocos vieron con simpatía el levantamiento encabezado aquí, en la zona, por Rubén Guízar el ex cristero, y a más de uno se le acusó de favorecer a los cabecillas Jesús Hernández, Isidro Pulido y José Cárdenas que merodeaban por estos puntos. Los agraristas, con menos oportunidades de desahogo verbal, sí llegaron al recurso de las armas contra los amos, como podría atestiguarlo Abel Pérez si no lo hubiesen hecho trizas.

A fin de cuentas las luchas agrarias en San José, a pesar del trasfondo de miserias y abusos y no obstante la actitud iracunda de los contendientes, no se convirtió en una rivalidad comparable, por lo sangriento, a la de Tizapán, el Valle o Quitupan. Quizá el parentesco que ligaba a propietarios y solicitadores de tierras, quizá el reciente compañerismo en la lucha contra el gobierno, quizá la falta de líderes audaces en ambos bandos, y desde luego el desarrollo mismo del reparto ejidal que se enderezó, como se verá enseguida, contra propietarios que no residían aquí en su mayor parte, ni eran bien vistos por los pequeños terratenientes de San José y los ranchos, impidió que la revolución agraria en la tenencia de Ornelas fuese excesivamente mortífera y ruda. Esto no quiere decir que haya sido pacífica. La violencia con que nació no se esfumó de un día para otro. Además las maniobras sucias que la escoltaron hirieron a la moral pública. Se difundió entonces una manera de entenderse con la autoridad: el soborno. "Se puso de moda el dar mordida p'a todo".

El origen de nueve ejidos

En 1930 solicitan tierras para ejido las comunidades del Paso de Piedra, La Breña y el Sabino; aquéllos piden la hacienda de Auchen y éstos lo sobrante de la del Sabino, las 700 hectáreas a que queda reducida después del fraccionamiento de 2 000 en parcelas, de la venta de 399 y de la dotación de 672 al Paso de

189

Muerte de Rubén Guízar

Piedra.[7] En 1932 se da entrada a las solicitudes de La Rosa, San Miguel y Ojo de Agua del Picacho. Señalan como terrenos afectables los de J. Trinidad Montes, Ester Zepeda, Francisco Sandoval, José Luis Arregui, Amparo Arias y Arnulfo Novoa, o sea, los ranchos de La Raya, El Guayabo y Arena.[8] En 1933 cerca de 70 vecinos de San José de Gracia, equivale a decir la séptima parte del vecindario del pueblo que acababa de avecindarse en él, pide los terrenos que lo cercan por considerarlos ociosos.[9] En 1935 elevan su solicitud los de la Arena y señalan como afectables la finca de María Guadalupe Sánchez de Novoa y Jesús Barragán.[10] En 1936 los supuestos vecinos de la Estancia del Monte y los seguros de Ojo de Rana declaran querer las tierras de los terratenientes de los alrededores.[11]

La Comisión Agraria Mixta instalada en Morelia, después de dar a conocer en el Periódico Oficial del Estado las varias solicitudes, manda censar las rancherías solicitantes. En la Breña se encuentran 84 dotables; en el Paseo Real, 28; 85 en el Sabino; en Auchen 79; 23 en La Rosa; en San Miguel 90; igual en Ojo de Rana; 20 en el Ojo de Agua del Picacho; 74 en San José de Gracia; en La Arena 27 y ninguno en la Estancia del Monte.[12] En suma, en toda la tenencia de Ornelas que tiene en 1934 mil varones en edad de trabajar, dan con 610 mayores de 18 años sin tierras propias.

A cada uno de los censos sigue la impugnación de ellos por parte de los propietarios de las tierras solicitadas. El apoderado de María Ramírez Arias hace comparecer ante notario público a 20 peones del Sabino y los induce a declarar que los solicitantes de la hacienda donde viven "son de ranchos distantes de ella de poblaciones inmediatas de Jalisco", y por lo que toca a ellos "quieren seguir trabajando de peones".[13] Otros terratenientes aducen actas de nacimiento y testimonios, no siempre veraces, movidos por el propósito de demostrar que

[7] ADAAC, exp. 1933.
[8] ADAAC, exps. 10813, 12343 y 12863.
[9] ADAAC, exp. 11054.
[10] ADAAC, exp. 20010.
[11] ADAAC, exp. 21751.
[12] ADAAC, exps. 10813, 11054, 12863 y 20010.
[13] ANJ, Protocolo del Lic. Miguel M. Mora, 1930, f. 57.

los censados no son de la ranchería censada, o que tienen tierras o son menores de edad, o artesanos y no agricultores, o difuntos o inexistentes, o en último término, personas que no quieren tierras.[14] Los líderes agraristas presentan papeles, no todos fehacientes, como constancias de vecindad, mayoridad, agrarismo y vida terrenal de los solicitantes.

Otro motivo de disputa es la medición y clasificación de las tierras por los ingenieros. A diario personas de *sarakoff* y traje *bridge*, con teodolitos y cordeles miden los perímetros de los ranchos, calculan su superficie, hacen planos y mapas. Propietarios y agraristas tratan de comprarlos con banquetes, borracheras y centavos. Unos les dan para que achiquen los terrenos solicitados y otros para que los agranden. Los medidores suelen aceptar las dádivas de unos y de otros. Amparados en la consigna de aplicar las leyes agrarias con espíritu revolucionario, al enfrentarse a la clasificación de las tierras y muchas veces sólo con el propósito de sacar dinero a los dueños, declaran que las superficies cerriles son de agostadero; éstas, laborables de temporal, y las cultivables en tiempo de aguas las consideran de riego. Los propietarios se asustan y dan lo que pueden al medidor y los más pudientes acuden también al tinterillo. Entre ingenieros y tinterillos reclasifican las tierras y acaban por declararlas peores de lo que son.

Llegan enseguida las resoluciones de la Comisión Agraria Mixta del Estado y del señor gobernador. Y un poco antes de poner en conocimiento de afectados y afectadores los dictámenes de la autoridad, y un poco después, los agraristas y los propietarios se "cajean", se endeudan con el ir y venir del rancho o el pueblo a la capital. El gobernador dispone que se dé a estas y aquellas comunidades tal o cual superficie de tierra. Vuelven los ingenieros a dar las posesiones provisionales. Los agasajan agraristas y terratenientes afectados; éstos con la esperanza de que el ingeniero se confunda a la hora de localizar y ubique la propiedad dada en la resolución en las tierras de su compadre y no en las suyas. Se dan y se quitan posesiones. Antonio Ávila le escribe al presidente Cárdenas el 17 de mayo de 1936: "el día 4 de mayo nos dieron posesión de

---

[14] ADAAC, exp. 13331.

las tierras. . . y el día quince vino la contraorden".[15] Se dan y se quitan posesiones; se agrandan y se achican los ejidos; hay batallas verbales, riñas y algunos muertos a balazos mientras el Departemento Agrario desde México rectifica o ratifica lo resuelto en los círculos estatales.

Meses después del dictamen del Departamento Agrario viene la resolución presidencial publicada en el Diario Oficial de la Federación. Tras la del Paso de Piedra (29-agosto-1929) que beneficia a esa comunidad con 1 132 hectáreas, siguen las resoluciones de La Breña (2-abril-34) que dota a ese poblado con 102 hectáreas de temporal y 96 de agostadero; Paso Real (2-abril-34) beneficiando a sus 28 capacitados con 222 hectáreas (8 de temporal, 84 de agostadero y 130 pastal) que se conceden a título colectivo "para efecto de amparar y defender la extensión total de los terrenos que la misma comprende",[16] Sabino (10-septiembre-34) otorgando 511 hectáreas: 157 de humedad, 65 de temporal, 13 de ciénaga y 276 cerril;[17] Ojo de Agua del Picacho (27-agosto-35), a cuyos 32 capacitados se les dan 810 hectáreas en su mayor parte de agostadero, para que lo dividan en 33 parcelas, incluso la escolar;[18] San José de Gracia (26-octubre-38), negándoles tierras a los solicitantes por no haber terrenos susceptibles de afectación en el radio legal.[19] Ojo de Rana goza del privilegio de promover dos resoluciones presidenciales: la del 3 de marzo de 1938 que le concede 683 hectáreas y la del 28 de junio de 1939, que reduce la dotación a 372 hectáreas.[20]

Los 33 solicitantes de La Rosa son socorridos con tres resoluciones del general Cárdenas. La primera fechada el 2 de marzo de 1938, les adjudica 631 hectáreas: 136 de temporal y 266 de agostadero que se tomarían en su mayor parte del Guayabo, propiedad de Alfredo y Rosario Arias;[21] la segunda del 26 de octubre de 1938, restringe la dotación a 197 hectáreas, ya no de don Alfredo sino del indefenso propietario don

[15] ADAAC, exp. 11054.
[16] ADAAC, exp. 13331.
[17] ADAAC, exp. 12558.
[18] ADAAC, exp. 10813.
[19] ADAAC, exp. 11054.
[20] ADAAC, exp. 14242.
[21] ADAAC, exp. 12343.

Trinidad Montes. El 30 de noviembre del mismo año una tercera resolución ratifica la segunda; da a los de La Rosa "una superficie de 197 hectáreas 80 áreas que se tomarán de la hacienda de La Raya, 113 de labor y 84 de monte alto. Con ellas se formarán 14 parcelas, 13 de ellas para igual número de capacitados y una para la escuela. . . Se dejan a salvo los derechos de 20 capacitados". Además, "siendo de utilidad pública la conservación y propagación de los bosques y arboledas. . . debe apercibirse a la comunidad beneficiada con esta dotación que queda obligada a conservar, restaurar y propagar los bosques y arboledas que contenga la superficie. . . Le será autorizada la explotación de sus bosques cuando el Departamento Agrario lo haya organizado en cooperativa forestal ejidal".[22]

El mismo año de 1938 el presidente resolvió dotar a una parte de los 90 campesinos de San Miguel con 441 hectáreas, 257 de monte y 178 de labor, expropiadas a Emilio y Felipe Gutiérrez, dueños de la Tinaja Seca.[23] Los agraciados agradecieron la donación con una carta a lápiz donde se lee: "Pidemos a usted jefe dos cuadros de sus fotografías de usted y de mi general Cárdenas para que se nos quede un recuerdo ynolvidable a nuestra comunidad en el plantel de la Escuela para que nuestros hijos los conoscan y sepan a quienes se les debe el beneficio y el bien de que gozamos".[24]

También de marzo de 1938, mes en que el general Cárdenas expropió al por mayor y no sólo a las compañías petroleras, es la resolución que concede a los vecinos de Auchen, el Cerrito de la Leña, China y el Espino 598 hectáreas de Abraham González (20 de temporal y 115 de agostadero), Dionisio Arias (44 de riego), Epifanio Arias (150 de pedregales), y a Santos Barrios (265 de agostadero y temporal). Lo resuelto dura en pie un año. El 8 de febrero de 1939 el presidente modifica su decisión, pero esta vez para aumentar la cifra dotada a 621 hectáreas.[25]

Los otros dos ejidos con terrenos en la tenencia alcanzaron la resolución presidencial mucho después. Los del Izote, donde el censo señaló a 66 con derecho a tierra, vieron publicado el

[22] DDF, 16-mayo-1945.
[23] ADAAC, exp. 12863.
[24] Ibid.
[25] ADAAC, exp. 14710.

Don Arnulfo Novoa

dictamen del presidente en el *Diario Oficial* del 3 de agosto de 1942, y leyeron que "el porcentaje laborable que se obtiene (de las 80 hectáreas concedidas), sólo alcanza para tres campesinos a razón de 8 hectáreas por parcela y las 56 restantes se destinarán para los usos colectivos de los beneficiados en vista de ser de agostadero".[26] A los 27 capacitados de la ranchería de la Arena les resolvió el presidente de la República el 19 de julio de 1950, quince años después de elevada la solicitud. Resolvió darles 298 hectáreas de María Guadalupe Sánchez de Novoa.[27]

A las resoluciones siguieron las posesiones, primero provisionales y luego definitivas. A casi todos los ejidos se les dio posesión definitiva entre 1935 y 1939; al de la Breña el 30 de marzo de 1936;[28] a los del Paso Real el 16 de junio de 1937;[29] al Ojo de Agua del Picacho el 21 de octubre-1935;[30] al de Auchen y anexos, en forma simbólica, el 14-abril-1939;[31] al de la Rosa[32] exactamente un año antes y en la misma fecha que al de San Miguel.[33] El 15 de octubre de 1936 se da posesión parcial a los del Sabino "en vista de la superposición ocurrida con el ejido del Paso de Piedra, el cual tiene desde el 1o. de mayo de 1935 legítima y deslindada posesión".[34] El 11 de julio de 1939 le entregan a Ojo de Rana 35 hectáreas menos de las 358 concedidas.[35]

Las tomas de posesión por parte de los campesinos y las entregas hechas por los ingenieros provocan una alegre ceremonia del ingeniero con los ejidatarios en la que hay discursos, aguardiente de mezcal y cerdo, una conversación y una entrega de dinero del terrateniente al localizador del ejido; algunas veces cartas del experto al Departamento Agrario avisando que no pudo cumplir con lo mandado porque el terreno afectable era pequeñísimo. Sucede frecuentemente que se da posesión parcial; suceden demasiadas cosas fuera y contra la ley. Los propietarios con más

[26] DDF, 3-agosto-1942.
[27] DDF, 25-nov.-1950.
[28] ADAAC, exp. 12054.
[29] ADAAC, exp. 13331.
[30] ADAAC, exp. 10813.
[31] ADAAC, exp. 14710.
[32] ADAAC, exp. 12343.
[33] ADAAC, exp. 12863.
[34] ADAAC, exp. 12558.
[35] ADAAC, exp. 14242.

dinero o letras se defienden como gatos boca arriba por medio de leguleyos.

Otro motivo de disensión son los intercambios de terrenos entre propietarios y ejidatarios. Dos o tres de aquellos acuden al recurso de proponerles en canje a los agraristas tierras que no siempre son suyas por las suyas afectadas, y muchos de éstos, favorecidos por el trueque, aceptan la oferta y dan lugar a nuevos líos entre unos y otros terratenientes, entre dos o más ejidos y entre los coparceleros de cada comunidad ejidal. Pero quizá el mayor motivo de desavenencia es el reparto de las parcelas entre los miembros de las comunidades. Cuando se llega a este punto las armas concedidas a los ejidatarios para defenderse de los ricos apuntan contra los pobres camaradas. Entonces empiezan las matanzas entre agraristas. En Auchen y Paso Real las sangres encendidas desencadenan dos series de episodios de matonería mexicana.[36]

En resumidas cuentas el número de hectáreas repartidas dentro de la tenencia fue de 4 284; el 19% de la superficie total de ella. Poco más de la mitad de las tierras entregadas a los campesinos fueron de agostadero y cerriles; una tercera parte útil para las siembras de temporal, y el 15% susceptibles de riego. Los beneficiados fueron 300; 178 vecinos de la tenencia y los demás moradores del Paso de Piedra y Ojo de Agua del Picacho, en el municipio del Valle, Estado de Jalisco. Los fuereños se quedaron con 1946 hectáreas. Los de aquí, en cambio, obtuvieron 569 hectáreas fuera de la jurisdicción de San José. No en todos los ejidos las parcelas individuales tuvieron la misma extensión. El tamaño osciló entre 8 y 25 hectáreas. En total, de los 590 josefinos mayores de 18 años que carecían de terreno propio, poco más de 200 recibieron parcela y para el otro 66% ya no hubo predios afectables, según determinaron las autoridades agrarias, aunque entonces los había en poder de pocas personas influyentes, adineradas y bien defendidas por los tinterillos.[37]

Los predios afectados dentro de la tenencia fueron doce. Quizá fuera de dos, los demás eran afectables de acuerdo con el código agrario y casi todos en mayor extensión de la que se les afectó. De la hacienda del Sabino no le quedó nada a la dueña,

---

[36] ADAAC, exps. 2941 y 20010. AJJ, correspondencia.
[37] Vid. mapa del municipio de Jiquilpan en ADAAC, exp. 12558.

pero de otros latifundios sobró más de lo que legalmente debió sobrar, ya por la extensión de esos terrenos, ya porque sus propietarios tenían otros fuera de la jurisdicción josefina. Por supuesto que casi todo lo afectable no afectado, pasada la tormenta de la reforma, se volvió inafectable, ora porque los terratenientes vendieron real o ficticiamente las tierras susceptibles de una futura afectación a quienes podían comprarlas, ora porque las entregaron a sus legítimos herederos o bien porque consiguieron certificados de inafectabilidad.[38] De los doce propietarios a quienes se les afectó dentro de los términos de la tenencia de San José, únicamente cinco residían en ella. En cambio, siete habitantes de la jurisdicción josefina con terrenos fuera de ella sufrieron la pérdida parcial de sus propiedades. De uno u otro modo, en la década de los treinta, la propiedad rústica se dividió mucho, en muchos casos más de lo conveniente en una zona preponderantemente ganadera.[39]

Al margen de la lucha agraria, entre 1934 y 1937 se obtuvieron diversas mejoras para San José. En todo el cuatrienio hubo buenos temporales. La emigración de vecinos se redujo. El crecimiento demográfico siguió su marcha natural y durante un par de años fue acelerada por la asistencia médica del doctor Reynoso.[40] La ganadería se rehizo. Hacia 1937 se calculó que había 7000 bovinos, 800 caballos, otros tantos burros, 300 mulas, un millar de cerdos y numerosas gallinas. La producción anual de la leche subió a millón y medio de litros que valían un cuarto de millón de pesos. Los precios del maíz y del frijol se mantuvieron bajos, entre cuatro y seis pesos hectólitro. Los jornales ascendieron desde sesenta centavos hasta un peso.[41] En 1935, Telégrafos Nacionales prolongó la línea que desde 1930 llegaba a Cotija, hasta el Valle de Juárez, Mazamitla, San José de Gracia, y Pueblo Nuevo. En cada uno de estos lugares se instaló una agencia telefónica. "Por las fallas constantes de los aparatos" los usuarios de aquel servicio se hacían oír prácticamente a gritos.[42]

[38] *Ibid*.
[39] En 1940 los predios rústicos, sin contar los ejidos, eran cerca de 500.
[40] El primer médico de planta que hubo en San José, estuvo allí en 1933-1934.
[41] Libretas de gastos de Josefina González Cárdenas correspondientes a los años de 1933-1940.
[42] Chávez, *op. cit.*, p. 237.

De 1932 a 1936 los jefes de la tenencia fueron, con una excepción, agraristas: Pablo Ruiz, Juan Moreno, Antonio y Adolfo Ávila. El primero promovió a fuerza de faenas y pequeños donativos del vecindario la construcción de una brecha para automóviles entre Jiquilpan, San José y Mazamitla. El trabajo consistió principalmente en ensanchar y nivelar el antiguo sendero. De este modo, en tiempo de secas, don David logró trasponer en coche la azarosa brecha. El automóvil de éste asustaba con sus bocinazos a las aves de corral y fue visto con asombro por chicos y adultos. Por las calles del pueblo, iban detrás de él, a pie y aprisa, cuarenta o cincuenta niños.

Don Juan Moreno sucedió a Pablo Ruiz cuando éste mató, por puro miedo, a un vecino. En el año de don Juan se construyó el kiosco y se arregló el jardín de la plaza para preparar el debut de la banda que don Amadeo, contratado para formarla, pronto la adiestraría para audiciones públicas.[43] Pero el mayor suceso de 1933 fue el cine. Don David Sánchez trajo películas mudas de la serie del "Zorro" y un aparato para proyectarlas. Se exhibieron en un corral por dos o tres semanas, y todo mundo acudió a las "vistas". Por varios meses las comentaron personas de todas las edades.

De las múltiples empresas de Antonio Ávila sobresalen las órdenes de encalar las fachadas rojas de las casas, empedrar las calles que aún tenían pisos de tierra, desyerbar los empedrados, y la más insólita, la del desuso, en la población masculina, del sarape embrocado o jorongo. A don Antonio Ávila le toca inaugurar la banda de música formada por don Amadeo Padilla, compuesta por 25 músicos que se estrenan en el kiosco recién hecho, el 19 de marzo de 1934. Su primer instructor los hizo expertos en la ejecución de "marchas", y el segundo, don José María, en piezas menos ruidosas;[44] Alfredo Gutiérrez, un buen músico de Sahuayo, los afinó.

El secretario de Antonio Ávila fue Camilo Chávez, que agotó sus recursos oratorios y sus influencias en la tarea de convertir la casa habitación del cura en edificio escolar. No pudo. Se conformó con que la poco poblada escuela oficial

---

[43] AJTO, papeles sueltos.
[44] Datos comunicados por el Ing. Bernardo González Godínez.

Llegada del automóvil a San José

siguiera funcionando en la casa de Fidel Fonseca. Aparte de San José, se erigieron escuelas más raquíticas que la del pueblo en el Sabino y la Breña. Muchos padres de familia, influidos por los sacerdotes, se negaron a mandar a sus hijos a las escuelas oficiales que se decían socialistas. Los pudientes de San José acudieron a variados recursos para educar a sus hijos fuera de la escuela oficial. Se contrató a la profesora de ésta, señorita Josefina Barragán, para que además de los de rigor diera cursos particulares. Otros profesores con escuela privada fueron los ex seminaristas Daniel González Cárdenas, Daniel y José González Pulido. En 1936 Braulio Valdovinos, oriundo del pueblo, asumió la escuela oficial con 37 mesabancos, 4 pizarrones y un escritorio.[45]

Como dos de sus predecesores inmediatos (Pulido y Ruiz), Antonio Avila fue depuesto de la jefatura de la tenencia por la comisión de un crimen. Lo sucedió Adolfo Ávila, agrarista ex cristero. En su año hicieron crisis las pugnas entre agraristas. En 1935 y 1936 se registró el mayor índice de homicidios en la jurisdicción de San José: 8 al año. La gran mayoría de victimarios y víctimas fueron hombres de los del paliacate rojo amarrado al cuello. Como el grupo de Camilo Chávez se disgustara con Adolfo Ávila, se produjo en plena plaza de San José, durante la noche, poco antes del toque de queda, una balacera en grande.[46] Otras menos sonadas las hubo en el Paso Real, Auchen y varios centros ejidales.

Quizá la belicosidad de los agraristas esgrimida contra ellos mismos, quizá la profunda división existente entre los beneficiados por la reforma agraria, fue la causa de que el poder político se le quitara a los agraristas y se le diera, en 1936, a Rodolfo Sánchez, del partido terrateniente. Con todo, no cesó la violencia; casi cada mes el vecindario del pueblo vio llegar al portal norte de la plaza el cadáver de una nueva víctima. Uno de los victimados fue Antonio Ávila, el líder máximo del reparto de tierras en San José y sus alrededores.[47] La gente de aquí se consolaba con la idea de que en los municipios

[45] Datos comunicados por Daniel González Cárdenas.
[46] AJJ, correspondencia.
[47] AJTO, papeles correspondientes a las jefaturas de R. Sánchez, A. Partida y J. Moreno.

aledaños el número de riñas y muertos era mucho mayor que en la jurisdicción de San José.

La vuelta del padre Federico

A San José llegaban semanariamente un par de ejemplares de la revista *Hoy*. Se leían y se comentaban entre los vecinos. Un *Hoy* del mes de septiembre de 1937 glosa el informe del presidente agrarista: "Cárdenas no dio ningún rodeo para reconocer que prevalece en el ambiente general una impaciencia y una inquietud nacidos de su firme programa agrícola. . . El Departamento Agrario ha repartido 9 764 140 hectáreas de tierras al revisar atentamente 5 956 expedientes que beneficiaban a 565 216 campesinos. En conjunto y hasta la fecha, 17 914 982 hectáreas de tierra hacen felices a 1 324 759 campesinos. Las facultades extraordinarias conferidas al Ejecutivo para legislar en materia agraria. . . le han permitido emitir bonos agrarios y afectar tierras sin otra consideración que el beneficio de los campesinos. . . Apoyado en las mismas facultades extraordinarias el ejecutivo expidió la Ley de Fomento de la Ganadería, que otorga la inafectabilidad durante 25 años a las tierras en que se críe ganado, pues a pesar de que en la actualidad hay doble cantidad de animales en la República que en 1910, son todavía pocos para las necesidades del país".[48]

En la Ley de Fomento de la Ganadería ven los cien ganaderos de la tenencia de Ornelas la posibilidad de salvar los predios dejados por los repartidores de tierras. Trabajarán para que sus praderas que tienen una superficie total de 20 000 hectáreas, repartidas entre más de 400 propietarios individuales y once ejidos, se declaren zona de ganadería como de hecho lo es. El padre Federico González los agrupa con ese propósito; los hace olvidar las rencillas que los dividieron en el quinquenio pasado. El padre Federico acababa de volver al pueblo. Desde la revolución cristera no se le había visto, pues tenía prohibido regresar a Michoacán. Anduvo a las escondidas. La policía del Jefe Máximo, del general Plutarco Elías Calles, lo buscó minuciosamente. En una ocasión dio con él;

[48] *Hoy*, 8 sep.-1937.

lo trasladó al lugar donde iba a ser asesinado, y allá logró convencer a sus captores de que lo dejaran en libertad. El padre Federico fue profesor en el colegio salesiano de Guadalajara de 1930 a 1932; estuvo oculto en México hasta 1935. De vuelta en Guadalajara, volvió a enseñar gramática y ética a los alumnos del salesiano hasta que el plantel fue convertido en una "Escuela Hijos del Ejército".

En 1937 se extiende en San José el rumor de la vuelta del padre Federico. Llegaría a caballo por el camino de Tizapán. El vecindario se apresta al recibimiento. La gran mayoría del pueblo sale a recibirlo con banda de música, dianas, repiques y aclamaciones. Al día siguiente de su llegada el padre retoma la dirección del pueblo y pone en marcha siete proyectos: defensa de la propiedad individual de la tierra, celebración de las bodas de oro o cincuentenario de la fundación de San José, vuelta a la unidad social, política de reconciliación con los políticos, construcción de la carretera, embellecimiento del pueblo, impulso a la ganadería, la fruticultura y los trabajos artesanales, ayuda a la charrería y a la educación de los niños.

El padre Federico no considera herejes ni impíos ni malvados a los agraristas; no juzga al agrarismo desde un punto de vista religioso; lo condena apoyado en razones de índole económica y social. Basado en la corta experiencia de la vida ejidal en su pueblo y en los lugares próximos a él y en las opiniones adversas a la reforma agraria que propala la prensa periódica, no cree en la eficacia del ejido; lo considera causa de tres males mayores: la disminución de la productividad en las pequeñas propiedades; el mal uso de la tierra por parte de los ejidatarios y la división social que acompaña y sigue al reparto. La menor productividad que ve entre los propietarios individuales la considera derivada del temor de los terratenientes a perder la tierra. También está seguro de que los ejidatarios, por inexpertos, por perezosos, por saber que no son dueños absolutos de las tierras ejidales y por pobres, nunca mejorarán los terrenos del ejido, los seguirán deforestando y maltratando. Pero lo que más le preocupa es la honda división social y las sangrientas rencillas acarreadas por la revolución agraria. Se erige, pues, en apóstol de la pequeña propiedad. Congrega a su alrededor y unifica a 400 propietarios con el fin de contener el avance del agrarismo en la región de San José.

203

Su lucha es contra el agrarismo, no contra los agraristas; en favor del parvifundio, no de la hacienda. Si presta su apoyo a los medianos propietarios es porque sabe que los hijos de éstos serán pequeños propietarios.

Tanto empeño pone el padre Federico en la defensa de los parvifundistas como en la celebración del primer cincuentenario de la existencia del pueblo. Hombre esencialmente activo y emotivo (pasional en suma) le concede gran significación a las llamadas bodas de oro. En todos los lugares públicos se instalan alcancías donde los vecinos depositarían monedas para sufragar los gastos de la festividad. La colonia de San José en la ciudad de México constituida por una treintena de familias, es invitada a cooperar y a participar en los festejos. Se les dota de trajes de charros a los componentes de la banda musical, se termina el barandal del atrio y se continúa la restauración del templo. Se empiedran las calles que no lo estaban y se desyerban las empedrados y se concluye la reconstrucción de las casas destruidas en la cristiada.

Las bodas de oro consistieron en dos series de novenarios. El de ejercicios espirituales estuvo a cargo de dos predicadores, los padres Rentería y Ochoa, que profirieron para todos los públicos, para la concurrencia de 600 personas a un templo en el que pueden instalarse cómodamente sólo trescientas, para seiscientos concurrentes apretujados, en la mañana y en la noche durante nueve días, miles y miles de palabras en tono declamatorio, a fin de preparar espiritualmente para la conmemoración de los cincuenta años de la vida de San José a la, durante 20 años maltratada, dispersa, hostil e iracunda comunidad josefina.

El otro fue novenario de charreadas, repiques, desfiles, corridas de toros, serenatas, banquetes y fuegos artificiales sujetos al siguiente calendario. 10 de marzo: alborada y cohetes. Desfile y toro de once. Tarde de toros con novillos del Palo Dulce. Rosario y cohetes. Serenata y queda. Día once: charreada en lugar de toros y todo lo demás igual. El 12: aproximadamente igual al diez. El trece, domingo, tuvo lugar el primer castillo de fuego; el del 17, día de los Partida, el mejor. Fue obra de un cohetero de San Luis Soyatlán. Cada día los festejos eran mayores: creciente concurrencia de rancheros de calzón blanco y paisanos que volvían de la capital con chaqueta y sombrero chiquito; desfiles, novilladas, kermeses, serenatas, toritos y castillos de fuego cada vez más estruendosos y alegres. En las novilladas se distinguió un tal Palmito, al que le salieron numerosos imitadores de la localidad: Adrián Cárdenas, Porfirio González Buenrostro y la gente menuda.

Antes del alba del 19 de marzo fue el estrepitoso repique de campanas; al amanecer relampaguearon en el aire cientos de cohetes. En seguida los repiques de la misa mayor, los ríos de gente que confluyen en el templo; mil personas apretujadas en el templo oyen el sermón, se extasían con la solemnidad de la misa, comulgan y vuelven a volcarse en la plaza y en las calles y esperan el desfile. Debajo de los cordeles con flecos de papel de china, flecos blancos y amarillos, pasan los charros y las chinas en tropel de caballos. Los mayores se van al toro de once y la gente menuda se reparte en el volantín y las loterías.

Hubo muchos banquetes ese día. Se habían matado puercos y reses con ese propósito; habían llenado ollas de aguardiente de mezcal. Después de las comilonas, el medio pueblo que se mantenía en pie y podía caminar, trastabillando se vació en la plaza de toros; se acomodó en las viguetas de madera que servían de asientos; hombres de charro, mujeres de vestidos enchaquirados y chillantes sobresalían en las gradas de la temblorosa plaza de madera. Entran al ruedo los toretes de un ganadero de acá mismo; los torea la muchachada. La población de las graderías arroja alternativamente tormentas de risas, granizadas de aplausos y rayos de voces injuriosas. A ese mar de ruidos sigue la serenata, un hervidero de gente, una oportunidad para que los jóvenes se rocen con las señoritas de la localidad y algunas de fuera. Puños de confetti, serpentinas de todos colores, música de la banda de San José, marchas, pasodobles y piezas románticas, mientras hombres y mujeres se entrecruzan incesantemente. El paréntesis de júbilo se cierra el 20 de marzo con un quinto castillo, que sin ser tan mayúsculo como el del día diecisiete, dura chisporroteando y arrojando luces por más de una hora.[49]

La celebración de las bodas de oro contribuyó a restablecer la unidad del pueblo. Juntó a las viejas y a las nuevas genera-

---

[49] Archivo particular de Luis González Cárdenas.

ciones. Estuvieron presentes y en el centro de las festividades dos ancianos de la generación fundadora, don Gregorio González Pulido y don Andrés, su hermano. La gran fiesta reunió a los que se habían ido del alborotado pueblo y a los aguantadores que se quedaron en él. Pero sobre todo, a causa de la fiesta, entre copa y copa, llegaron hasta la reconciliación del abrazo algunos enemigos hechos por la lucha agraria. Esto no quiere decir la desquebrajada unidad social de San José se haya vuelto a rehacer totalmente. Todavía el padre Federico, con la concurrencia de todas las oportunidades aportadas por su ministerio, tuvo que tallarse duro para medio restaurar las buenas relaciones, desarrugar los ceños fruncidos, impedir la comisión de delitos antisociales, ahuyentar algunos de los malos sentimientos que no dejaban de aletear en los almarios del pueblo.

La otra tarea que se había impuesto el padre Federico, la de incorporar el pueblo de San José a la nación mexicana mediante el estrechamiento de relaciones personales con los políticos de alcurnia, se facilitó por ser de aquí nomás de Jiquilpan, de la misma jurisdicción municipal que San José, los señores Cárdenas, uno de los cuales era presidente de la República, y don Dámaso, senador por Michoacán. Facilitó enormemente esa conciliación con el gobierno la actitud simpatizadora de don Dámaso hacia San José, y la plenificó la visita de don Lázaro en persona y cuando todavía era presidente. Los pobres por la reforma agraria y los demás por los ademanes de simpatía de los señores Cárdenas, se volvieron en un santiamén, no sin reservas, gobiernistas.

Según cuenta la revista *Hoy*, "en los cinco años que van del 1o. de diciembre de 1934 al 1o. de diciembre de 1939 (1 825 días), el presidente Cárdenas ha estado ausente de la capital durante un año cuatro meses y cuatro días, o sean los 489 días con sus noches que ha empleado en recorrer 1 028 pueblos de todos los Estados de la República". Uno de los pocos pueblos aún no visitados por el señor presidente estaba comprendido en el municipio donde él nació a unos cuantos kilómetros de Jiquilpan, donde hay gente apellidada Cárdenas porque proviene del mismo tronco familiar que el mandatario. Los vecinos de San José achacaban el desaire a dos causas: al hecho de haber sido cristeros, y al no querer ser agraristas. Acaso

Visita del Gral. Lázaro Cárdenas a San José en 1940

ninguna de esas ideas pasaron por la mente del general. Quizá tampoco lo decidió a venir el avilacamachismo revelado por los electores de San José el domingo siete de junio de 1940. Mientras sólo veinte votan por Almazán, el candidato de oposición, 373 lo hacen por Ávila Camacho, el candidato cardenista. Desde los tiempos de Madero no se había interesado la ciudadanía de San José en ningunas elecciones para la renovación de poderes federales, y quizá explica el súbito interés electoral de los josefinos el agradecimiento sentido hacia don Manuel desde los días de la cristera, cuando fue un anticristero misericordioso y tolerante.[50]

Unos días antes llegó el aviso. Los vecinos estaban amolados. Desde 1938 pasaban por un ciclo de años estériles. Las vacas daban poca leche y las milpas pocas mazorcas, pero "es la primera vez que nos visita un presidente de la República", según se decía. Era necesario hacerle un recibimiento de primera. El padre Federico organizó al pueblo y las rancherías. Agraristas y propietarios se juntaron en San José y salieron a la entrada del camino a Jiquilpan. El abrazo de reconciliación: se abrazaron el general Cárdenas y el padre Federico y codo con codo subieron al pueblo por entre las vallas populares, entre la multitud que los aclamaba y les arrojaba puños de confeti. El general se hospedó en la casa del padre después de haber recorrido las principales calles, saludado a la gente y oído sus peticiones y sus quejas, y abrazado a la viuda y a los hijos del líder agrarista de San José, del difunto Antonio Ávila. El general y el padre platicaron largamente a solas. La recepción fue espléndida. En el pueblo y en los ranchos de los contornos quedó la sensación de que el general Cárdenas era su amigo. Pocos días después, el 11 de octubre de 1940, se recibió una carta del presidente Cárdenas. "Por su amplio espíritu —le dice en ella al padre Federico González—, por su amplio espíritu comprensivo de los problemas sociales que tiene el país y por la dedicación que pone usted para elevar las condiciones de vida de los habitantes de ese lugar, le envío mi felicitación muy cordial."

San José y su tenencia, zona tan reacia a confundirse con México, tan díscola frente a las autoridades de la nación,

[50] AJTO, papeles correspondientes a la jefatura de Juan Moreno.

abandonó muchos de sus tradicionales recelos contra la patria y sus jefes a raíz de la visita de don Lázaro Cárdenas. Por otra parte la indistinta amabilidad del presidente hacia agraristas y pequeños propietarios coadyuvó a la reconciliación de unos y otros. Los terratenientes se quedaron con la idea de que el general Cárdenas se iba con la seguridad de que la reforma agraria había concluido en la jurisdicción de San José. Los aspirantes a la propiedad de la tierra abrigaban la esperanza de que el gobierno siguiera creando y ampliando ejidos. Poco después de la visita presidencial se multiplicaron las solicitudes para la formación de unos ejidos y la ampliación de otros.[51] Todo a destiempo: el presidente repartidor de tierras dice: "El cardenismo se acabará el último de noviembre"; la zona de San José había quedado de derecho y casi totalmente de hecho, dividida; el general Ávila Camacho, el hombre de las conciliaciones, estaba con un pie en el estribo de la presidencia de la República.

Incipit vita nova

La reforma agraria produce agricultores. Mientras los vecinos de San José de Gracia ejercen la ganadería, la fabricación de queso, los menesteres artesanales, el comercio y, en menor escala, el cuidado de una milpa, los ejidatarios trabajan en verano y otoño en su yunta o mediayunta de sembradura. Según el informe del ingeniero Carlos Gómez del Campo, "como la topografía es en general accidentada. . ., los lomeríos sujetos a cultivo dan poca retribución. . . y el trigo no prospera". En una hectárea de superficie se pueden sembrar, en promedio, 15 kilos de maíz y cosechar 700; 10 de frijol para obtener 200; 30 de garbanzo para percibir 600; 69 de cebada que darán 450; y 48 de trigo a fin de recoger 450. Lo que se siembra más es el maíz. Si bien va los ejidatarios obtienen con la siembra principal del maíz y demás 550 pesos al año para ni siquiera cubrir el diario normal de una familia campesina de seis miembros, 3 adultos y tres niños: 42 centavos de maíz, 11 de frijol, 10 de manteca, 5 de chile, 5 de cebolla y jitomate, 12

[51] ADAAC, exps. 12343, 20275, 2941, 12054, 14760 y 12863.

de azúcar, 20 de carne, 24 de leche, 15 de arroz, 5 de petróleo, 5 de jabón y 10 de cigarrillos. Total, un peso setenta y cuatro centavos al día; 598 pesos al año sin contar los 150 pesos que se gastan en ropa.[52]

Cuando pasa la temporada de labores, algunos ejidatarios, para completar el pan de cada día, ejercen, si las hay, diversas actividades lucrativas. Buscan contratarse como peones con los propietarios, venden el rastrojo de sus parcelas a los ganaderos, ayudan en la construcción del camino en el tramo de Jiquilpan a San José, llevan al mercado los árboles de su minifundio, hechos leña. Con todo, el trabajo en las secas es escaso. Los contratadores de jornaleros son generalmente los terratenientes enemigos de la reforma agraria, y prefieren repartir el poco trabajo entre personas ajenas al ejido. Por otra parte, en 1944, los máximos jornales son de peso y medio al día. En suma, los ejidatarios viven una vida de penuria que ellos aspiran a remediar mediante la petición de nuevos repartos de tierras. Ninguno aspira a volver a la condición anterior de peón o mediero. Quizá estén tan pobres como antes, pero son más libres y humanos, y no cesan de pedir más tierras.

A toda solicitud de nuevo ejido o ampliación de ejido se contesta: "no se concede en virtud de que dentro del radio de los 7 kilómetros no existen fincas afectables", pero se dejan a salvo los derechos de los solicitantes. Desde 1942 el ingeniero Carlos Hernández informa al Departamento Agrario que en la parte alta del municipio de Jiquilpan no hay nada legalmente repartible. Señala que algunos de los ranchos mayores ya han sido afectados (Auchen, Casa Blanca, Cerrito de la Leña, San Pedro, Estancia del Monte, Tinaja de los Ruiz, Divisadero y Sabino) y otros fraccionados (Ojo de Rana entre los cuatro hijos de doña Librada Sandoval, el Guayabo entre varios Zepeda, el Palo Dulce entre los Arias y el Sabino entre centenares de parceleros). Como circulara el rumor de que el fraccionamiento de la hacienda del Sabino había sido ficticio, el inspector del Departamento Agrario aclara: "Verifiqué una visita de ojos a los terrenos que constituye la finca de referencia encontrándose efectivamente fraccionada y trabajada por

[52] ADAAC, exp. 12558.

los poseedores de los lotes. . . En general el terreno es de cultivo pero de una pobreza muy grande que hace que su explotación no sea costeable verificarla año con año, por lo que hay muchos lotes dedicados a agostaderos. Encontré que hay algunos propietarios que han comprado hasta tres lotes más. . . y como es muy común entre la gente sencilla del campo, que por medio de documento privado hace sus transacciones, muy pocos de los movimientos han sido inscritos en el Registro Público de la propiedad, pero como todos entre sí son conocidos, se respetan mutuamente linderos y posesión. . . Tal fraccionamiento fue hecho entre gente trabajadora que personalmente trabaja su lote".[53]

Por lo que se ve, desde 1942 el gobierno de la República consideró concluido el reparto de tierras en la jurisdicción de San José. En los años venideros sólo se produjo una resolución presidencial favorable, la que adjudicó el 19 de julio de 1950, 298 hectáreas al ejido de la Arena.[54] Todas las demás resoluciones fueron negativas.

La enemistad social es indudablemente menor en 1942 que en 1936, pero aún distante del nivel alcanzado en la época prerrevolucionaria. Persisten solapadas las malas relaciones entre los partidos agrarista y propietarios. Continúa la suspicacia entre unos y otros. Los propietarios seguirán temiendo la expropiación de sus tierras y repartiendo entre agrónomos y tinterillos una buena parte de sus ahorros. Los campesinos sin propiedad seguirán esperando la continuación del reparto y proporcionando, hasta donde su miseria se los permita, algunos centavitos a quienes se declaran sus protectores. Ambos, mientras deponen su fortuna para alimentar un pleito inútil, siguen odiándose entre sí, intercambiándose calumnias e insultos y metiéndose zancadilla. Por lo demás, el partido de los propietarios tan desunido al principio, se une cada vez más. En cambio el partido de los proletarios se divide constantemente. Se mal ven ejidatarios y aspirantes a serlo. Tampoco hay unión entre las diversas comunidades, y dentro del mismo ejido se forman grupos hostiles que llegan hasta el derrama-

[53] ADAAC, exp. 12558.
[54] ADAAC, exp. 20010.

miento de sangre. De 1939 a 1945 sube a trece la cifra de ejidatarios muertos por otros agraristas.[55]

"Hubo muchas muertes por tierras. A uno, con toda la descarga de la pistola, no le salió sangre; cayó muerto, pero no le salió ni una gota de sangre. Era porque estaba asustado. Según eso aquel otro era muy valiente; sólo le dieron un balazo y le salió un sangral. Los que lo llevaban a componer estaban colorados de sangre del herido, y él les decía: «Píquenle porque me voy muriendo» Llegando a Jiquilpan murió. Yo creo que lo de las tierras fue pretexto. En su juicio nadie hace nada, pero ya borrachos se hacen de palabras, y vámonos al otro mundo. De adrede se mataban. Por eso hubo muchas viudas en Auchen", según comenta doña Inés Betancourt, una de las viudas de Auchen, del ejido que acabó llamándose "ejido de las viudas".

En plan de tercero en discordia interviene el partido sinarquista. En San José lo formó un oriundo del pueblo, Gildardo González, que en Guadalajara, donde seguía la carrera de ingeniero químico, se había adherido a las huestes sinarquistas. La simpatía, la cultura y el entusiasmo juvenil de Gildardo le acarrearon adeptos entre sus paisanos y fue llevado por los miles de sinarquistas de todo el país a la jefatura del partido en 1945. El grupo de San José se formó hacia 1940 y alcanzó su apogeo por 1946. Se constituyó con un medio centenar de propietarios resentidos con la reforma agraria y de labradores sin tierra. Propaló insultos contra el gobierno y contra los no alineados; esparció los iracundos periódicos que explicaban su doctrina: *El Sinarquista* y *Orden*. La hostilidad del padre Federico les impidió tener numerosas adhesiones y llegar a ser fuertes en San José. Cuando Gildardo González renunció a la jefatura nacional, el puñado de sinarquistas josefinos, que comandaba Florentino Torres, se desinfló.

La población mayoritaria de San José había cedido al destacamento militar la función de dique contra la discordia. Después de ser antimilitarista se había vuelto simpatizadora de los soldados. Se llegó a creer que los hombres de uniforme verde

---

[55] AJTO, Papeles correspondientes a las jefaturas de Anastasio Partida, Juan Moreno, Salvador Chávez, David Sánchez, Adolfo Aguilar y Salvador Villanueva.

eran los únicos capaces de mantener el orden, de impedir que los grupos y los individuos en pugna se abatiesen. De aquí la alarma cuando se ordenó, en marzo de 1941, el retiro del destacamento militar. La alarma subió de punto al producirse el asesinato del jefe de la tenencia, Leobardo Pulido. Entonces más de mil vecinos solicitaron el restablecimiento de la guarnición militar porque aún olía a pólvora el aire. Por lo pronto lo único que consiguieron fue una orden de despistolizar al pueblo y las rancherías. Contra la campaña de despistolización se levantaron multitud de protestas inútiles. Los hombres consideraban que la portación de armas era un atributo de masculinidad; se sintieron como castrados al despojárseles de sus pistolas; se declararon altamente humillados, pero pronto dieron con un recurso para volver a armarse. Salvador Chávez, jefe de tenencia en 1942, expidió numerosos nombramientos de policía auxiliar, y fingiéndose policías, los hombres de San José volvieron a ceñirse las armas de fuego.

Como quiera, la época del uso inmoderado de máuseres y pistolas, la lucha agrarista, el andar a la greña, la guerra religiosa, el bandolerismo, el derramamiento de sangre, el incendio y la destrucción de casas, los destierros colectivos, el odio y las injurias; toda la era de tribulación entraba a su cuarto menguante. A partir de 1941 se escucharon cada vez menos los lemas de la etapa destructiva de la Revolución, anunciadores de la reivindicación del proletariado, la muerte del espantapájaros de los curas, el sol de las reivindicaciones, la educación sexual y socialista, consuma lo que el país produce, los logros del Plan Sexenal, la capacitación de las masas trabajadoras, el feminismo, la transculturación forzosa, la lucha de clases, el Jefe Máximo, el Instituto Político de la Revolución, los Postulados de la Revolución, los beneficios a las clases laborantes, el aniquilamiento de los hambreadores del pueblo, el Mensaje a la Nación y todo el vocabulario proferido a lo largo de tres décadas por los intelectuales revolucionarios al servicio del obrero y del campesinaje desde cómodos bufetes y consultorios capitalinos. Muchas expresiones verbales comienzan a caer en desuso, o se sustituyen por otras. Amanece la "etapa constructiva de la Revolución".

En San José, la era de de las tribulaciones se inicia con temblores de tierra y la erupción del volcán de Colima y concluye con sismos y el nacimiento del volcán Parícuti, el 25 de febrero de 1943. Las erupciones de ambos arrojaron cenizas sobre San José; su fuego fue visible desde la cima de la montaña de Larios; se convirtieron en el principal tema de conversación pueblerina y se discutió sobre el sentido oculto de su mensaje. El padre Federico organizó una expedición muy poblada para ir a contemplar, desde el mirador de San Juan Parangaricutiro, las detonaciones, las nubes negras, los rayos, el disparo incesante de piedras rojas, la respiración febril y los ríos de lava del Parícuti. Un espectáculo tan prodigioso no podía ser insignificante; era anuncio de algo, y no podía ser el aviso de un empeoramiento de la situación.

Treinta años de turbulencia

De muchas poblaciones se dice: "pocos pueblos sufrieron tanto como éste durante la Revolución". Ese dicho es altamente válido para San José de Gracia. Fueron tres jornadas de pesadumbre. Durante treinta años rezumbraron las balas en las orejas de la gente. Primero a propósito de la Revolución Mexicana (1910-1922). Entonces se quemó el pueblo por dos veces. La primera quemadura estuvo a cargo de las hordas chavistas. Pero nunca la tierra fue tan profanada con la sangre del crimen y la lucha violenta como en el siguiente momento. La etapa más terrible fue la cristera (1925 a 1932): lucha ininterrumpida, desenfreno colectivo y tercera destrucción de San José. La etapa de la reforma agraria no sólo modificó notablemente el régimen de tenencia de la tierra; también propició la desavenencia.

Durante la Revolución la historia demográfica de San José toma nuevos rumbos. Hay momentos —1918 y 1927-1929— en que la gente se reduce a su mínima expresión; hay profundas caídas demográficas y repoblamientos rápidos. En conjunto no se da progreso en la cifra de la vecindad a lo largo del período. El número de habitantes pasa de 3 850 en 1910 a 3 859 en 1940. La tasa de natalidad se mantuvo alta como de costumbre. Aumentó la mortandad, sobre todo en tiempos de la "cristera". Con todo, hubo incrementos de la población, pero la zona no pudo retenerlos. A partir de entonces se inicia el lento abandono del terruño; se producen las primeras oleadas de emigrantes.

Contra lo que pudiera creerse, la disminución de la producción agropecuaria no correspondió a un estancamiento técnico. En plena Revolución se inicia tímidamente la renovación de las técnicas. Se introducen nuevos cultivos como el del maíz urápeti que trae el padre Federico de Tingüindín. Se populariza la ordeña de vacas en el temporal seco. En plena revolución agraria se inicia la costumbre de añadir concentrados a la alimentación de los vacunos.

Como es obvio, en el período revolucionario disminuyen los niveles de bienestar material y síquico. La introducción de la luz eléctrica en 1926, del molino de nixtamal, de los automóviles, del radio, significaron poco frente al empobrecimiento general, la escasez de tortillas, el tener poco para vender y muy poco para comprar. Muchos se endeudaron hasta lo máximo. Fue época de usura, del enriquecimiento raudo de dos o tres a cambio de la pobreza generalizada, de la vuelta a dormir en el suelo, de la comida a base de frijol, chile y tortillas, y a veces un poco de leche y carne, del vestido pobre, de sacrificios para reconstruir al pueblo y su economía maltrecha, de multitud de calamidades y desgracias.

Al final del período de tribulaciones fueron desapareciendo uno a uno los padres fundadores. Sin sentirlo les fue faltando la vida. Con ellos muere del todo el patriarcado. Sobreviven descabezadas las familias grandes. Quedan como meras sumas de familias pequeñas y de sentimientos de adhesión. Sobre la división por familias impera la división de clases. Se hacen del todo nítidas dos clases sociales: ricos y pobres. La reforma agraria fortalece la conciencia de clase, el aborrecimiento y la lucha entre las clases, la discorida social y la enemiga entre los que tienen algo y los que no tienen nada.

En ningún período anterior había habido tantas mudanzas en la propiedad de la tierra como en el de 1910-1942. Los ranchos que surgieron del fraccionamiento de la hacienda de Cojumatlán siguen fraccionándose por vía sucesoria. La hacienda del Sabino es fraccionada en parcelas y ranchos. Aparece ese nuevo tipo de propiedad individual que es la parcela, el minifundio. La máxima novedad es el ejido, que no corresponde a ninguna tradición local ni nace de la voluntad espontánea del pueblo. Es una forma que viene de afuera, que el gobierno establece. Con todo, adquiere carta de naturalización después de haberse desnaturalizado, de haberse vuelto una propiedad privada de pequeñas proporciones, es decir, un minifundio.

La formación de ejidos no acabó con el trabajo asalariado y la aparcería rústicas. No hubo tierras para todos. En San José hay más cielo que tierra. Las estructuras laborales no sufrieron cambio alguno. Al disminuir la oferta de mano de obra pudo haber un aumento real de los jornales. Si no lo hubo fue por falta de obra.

En el período 1910-1942 se extingue el régimen patriarcal. Se acrece notablemente el poder de los sacerdotes y particularmente el del cura caudillo Federico González. Sufre mermas de consideración el gobierno civil del jefe de tenencia, del receptor de rentas y del juez. Adquieren fuerza las autoridades militares: el jefe de la defensa social, los jefes y oficiales en la rebelión cristera, los jefes y oficiales del ejército nacional que la combaten, el destacamento militar puesto en San José a partir de 1930. Se oscila entre un régimen teocrático y militar. Tanto los mílites como los sacerdotes tuvieron papeles muy importantes en la época revolucionaria.

Los sustos, robos y asesinatos padecidos entre 1910 y 1942 no podían dejar de ser una barrera para la educación de la niñez. La crianza hogareña de los niños se resintió mucho; creció el número de niños "malcriados" y la "malcriadez". Con todo, la escuela amplió su radio de acción. En primer término apareció un nuevo tipo de escuela: la laica y gratuita del gobierno; en segundo término, fueron más los escolares que una vez terminada su enseñanza elemental, continuaron estudios medios y superiores en seminarios eclasiásticos, colegios confesionales y secundarias, preparatorias y universidades.

Quizá tenga importancia el consignar que el hecho de la incredulidad apareció en una sola persona, en Camilo Chávez. Se decía que porque había leído tales o cuales libros o revistas donde se ponían en duda o se negaban los artículos de la fe, la virginidad de la Virgen y otras cosas por el estilo. Pero el nivel de religiosidad aumento: aún más fe, más intolerancia, más espíritu de sacrificio, más ofrendas espirituales, más ejercicios religiosos, quizá más pureza en las costumbres de muchos. En fin, dogma firme, liturgia esplendorosa y concurrida y frecuentes caídas, descalabros, en el aspecto moral.

Por lo que mira a las fiestas, hubo novedades introducidas en el período 1910-1942: celebración de algunas conmemoraciones cívicas además de las religiosas (16 de septiembre, bodas de oro del pueblo, etc.). Las bodas de oro en 1938 fueron un paréntesis extraordinario de euforia, de regocijo coletivo. Se mantuvo la importancia de los juegos de destreza; se colaron poco a poco los deportes modernos; irrumpieron los espectáculos. El uso de las bebidas alcohólicas se acentúa. Los naipes recobran fuerza. Entran las mesas de billar. No pasa de ser una perogrullada el decir que la sensación de peligro es una de las constantes del período 1910-1940. No era para menos. Fue un período de emociones fuertes y variadas. Se recorrió toda la escala emotiva. A fuerza de pasiones y sentimientos violentos, enmedio de la danza frenética, se funde el pueblo a la nación, se desmorona la soledad. La razón le asiste a Jean Meyer, uno de los más ilustres visitantes a San José: la guerra sacó al pueblo a tirones de su aislamiento y lo hizo mexicano.

La triple revolución le dio un golpe rudo al encierro. Antes de 1910 muy pocos y pocas veces salían del terruño. Primero la Revolución Mexicana, y especialmente uno de sus subproductos, el bandolerismo, aventó gente a los pueblos de la región y a las ciudades distantes. La cristera hizo una desparramuza mayor. Llegó de paso gente de fuera; llegó el radio; se popularizaron las noticias periodísticas. Comenzó el trastorno del pequeño mundo. Se le mexicanizó con sangre, fuego, susto, balas, carreras, zozobras, odio, periódicos. Se dio un paso adelante en la nacionalización. Ya no únicamente los principales; todo hijo de vecino acabó por tener ataques de patriotismo que no significan mexicanización plena y menos identidicación con el gobierno. Se aborrece a las grandes figuras de la Revolución salvo dos excepciones: Francisco Villa y Lázaro Cárdenas. Éstos se convierten en ídolos populares y principalmente el presidente agrarista, y no sólo por haber repartido tierras. "No mató, fue compasivo, contuvo la persecución religiosa, trajo la paz." "Tenía una personalidad muy fuerte y grandes dotes de encantador".

PARTE TERCERA

VEINTICINCO AÑOS DE MUDANZAS

VII. RETIRO Y EXPANSION (1943-1956)

A merced del exterior

EL GENERAL y presidente Manuel Ávila Camacho tiene que ser conciliador. Se lo exigen su buen natural y la opinión pública. Cumple con varios lemas. "Unidad Nacional": Calles y Garrido regresan al país; se acoge a los inquietos almazanistas; se declara que no hay ni vencedores ni vencidos; se olvidan los agravios de la lucha electoral. "Batalla de la producción": protección a los empresarios de casa y luz verde a los de fuera; se instituye la Comisión Nacional de la Planificación Económica; se hacen tratados comerciales con el exterior y se inauguran la presa del Palmito y las fábricas de Altos Hornos de México y de Guanos y Fertilizantes. "Máquinas y Escuelas": Torres Bodet emprende la alfabetización de la mitad de los mexicanos que no saben leer ni escribir; construye escuelas y crea centros de capacitación para el magisterio. "Concordia internacional": condenación de las agresiones nazi-facistas; entrevista Ávila Camacho-Roosevelt y acuerdo con los Estados Unidos sobre la indemnización petrolera; restablecimiento de relaciones con Gran Bretaña y la URSS; conferencias para poner fin a la contienda internacional que culminan en la de Chapultepec. "Gobierno para todos": se funda el seguro social para los obreros; se conceden incentivos a los patronos; dotaciones agrarias y decretos sobre inafectabilidad agrícola y ganadera. En 1942, fuera de lema, se firma un convenio mexicano-estadounidense que pone a los campesinos de México a disposición de los plantadores de Estados Unidos. Así colabora México al triunfo de las democracias. En 1945 se sabe que el licenciado Miguel Alemán, "cachorro de la revolución", será presidente.

El primero de diciembre de 1946 asume el gobierno de la República "una generación de hombres no contaminados por las rencillas revolucionarias. Los ministros son universitarios y técnicos. . . Nada se libra a la improvisación: durante su campaña electoral Miguel Alemán discutió en mesa redonda los grandes problemas nacionales. . . Los Estados Unidos nos conceden un préstamo de cien millones para industrializar el país. . . A pesar de la inclemencia de la posguerra: inflación, devaluación, pérdida de los mercados extranjeros. . . se mantiene la voluntad de sacar al país del subdesarrollo, se opone a la sequía la construcción de grandes presas, se tienden carreteras y nuevos ferrocarriles. . . Se expide el reglamento de inafectabilidad agrícola y ganadera". La epidemia de fiebre aftosa es atacada con el rifle sanitario.[1] La ganadería sufre un colapso. De nuevo los Estados Unidos mandan sus hombres a la guerra de Corea y dan a conocer la necesidad que tienen de "una cifra cuantiosa de trabajadores mexicanos". "México convino en exportar cincuenta y cinco mil. . . que se reunirían en determinados lugares para ser transportados hasta la frontera y distribuidos allí". Los patrones rubios pagarían el pasaje "desde la fontera hasta sus granjas y de ellas a la frontera". El gobierno americano desembolsaría el dinero y la policía para "aprehender a los trabajadores huidos de las fincas de sus patrones antes de expirar el contrato". El gobierno mexicano se hace de la vista gorda, acepta las condiciones que hacen del campesino "mercancía exportable en las mejores condiciones para el importador".[2] Los campesinos se frotan las manos de gusto. Ellos prefieren los dólares, las chamarras chillantes y los radios de los güeros a las parcelas ejidales.

Y eso que ir a California, donde se ganaba más, no fue nada fácil después de 1948. Desde entonces hubo que encaminarse principalmente a Texas, Nuevo México y Arizona, y sobre todo a Texas a recibir los malos tratos y ver malas caras. El interés de ir a los Yunaites iba en constante aumento. Entre 1943 y 1953 un millón de braceros salieron con sus papeles en regla y quizá otros tantos de contrabando. En 1946 se calculó

[1] Salvador Novo, *La vida en México en el período presidencial de Miguel Alemán*, pp. 11-17.
[2] *Ibid.*, p. 152.

que un gentío de 130 000 traspuso ilegalmente la raya a deshoras de la noche, en botes desleznables o simplemente a nado, eludiendo a los perros de la policía yanqui. No había poder humano ni perruno que los detuviese.

Desde 1941 don Lázaro vuelve a Michoacán y se preocupa y ocupa cotidianamente en sacar el Estado del subdesarrollo. En armonía con el ex presidente del campesinado trabajan los gobernadores. El general Félix Ireta, "de carácter conciliador" como el presidente Avila Camacho, asume la gubernatura en 1940 y se la pasa a José María Mendoza Pardo en 1944. En Morelia menudean los conflictos universitarios, pero en el resto de la entidad se respira la atmósfera avilacamachista de máquinas, escuelas, unidad y gobierno para todos.[3] Tres entidades van a la cabeza en el envío de braceros: el Distrito Federal, Michoacán y Guanajuato. En 1942, el 87% del total de emigrantes a los Estados Unidos salieron de esas tres entidades: "el 81% en 1943 y el 57% en 1944".[4] También Michoacán fue una de las zonas más castigadas por la fiebre aftosa.

En 1950 un amigo de San José de Gracia es electo gobernador del Estado. En San José y las rancherías de su jurisdicción no se había formado el hábito de votar en las elecciones. Con todo, un buen número de josefinos acude a las urnas para votar por el general don Dámaso Cárdenas. El nuevo gobernador "desarrolla amplia labor agropecuaria, escolar y de hospitales, carreteras y de obras públicas por todo el Estado".[5] También se caracteriza "por su espíritu de concordia". En ese período, Michoacán pierde el campeonato como exportador de braceros, pero se acentúa el éxodo de campesinos michoacanos hacia la capital de la República.

Los aspectos constructivos de la Revolución Mexicana comienzan a llegar a San José. Los vecinos del pueblo abren tamaños ojos al saber que se va a construir una carretera que tocará a su tenencia. Los promotores de la obra son los hermanos Cárdenas. Los ingenieros dictaminan que la carretera Jiquilpan-Manzanillo no debe tocar San José de Gracia.

[3] Bravo Ugarte, op. cit., III, p. 228.
[4] Julio Durán Ochoa, Estructura económica y social de México: Población, p. 179.
[5] Bravo Ugarte, op. cit., III, p. 229.

El padre Federico acude a su amigo don Lázaro. El patriarca dispone la modificación del proyecto.[6] Se decide que el camino salga de Jiquilpan; serpentee por la empinada subida que separa al "plan" de la "meseta"; pase por la gran ranchería de Los Corrales, atraviese en zig-zag las lomas de la tenencia de Ornelas; entre a San José de Gracia, siga a Mazamitla, recorra los pinares de la sierra, baje al cañaveral de Tamazula, toque los pueblos de Tecalitlán y Pihuamo y prosiga a Colima, Cuyutlán y Manzanillo. Así la carretera tendrá una longitud de 317 kilómetros. Será un camino federal, de primera, ancho y pavimentado.

El presidente Ávila Camacho asegura en el informe del lo. de septiembre de 1942 que "entre los caminos federales que se construyen merece citarse, por su excepcional importancia militar y económica el de Jiquilpan-Colima".[7] Se trabajaba activamente en la construcción de ese camino desde 1941. Centenares de obreros improvisados, con picos y palas, camiones de volteo y máquinas ligeras, colaboraban en la factura de la carretera número 110. El ambiente era de alegría. Los josefinos tuvieron trabajo, buenos sueldos y muchas esperanzas puestas en la carretera. Se rieron de Francisca Cárdenas que se atrevió a disentir de la opinión general, que dijo: los coches aplastarán a los puercos y gallinas que pululan por las calles, impedirán la ordeña de la vaca frente al zaguán como se ha hecho siempre, no dejarán dormir y traerán fuereños de malas costumbres que se llevarán lo poquito que hay aquí.

Prosiguen las obras de la carretera, se instalan cantinas y pecadoras. Comienza el ir y venir de automóviles y autobuses. En 1941 y 1942 "cada tercer día un coche hace el recorrido de ida y vuelta San José-Sahuayo".[8] Desde 1943 lo sustituyen los autobuses Flecha Roja que recorren la ruta México-Manzanillo. El transporte se vuelve rápido y estruendoso. Se llega a la capital sin ahogos y sin prisas en doce horas; en tres a Guadalajara; en cinco a Colima y en seis y siete a los balnearios de Cuyutlán, Manzanillo y Santiago. Se tiene la sensación de que se puede ir a cualquier punto en un santiamén. Las

[6] Datos comunicados por Federico González Cárdenas.
[7] Luis González, *Los presidentes de México ante la nación, Informes, manifiestos y documentos*, t. IV, p. 223.
[8] AJTO, papeles correspondientes a la jefatura de Leobardo Pulido.

gentes de San José y sus rancherías empiezan a viajar desaforadamente. La carretera en construcción permite llevar a México, en grandes trocas o camiones de carga, los productos de la zona: el queso, especialmente.

En 1945 se acaba la guerra. La ruta Jiquilpan-Manzanillo deja de tener importancia militar y se suspende su construcción. Desde 1946 el tránsito se vuelve díficil en tiempo de aguas. En 1949 se reanuda la obra de la carretera y se termina cuatro años después. El presidente Miguel Alemán anuncia en el informe al Congreso del áño 51: "Se concluyó hasta su revestimiento el camino Jiquilpan-Manzanillo". En el último informe de su gestión agregó que esa vía "se pavimentó hasta el 45% de su longitud".[9] Desde 1950 muchos hombres vuelven a trabajar en el tallado y pulimento de la ruta. Vuelven las máquinas y el trabajo bien pagado. La sequía y la crisis agrícola iniciadas en 1948, apenas si se sienten.

Desde 1938 se tenía otra vía de comunicación. Don David Sánchez compró un radiorreceptor. Mucha gente acudió a su música y a sus informaciones. La música no se oía tan bien como en los fonógrafos, pero era insustituible para estar al tanto de lo que pasaba en el país y en el mundo. Desde 1939 una docena de personas, cotidianamente, se agrupaban frente al transmisor de noticias para enterarse del proceso de la guerra mundial. Eran los principales de la población y únicamente dos de ellos aliadófilos. Los demás, influidos por el tradicional recelo contra los vecinos del norte y deslumbrados por las batallas relámpago de los alemanes, aplaudían las victorias de Hitler y hablaban de que la verdadera independencia de México se obtendría cuando el Eje aplastara a los Estados Unidos.[10]

En 1942 enmudeció la radio de don David. La "planta de luz y fuerza" que él operaba sólo servía para mover el molino de nixtamal, alumbrar uhas cuantas casas y hacer sonar el único aparato de radio en el pueblo. Un grupo ansioso de más luz destruyó la instalación de don David porque el destruirla era un requisito para conseguir luz y fuerza de la hidroeléc-

[9] Luis González, *op. cit.*, t. IV, pp. 466 y 496.
[10] La mayor parte de las noticias contenidas en este y los siguientes capítulos no las leí ni las entendí de nadie. Provienen de mis recuerdos, observaciones y conversaciones.

225

trica recién estrenada en Agua Fría, a quince kilómetros de San José. Don David, ofendido, se fue del pueblo. Meses después el vecindario recibió al nuevo fluido eléctrico con júbilo. Aunque se mandó sólo un chisguete de electricidad, fue posible instalar un mayor número de focos, alrededor de tres docenas de radios y dos sinfonolas o juke boxes o cajas de estrépito encargadas de averiar el reposo y el sueño de la gente de San José.

En 1944 empiezan las funciones regulares de cine, a razón de dos por semana. Leocadio Toscano construye un salón rústico; lo dota de 400 butacas duras como la piedra. Los sacerdotes tratan de contener la asistencia al cine por ser, según dicen, una escuela de malas costumbres. La población desobedece. La sala de Leocadio empieza a tener llenos cuando se exhiben películas de charros cantores, rancheros románticos, capitalinos de la vida nocturna, cómicos a lo Tin Tan o a lo Cantinflas, ladrones generosos y santos. Vienen en seguida el gusto por los filmes en inglés de vaqueros y combatientes. También se consumen con agrado los noticiarios previos a la exhibición de las películas. Se empieza a vivir imaginariamente en otro mundo.

Los principales siguen adictos a la prensa periódica. Después de *El Universal* entran *Excélsior*, *El Informador* y *Occidental*; estos dos últimos de Guadalajara. De las revistas, sólo una consigue entusiasmar a la élite josefina: *Selecciones del Reader's Digest* comienza a llegar al pueblo en 1948; consigue rápidamente una docena de suscriptores. Se leen en sus páginas historias de hombres que nunca se desalentaron, reportajes de hazañas científicas, descripción de otros países, resúmenes de novelas, exposición del anverso bondadoso y heroico de la sociedad capitalista y el reverso rudo de los socialismos; en suma, un variado pasto de novedades, opiniones y lejanías que sus pocos, pero importantes consumidores tragan y comparten indiscriminadamente. Por lo que toca a libros, se ponen de moda *El águila y la serpiente*, de Martín Luis Guzmán, *Ulises Criollo* y *La Tormenta* de José Vasconcelos.

La afluencia de fuereños a San José aumenta enormemente: ingenieros y capataces ocupados en la construcción de la carretera, turistas, María Gómez, médicos que vienen a prestar su servicio social, agentes de venta de casas comerciales y vendedores de curalotodo, de medicinas universales, que se hacen oír con potentes magnavoces instalados en las capotas de sus camionetas. Entre 1944 y 1950 llegaron a San José sucesivamente cuatro pasantes de médicos: Jorge Solórzano, Rubén Gálvez Betancourt, Boris Rubio Lotvin y Augusto del Angel. Al terminar su servicio médico social informaron en sendos folletos sobre el desaseo, la salud y la varia fisonomía del pueblo. Unas cosas encontraron los médicos llegados antes del influjo de la carretera; otras los que llegaron después.

En los informes de Jorge Solórzano y Rubén Gálvez se lee: La zona josefina es más saludable que la gran mayoría de las regiones mexicanas. Como quiera, "el índice de mortalidad infantil es elevado". Dos series de padecimientos asaltan de continuo a las criaturas y en menor escala a los mayores. La serie principal la forman "las infecciones agudas de las vías respiratorias". "Las parasitosis, tanto por tenia como por vermífugos" constituyen el otro problema de nota. La razón es clara. "Es frecuente hallar estercoleros en el interior de las casas" "El sacrificio de los animales comestibles se hace en la vía pública". "Al hacer la ordeña no se tiene el más mínimo aseo". Eso sí, la gente está bien alimentada. "Hay un porcentaje bajísimo (el medio por ciento) de enfermedades por carencia". A los lactantes se les sobrealimenta. Hay la costumbre de darles seno cada vez que lloran y por lo mismo padecen de diarreas, se les afloja el estómago hasta el punto de írseles la vida por la cola. No hay problema venéreo.[11]

Cinco años después Boris Rubio dice: "El primer sitio lo ocupan las enfermedades del aparato respiratorio; el segundo, múltiples formas de parasitosis intestinal; el tercero, las afecciones venéreas, muy especialmente la blenorragia". Vienen enseguida otras dos enfermedades traídas de fuera: el tifo y el paludismo.[12] Augusto del Ángel después de lamentarse de la automedicación josefina, de las 8 mujeres que "se dedican a la atención de los partos y de la mujer que receta medicamentos de patente" y de la inexistencia de farmacia y exámenes

[11] Jorge Solórzano Márquez, *Informe general sobre la exploración sanitaria de San José de Gracia, Mich.*, pp. 9, 17 y 19.
[12] Boris Rubio Lotvin, *El ejercicio de la medicina en la población de San José de Gracia, Mich.*, pp. 30-31.

médicos prenupciales, se ocupa de las tres enfermedades acarreadas por la carretera, y sobre todo el tifo traído por las ratas reportadas por "los camiones de carga que transportan queso y huevo entre el pueblo y la Merced" de México. Comienza el paciente por advertir debilidad, ligera elevación de la temperatura. "Luego escalofrío seguido de fiebre; a veces vómito; siempre pérdida de apetito, dolores, erupción de manchas rosadas y rojas".[13] Todo eso, y los chancros y la purgación y los fríos los trae la carretera; "tuvieron su fuente de contagio fuera del pueblo".

Además de médicos y comerciantes la carretera lleva hasta San José gobernantes de nota. El general Lázaro Cárdenas, siendo secretario de la Defensa Nacional, visita repetidas veces al pueblo. Después de una de esas visitas apunta el general en su diario: Las familias de San José de Gracia "prodigan su amistad con honda sinceridad".[14] Gracias a la carretera los gobernadores de Michoacán adquieren la costumbre de asomarse a San José. El primero en hacerlo es el general Félix Ireta. Con él y sus sucesores suelen venir diputados y otros políticos de altura. Una de las presencias más constantes y fructíferas es la de don Enrique Bravo Valencia.

Con la carretera, las visitas de obispo se hacen frecuentes. Vinieron a impartir confirmaciones tres obispos de Zamora y el arzobispo de Guadalajara, José Garibi Rivera. Las visitas de las autoridades religiosas culminaron en 1955 con la del delegado apostólico Guillermo Piani, a quien se le hizo una recepción sólo comparable a la hecha cinco años antes a una imagen de Nuestra Señora de Fátima.

También por la carretera la zona empezó a padecer la presencia de ladrones de toda laya: coleros de políticos que se robaban cubiertos y licores en las casas donde comían; carteristas que abordaban a sus víctimas a la salida de misa mayor; estafadores que iban de casa en casa vendiendo falsas medicinas, trebejos para descubrir tesoros enterrados, billetes de lotería, y sobre todo abigeos que enmedio de la oscuridad de la noche arreaban las reses hasta grandes camiones de carga, y

[13] Augusto del Ángel Ochoa, *Informe general sobre las condiciones médico-sanitarias de San José de Gracia, Mich.*, pp. 27-28.
[14] Lázaro Cárdenas, *Apuntes 1941-1946* México, Universidad Autónoma de México, 1973, p. 122.

mucho antes del amanecer ya las tenían lejos, a salvo de sus dueños. El abigeato hubiera dado al traste con el negocio de la zona sin la intervención de la autoridad militar. Se corrió la voz de que había en Jiquilpan un verdugo que con muy buenas maneras se acercaba al abigeo encarcelado, le ponía un puñal de doble filo a la altura del corazón, y les preguntaba gravemente: "¿Te empujas o me empujo?".

En 1948 se enfoca otra luz de la ciudad sobre el pueblo: el telégrafo. La agencia telefónica se transforma en administración telegráfica. Aparecen también los carteles de la propaganda de cervezas, coca-cola, bebidas, ropa, combustibles, medicamentos, insecticidas, pasturas, y centenares de productos de la sociedad industrial. Entre 1943 y 1956 nueve de cada diez josefinos mayores de quince años visitan a México o a Guadalajara, prueban el fruto urbano y vuelven generalmente maravillados.

La presencia en San José de las modernas vías de comunicación y transporte y el contacto próximo y habitual de los josefinos con otros mundos y especialmente el de la ciudad, acarrea actitudes inconmensurables, pero ciertas y distinguibles: codicia, urbanización, tecnificación, movilización, destierro, transtierro. No los ancianos, ni tampoco los muy pobres, empiezan a tener en los años cuarenta la sensación de vivir en una cárcel, de que el mundo del pueblo es angosto, sucio, aburrido, rudo y poco incitante. Su vida deja de ser apetecible. Quieren ser otra cosa: ganar dinero, darse comodidades, conocer mujeres, hacer lo que les venga en gana, escaparse a los "Yunaites" y a México. Toda una generación se plantea la disyuntiva de urbanizar a San José o de trasladarse a la urbe. La posesión de la tierra deja de ser el tema principal. En lugar de agrarismo y agraristas se habla de emigración y emigrantes y de acarreo de máquinas, comodidades y nuevas técnicas.

Los síntomas de la transfiguración

Los sujetos iniciadores del transtierro y la transculturación fueron los nacidos en 1905-1917. Nacieron y crecieron en un mundo de pistolas y carabinas, persecución, discordia, pobreza, injusticia, odio, temor y desconfianza. Vieron a su pueblo tres veces destruido y tres veces reedificado. Tuvieron una niñez, una adolescencia y una juventud calamitosas, y al llegar a la edad de hacerse oír e imponerse, emprenden para ellos y sus familias la conquista de la libertad y el bienestar propalado por la radio, el cine y las revistas que habían sido casi su única escuela. Deciden abandonar muchos de los viejos moldes. Echan de menos los servicios de la ciudad. Sienten que tienen más necesidades que sus antepasados. Se apodera de ellos el espíritu de empresa. Unos se van a la ciudad en busca de la nueva vida. Casi todos los que se quedan se enganchan como braceros para traer de los "Yunaites" el dinero necesario para la reforma. Se busca una existencia burguesa; arrancar del terruño más y mejores frutos que sus padres; emprender nuevos negocios, y a fin de cuentas conseguir confort, aparatos de bienestar, servicios, viajes. Ir a la ciudad o transformar al pueblo en ciudad. Muchos de los más dinámicos se van. Los de esa generación no sienten tanto amor al terruño, tienen menos espíritu comunitario que sus padres. "Mi tierra es donde me va bien", dicen. Son ferozmente individualistas; desconfían de todo y de todos. El padre Federico es el único capaz de hacerlos que cedan parte de las ganancias para obras de beneficio colectivo. Él logra a veces convencerlos de la obligación de derramar algo de lo que se obtiene. Por otra parte se dan casos de empresarios no exentos de solidaridad social que trabajan para sí y para el conjunto, exigentes consigo mismos y con los demás.

Bernardo González Cárdenas es uno de los mejores representantes de la generación empresarial. Nace en 1907. Contempla y padece la época del bandolerismo. Aunque hijo de uno de los hombres acomodados de la zona, las circunstancias en que crece no le permiten comodidad alguna. Toma parte en la rebelión cristera. Su *Diario* de cristero deja traslucir el poco entusiasmo que puso en esa lucha. Se olvida muchas veces de narrar los combates y cuando lo hace, prescinde de los aspectos heroicos. Se deleita en describir los momentos de bienestar que le permitió la guerra. Concluida la lucha vuelve a su pueblo con el afán de convertirse en hombre de negocios. Comienza por hacer velas, luego se convierte en cohetero. Cuando recibe la herencia paterna, consistente en terrenos y vacas, se transforma en un ranchero diferente a todos los conocidos en la región. Se provee de revistas que hablan de innovaciones técnicas aplicables al campo. No se pierde ninguna exposición agrícola-ganadera. Visita empresas que pueden servirle de modelo y toma cursos por correspondencia. Acumula conocimientos sobre quehaceres campesinos y se lanza a un negocio totalmente nuevo: la granja. Sobre la ladera pedregosa, sin agua, a las orillas del pueblo, perfora un par de pozos, saca el agua con molinos de viento, planta árboles frutales, construye gallineros, levanta zahurdas, hace establos y bodegas, escarba una presa de veinticinco mil metros cúbicos y erige una finca compacta, sin patio ni jardín interior. Todo lentamente, según la misma empresa se lo permite. Todo sujeto a una rigurosa contabilidad y conforme a técnicas eficaces. Llena la granja con vacunos de buena raza lechera, con cerdos seleccionados, con las gallinas muy ponedoras. Los animales son alimentados con pastura y granos selectos. Para el desarrollo de las plantas esparce abono animal y químico. Introduce maquinaria ligera. En una trituradora, tallos y elotes tiernos del maíz, ramas de frijol con todo y ejotes son tratados especialmente para llenar los enormes silos que proveerán al ganado de alimento en el tiempo de secas. A lo largo de un quinquenio erige un negocio ejemplar sin paralelo en muchos kilómetros a la redonda. En poco tiempo su fortuna crece considerablemente a fuerza de actividad, técnica y perseverancia.

Don Bernardo implanta un horario de vida sin precedente en la zona. Se levanta más tarde que sus coterráneos, a las siete o siete y media de la mañana; se asea, revisa todo y va a ver a los veintitantos trabajadores de la granja para asignarle a cada uno la tarea del día porque ahí ya no rige el principio de sólo "empezar al día siguiente lo mismo del día anterior". Después de hacer el recorrido por toda la granja (gallineros, zahurdas, establos, caballeriza, huerta, quesería, depósitos de agua, trojes y talleres) y repartir instructivos para dar pastura, aplicar vacunas, herrar, cuatezonar, ordeñar, componer máquinas, castrar cerdos, podar árboles, repartir el agua de riego y los insecticidas y otros mil quehaceres. A eso de las diez de la mañana desayuna en la cocina. Después es posible que en su camioneta *pick-up* vaya a Sahuayo o a Zamora a comprar lo que hace falta y a hacer diversos tratos y contratos. Es más frecuente que suba a su despacho a revisar y poner en orden las hojas de servicio, las tarjetas donde se anotan la producción cotidiana de cada gallina, de cada vaca de cría, de cada puerco; a mandar y contestar correspondencia y a leer libros técnicos, de historia y de creación: *El taller en la granja*, *El águila y la serpiente*, *Las tierras flacas*. No es insólito que reciba visitas de clientes o amigos, y los atienda con su proverbial comedimiento; tampoco es raro que a solicitud de algún vecino, acuda a su negocio y lo aconseje. En fin, algunas mañanas va a ver el alfalfar que tiene en el Aguacaliente, la milpa del Zapatero o el becerraje de El Mandil. Don Bernardo come a las dos de la tarde; antes de levantarse de la mesa, duerme sentado una media hora; vuelve a recorrer las varias instalaciones de la granja; recibe y pesa las pasturas que le traen en grandes camiones; vende puercos, empaca y despacha huevos, instala cajones de colmenas, y algunas tardes, requerido por la presidencia o la parroquia, asiste a reuniones donde se tratan diversos problemas de la comunidad: agua, escuelas, caminos, etc. Don Bernardo suele formar parte de las comitivas que van a ver al gobernador o a algún alto funcionario para tramitar la obtención de tal o cual beneficio colectivo. Al oscurecer don Bernardo reza el rosario en compañía de toda la familia; luego va a la casa grande a conversar con hermanos y parientes. Después de cenar, si es que se puede llamar cena a lo poco que toma por la noche, se retira entre las nueve y las diez. En muchas de las faenas cotidianas don Bernardo es asistido por Teresa, su esposa. Ella, hija de un general cristero, aparte de permanentemente satírica, es hacendosa. Los hijos de don Bernardo, además de asistir a la escuela oficial, han sido incorporados a los quehaceres de la granja desde pequeños.

Ninguno de la generación emprendedora ha seguido al pie de la letra el camino de don Bernardo, pero todos los demás, en mayor o menor medida, han procurado modernizar las actividades agropecuarias. El padre Federico alentó la modernización económica y la búsqueda de nuevas salidas. Por lo que toca a la ganadería, promovió en la comunidad el mestizaje del viejo ganado andaluz, de pelo amarillento, cuernos altos y poco lechero, con el suizo de cuernos breves, de pelo gris o pajizo y más lechero que el criollo, y con el holandés de cuernos pequeños, de pelaje blanco y oscuro y también gran productor de leche. Además generalizó la costumbre de ali-

Don Bernardo González Cárdenas

mentar al ganado durante el período de sequía, de noviembre a junio. Al rastrojo, los pastos, las vainas de tepame y los ojupos, se sumaron las pastas de diversas oleaginosas, el salvado, el maíz molido y otros géneros alimenticios que disminuyen la mortandad de reses y acrecen la producción lechera. También se hizo costumbre el descornar a las vacas a fin de que cuatezonas se maltraten menos entre sí en potreros y corrales. La lucha contra las plagas y las enfermedades (mastitis, derrengue, fiebre carbonosa, etc.) se emprendió con entusiasmo.

En 1941 un reportero de la revista *Huanimban* calculaba que había alrededor de diez mil cabezas de ganado vacuno en posesión de un centenar de familias de San José y la tenencia, y estimaba que el valor del producto ganadero anual era de medio millón de pesos. Las apreciaciones del periodista parecen muy cercanas a la realidad, no al censo agropecuario, por supuesto. La ganadería vacuna ya iba en alza en 1941, y a partir de ese año se levantó de súbito. Quince años después el número de animales sería casi el mismo que el de 1941, pero la producción de leche era el doble, no obstante el grave contratiempo de la fiebre aftosa.

En 1947 el tema de todas las conversaciones fue la fiebre aftosa y la manera de combatirla. El 28 de octubre le escribe una madre josefina a su hijo que vive en México: "La alarmante fiebre aftosa ya está haciendo estragos en nuestro terruño, y más que la fiebre, los encargados de combatirla, que traen instrucciones de matar las reses por parejo. La gente anda muy disgustada y los gringos que dirigen la matanza están con mucho miedo; temen que los maten, como sucedió por allá".

El disgusto de los ganaderos trajo la unión. Los pueblos de la meseta, de la sierra y de la media luna fértil se unieron para la defensa contra el rifle sanitario. Don Salvador Romero, a nombre de las uniones ganaderas locales de Jiquilpan, Sahuayo, San José, Cojumatlán, La Manzanilla, Mazamitla, El Valle, etc., bombardeó a la presidencia de la República y a la Secretaría de Agricultura con seis cartas abiertas donde se lee: "son centenares los que se dedican exclusivamente a la cría de ganado y ése ha sido su giro durante toda la vida. . . No sólo se les destruye un negocio. . ., se les condena a no

emprender ninguna otra actividad, porque la desconocen... .
con el mismo tiro con que se matan las vacas, se matan los
ranchos que son exclusivamente pastales". [15] "La opinión dice
que en la campaña antiaftosa están representados fuertes
intereses ganaderos del Norte del país... y que a esos intereses les conviene preservarse aún a costa de la miseria del
centro". [16] "Imagínese usted, ciudadano presidente, la tragedia
moral del hombre de campo al ver que llegan hasta su propia
casa unos hombres rubios, de nacionalidad extraña, que tienen poder suficiente para ponerle precio a lo suyo..." "Los
directores de la campaña antiaftosa hacen gala de todo el
equipo de destrucción con que cuentan... Pero olvidan un
ligerísimo detalle, el decirnos lo que ofrecen en cambio". [17]

Como todos los pueblerinos y rancheros acogen el rumor de
que la mentada fiebre la esparcían los gringos desde aviones
norteamericanos porque estaban deseosos de vender la leche
en polvo sobrante de la guerra. La yanquifobia cunde. No dura
mucho. Apenas han matado unas dos mil reses en la zona de
San José cuando llega la orden de suspender la aplicación del
rifle sanitario. Con el rifle se va la fiebre. Pronto se olvidan la
epizootia y los güeros matarifes. La ganadería recobra su paso.
Los ganaderos, los 176 ganaderos de la tenencia, pasado el
gran susto siguen con el empeño de mejorar sus animales, de
hacerlos producir más leche y de transformarla en productos
fácilmente comercializables.

Fuera de la leche que se consume a mañana y noche en los
hogares de la región, toda la demás se transforma en los
productos tradicionales más uno nuevo: la crema. Desde finales del decenio de los treintas de introducen máquinas descremadoras de tipo centrífugo. Con ellas se extrae la crema de
la leche o el suero. Con todo, aún se está muy lejos del
aprovechamiento integral de la leche. Bernardo González
Godínez calcula que "un 50% de los sólidos de la leche, con
un valor industrial nada despreciable, se desperdician al tirar
la mayor parte del suero", con perjuicio de la economía y de la
salud pública. El suero tirado da "origen a putrefacciones

[15] Salvador Romero, *Ensayos y discursos*, p. 97.
[16] *Ibid.*, p. 104.
[17] *Ibid.*, pp. 105-106.

235

malolientes" y nocivas.[18] El número de fabriquitas de queso se acerca a cien en toda la tenencia. La gran mayoría de los ganaderos convierte en queso la leche de su ganado dentro de la misma casa.

La carretera permite llevar a la capital en grandes "trocas" el queso. Los camiones son descargados en el viejo centro mercantil de La Merced, en los despachos y bodegas de los comisionistas, todos ellos josefinos, emigrados de su pueblo hace quince, diez o cinco años. A cambio de un 5% del valor de la venta, los comisionistas distribuyen en los demás mercados de la ciudad de México, en las tiendas de abarrotes y comestibles y en restaurantes, los productos de la tierra que allá llegan mermados. Aparte de las mermas permisibles y ordinarias como la derivada del suero que se tira al transportar el queso, hay las esporádicas y costosas de la mordida. Los camioneros deben dar limosna a los agentes de tránsito que se topan en la ruta; otras mordidas las imparten los comisionistas de La Merced a los varios policías e inspectores que pululan en el mercado.

Dos empresas alentadas por el padre Federico no alcanzaron desarrollos semejantes al de la ganadería. Faltaba fuerza eléctrica suficiente para la industria artesanal, y agua para la fruticultura. Como quiera, los obrajeros que lavaban, cardaban e hilaban la lana y tejían abrigadores sarapes embrocados de color negro o gris, sarapes que llevaban como único adorno rayas azules, blancas y solferino; los saraperos, en veinte telares, producían ya en 1941 doscientos cincuenta jorongos al mes con valor de 3 500 pesos; pero en los tres años sucesivos no lograron sobrepasar esas cifras, y a partir de 1946 a 1947 empezaron a reducir la producción, vencidos por la competencia de los talleres de las ciudades, y el creciente desuso del jorongo.[19]

Tampoco la fruticultura obtuvo el éxito soñado por el padre Federico. Él estimuló la plantación de árboles frutales; promovió especialmente el cultivo del durazno; trajo y repartió durazneros, logró que se hicieran alrededor de una veintena de huertas; puso el ejemplo con la hechura de dos propias.

[18] Bernardo González Godínez, *Industrialización de los subproductos lácteos regionales*, pp. 7, 12, 13.

[19] *Huanimba*, núm. 1.

Muy pronto cundió el desánimo. En 1938 se inicia un ciclo de años estériles. 1940 es el año de máxima sequía. Los fruticultores dejaron que las huertas fueran pasto de las vacas. Un día llegó a San José un español transterrado con más facilidad de palabra que la habitualmente reconocida en sus compatriotas. Don Julián Enríquez aseguró que las tierras de San José eran óptimas para el cultivo del olivo. La fiebre de plantarlo o injertarlo al acebuche se difundió entre las personas de mayores recursos. Muchos compraron olivos traídos de Portugal; Manuel González Flores, el más pudiente de los transterrados josefinos, plantó miles; los mimó durante diez años o más; fue a Europa a recoger experiencias sobre su cultivo; ensayó multitud de métodos para hacerlos fructificar y al fin se declaró derrotado.

La gran sequía adujo una esperanza más. El nivel del lago de Chapala bajó como nunca y dejó al descubierto tierras que, según los rumores, serían rematadas a los necesitados de los pueblos próximos a la laguna. El padre Federico se puso en obra y sus múltiples gestiones se vieron premiadas con un mensaje telegráfico: "Ingeniero Oribe Alva ordenó les dieran en arrendamiento ese lugar 300 hectáreas terrenos pertenecientes vaso laguna de Chapala". Esas 300 hectáreas valían como el conjunto de las 3 000 laborables de la Tenencia de Ornelas. Eran tierras de migajón sobre las que se echaron los vecinos de San José llenos de gusto. Y durante un año, y sobre todo cuando sobrevino la primera cosecha, se les iluminó la cara de alegría. Pero no hubo una segunda cosecha. El bordo prometido para mantener las tierras descubiertas al servicio de la agricultura no se levantó. Volvieron los años llovedores y el gozo se fue al pozo.

La gente dio en crecer y multiplicarse a toda velocidad. La mortalidad bajó estrepitosamente. En el viejo régimen era del quince y entre 1949 y 1954 quedó reducida a ocho por millar. Lo común y corriente en San José era el nacimiento anual de 35 a 40 niños por cada mil habitantes, pero en 1948 nacieron 51 por mil; 62 en 1949; 58 en 1950; 60 en 1951 y 50 de ahí hasta 1955.[20] El gusto por tener niños sólo se compara al inicial

[20] Las cifras sobre población se tomaron de los censos nacionales de 1940 y 1950. Se estimó la población de los años intermedios sobre la base de los censos

237

entusiasmo por la salud y la limpieza. A la gente comenzó a repugnarle el olor que brota de las axilas.

La voluntad de renovación se manifiesta en todo, en ei mayor uso del jabón y en el uso del DDT contra las piojos. La costumbre de despiojar a los niños y a las señoras, a la vista de cualquiera, a fuerza de escobeta y uña, se fue. Se acabó el crepitar de los piojos despanzurrados por las despiojadoras. Las modas de los cabellos cortos, los lavados de cabeza y el DDT dieron al traste con los antiguos roedores de la cabeza.

Tanto como el jabón se procuró el agua. Las gestiones del padre Federico ante la autoridad, por intermedio de don Dámaso Cárdenas, rindieron un primer fruto. En 1945 es construido por el Departamento de Aguas Potables de la Secretaría de Salubridad y Asistencia un pequeño sistema. Tuvo como fuente de captación al Ojo de Agua; de aquí el líquido se condujo, aprovechando el declive del terreno, por tubos de asbesto de 8 pulgadas de diámetro, al tanque erigido a 540 metros del manantial. Del tanque, formado de dos cámaras con capacidad de 40 m³ cada una, se hizo partir la red de distribución hecha con tubos de acero galvanizado que se dejaron, como era costumbre, a flor de tierra. En quince bocacalles se hicieron hidrantes o tomas públicas de agua. 160 vecinos metieron el agua hasta la mera casa. Con todo, la ilusión del agua duró poco. Las obras emprendidas fueron insuficientes. En tiempo de secas sólo llegaría un chisguete de agua; en tiempo de aguas vendría mucha, pero toda impura.[21]

El espíritu de cambio de la generación posrevolucionaria se manifestó en otros órdenes de la vida. Como principio de cuentas se despojó de las ropas tradicionales. Cayeron en desuso entre los varones la camisa y el calzón blancos de la pobritud y el traje de charro de los ricos. Los hombres se pusieron pantalones, camisa de color y chamarras o chaquetas a la moda. El sombrero "chiquito" o el sinsombrerismo cundió rápidamente, lo mismo que el uso de los zapatos en vez de guaraches. Las señoritas recorrieron, como las muchachas de ciudad, las alzas y bajas de faldas y blusas, las varias modalida-

dichos. La cifra de los nacimientos se obtuvo de los libros de bautismos de la parroquia de San José de Gracia.

[21] Augusto del Ángel, *op. cit.*, pp. 33-34.

des del peinado y las decoraciones del rostro. Lo único que no pudieron abandonar fue el paso breve y saltarín.

Lo segundo fue rehacer la casa. Se empezó por adentro y cada quien a la medida de sus posibilidades. Algunos acomodados añadieron a las viejas casas el baño moderno (excusado de taza y sifón, tina, lavabo y regadera), cocina con estufa de gas y utensilios de peltre, piso de mosaico y pintura de aceite en corredores, sala, comedor y recámara. Las nuevas construcciones se apartaron en mucho del patrón tradicional. La planta de jardín enmedio, corredores llenos de macetas alrededor del patio y cuartos al fondo de los corredores fue sustituida por la compacta de las viviendas capitalinas, sin cielo, jardín y pájaros en el interior. Se abandonó el muro de adobe que servía de sostén al techo tejado de dos aguas. Para sostener la cubierta se pusieron pilastras y viguetas de concreto y la pared se hizo delgada y de ladrillo. Algunos prescindieron también del tejado; cubrieron sus casas con lozas de concreto. Cuatro o cinco incurrieron en el chalet con jardín hacia la calle. Los pobres no pudieron seguir hasta la nueva casa a los ricos, pero las que hicieron son, aunque de planta similar a la antigua, con muros de ladrillo.

Lo tercero fue embellecer al pueblo. El padre Federico le repartió al vecindario de San José unos tres mil árboles de ornato (casuarinas y truenos) para ser plantados en las orillas de las aceras; dispuso también la plantación de fresnos, eucaliptos y cedros a los lados de la carretera, en la calzada que conduce al cementerio y en éste, y concluyó su obra forestadora con el desparramo de piñas de pino en las faldas del cerro de Larios. Bajo la misma dirección, se cambió en las calles el viejo empedrado de una cuneta por enmedio por el de dos cunetas. El padre Federico logró la cooperación económica, de manera proporcional a los recursos de cada quien, para dotar de frontispicio y torres al templo parroquial conforme a un proyecto del ingeniero Morfín. Se terminó la construcción de la fachada y las torres para las fiestas del 19 de marzo de 1943.[22] Entonces se estrenó también la amplia escalinata que conduce al atrio y a la puerta mayor del templo. Poco des-

[22] Dato comunicado por Guillermina Sánchez.

pués, siendo jefe de tenencia Salvador Villanueva, se hizo la calzada del camposanto.

Lo cuarto fue desbarbarizar a la gente aniquilando el peligroso deporte de manifestar el gusto o la embriaguez con disparos de arma de fuego, y substituyendo la costumbre de reponer el honor ofendido con la muerte del ofensor. Los jefes de tenencia de aquel quindenio (Adolfo Aguilar, Salvador Villanueva, Delfino Gálvez, Luis Humberto González, Isaac Ávila, Napoleón Godínez, Gildardo González y Antonio Villanueva) trabajan asiduamente en la disminución de las balaceras y los homicidios, y los ayudan en esa tarea don Alberto Cárdenas, comandante de la zona militar de Zamora, y el piquete de soldados, que a instancias de Salvador Villanueva y de la mayoría de la población, vuelve al pueblo en 1945 en plan de policía. En San José, los homicidios toman la bajada; quedan reducidos a uno por año. En las rancherías y principalmente en Auchen, siguen matándose por quítame estas pajas. Entre 1943 y 1955, 28 rancheros mueren asesinados, a razón de dos por año y de uno por mil habitantes. La incidencia de homicidios en los ranchos, es tres veces mayor que en el pueblo.[23] "Como todos andaban empistolados, se mataban. Muchas veces se balacearon sin tener agravios, sólo por andar borrachos y con pistolas. También por las muchachas. Por Carmen, porque no la dejaron casar, se mataron tres. En el Paso Real hubo muchas muertes por agravios con mujeres. A Gabina la acabaron por puros celos. Llegó Jerónimo a su casa con otros dos hombres. Ella fue a bajar la canasta de las tortillas para darles de cenar. Entonces Jerónimo sacó su pistola y riéndose le dijo: "Así se calan las pistolas". Y ahí nomás la dejó tendida. Y todo porque la suegra le metía celos, dizque porque recibía visitas del Cantero, aunque eran puras mentiras. De todos modos, un Domingo de Ramos Jerónimo mató al Cantero. Venía él muy de blanco, a caballo, cuando Jerónimo y otros, afortinados por un lado y otro de las cercas, le metieron bala. Primero le mataron el caballo; él ya iba corriendo cuando se dobló". En el pueblo se impuso la barbarie automovilística. Los pasajeros

---

[23] AJTO, papeles correspondientes a las jefaturas de Salvador Villanueva, Delfino Gálvez, Luis Humberto González, Isaac Ávila, Gildardo González, etc.

Nueva fachada del templo (Fernando Torrico)

a la costa dieron en la costumbre de pasar por las calles de San José como bólidos, y llevarse entre las ruedas a niños y ancianos.

La educación pública corrio por tres cauces: el parroquial, el privado y el oficial. La parroquia, a cargo del padre Federico de 1940 y 1944, y del padre Rafael Ramírez de 1945 a 1948, y a partir de ese año, de don Pascual Villanueva, se reserva la enseñanza catequística. Todos los niños del pueblo acudirán domingo a domingo, a meterse de memoria el catecismo del cardenal Gasparri que sustituye desde 1937 al del padre Ripalda. En 1941, el padre Federico manda por las "madres" de Zamora, ausentes del pueblo desde 1933, y reconstruye y reabre el "asilo". En él, cuatro profesoras o "madres" imparten preprimaria a los párvulos de ambos sexos, y a los seis años primarios a la gran mayoría de las niñas. La enseñanza privada elemental para niños es eventual, informal y no gratuita. Enrique Villanueva, exprofesor y religioso de las escuelas de los Hermanos Cristianos, enseña rudimentos de gramática y aritmética a un grupo no mayor de 50 niños durante dos o tres años. Héctor Ortiz, ex alumno de El Colegio de México, se establece en San José a fines de 1946, y en tiendas y cantinas vende nociones de inglés a los aspirantes a braceros. En 1948 difunde los primeros conocimientos a dos docenas de niños. La escuela oficial progresa desde que los párrocos dejan de hostilizarla. En 1938 el gobierno aporta 5 000 pesos para comprarle edificio propio. Se le sigue otorgando la categoría de escuela rural. En el profesorado destaca la señorita Josefina Barragán. La escasez de maestros y muebles sólo permite la atención de 200 niños en los cursos elementales de la primaria. Es mixta, pero desde 1940, Leobardo Pulido, jefe de tenencia, dispone "la separación de los alumnos de uno y de otro sexo en diferentes salones de la escuela oficial. . . pues [según él] es un mal para los niños la coeducación".[24] Conviene aclarar que el número de niñas asistentes a la escuela oficial era insignificante. Debe también tomarse en cuenta que en seis rancherías funcionaban planteles oficiales, cada uno con un solo profesor y con grupos no

[24] Datos comunicados por Daniel González Cárdenas y AJTO, papeles correspondientes a la jefatura de Leobardo Pulido.

mayores de 50 niños. En fin, el padre Federico constriñó a los señores pudientes para que mandasen a estudiar a sus hijos a colegios de fuera. Unos vamos al Instituto de Ciencias de Guadalajara; otros van al Seminario Conciliar de Zamora; no pocos ingresan a la orden de San Juan Bautista de La Salle. Por lo menos cuatro seguirán y concluirán años después, una carrera universitaria.

Quizá más que el afán de educarse y educar a los hijos crece el gusto por la diversión. Las fiestas familiares se tornan cada vez más frecuentes y complejas. "Las danzas modernas como el vals" que el padre Octaviano Villanueva había prohibido, adquieren un auge inusitado en las fiestas caseras. A los fandangos en casa de Lupe Sánchez acuden las pollas y los pollos más distinguidos de la localidad. Allí se beben los licores recién importados al pueblo (whiskey y coñac); se bailan los ritmos de moda y se comentan los mejores chistes difundidos por la radio, el cine y los forasteros que nunca faltan en esos saraos.[25]

El padre Federico trató de mantener a toda costa las diversiones tradicionales. Se empeñó en reavivar el deporte de la charrería. Organizó a los jóvenes; promovió jaripeos; mimó caballos; vio con gusto el entusiasmo con que algunos retomaban las suertes charras de jinetear, lazar, pialar y rejonear, y consigue que sean las charreadas el atractivo principal de las fiestas de marzo.[26] A partir de 1944 los jaripeos de San José

[25] El Ing. Bernardo González Godínez me informa que el párroco Rafael Ramírez reiteró la prohibición contra el baile "cuando se hizo el primer reinado en ocasión de las fiestas patrias. La coronación de la reina se pretendió celebrarla con un baile. El jefe de los festejos fue don Andrés Z. González. El padre Ramírez se refirió en su ataque contra el proyectado baile a la lucha entre Dios y el diablo. De ahí le resultó a don Andrés el sobrenombre de don Satán".

[26] En 1944 se organiza también una asociación de charros local. Según información de Salvador Villanueva González fueron socios fundadores Jesús y Juan Chávez; Guadalupe, Honorato y Jesús González Buenrostro; Bernardo y Federico González Cárdenas; Abraham González Flores; Gregorio González Haro; Everardo González Sánchez (tesorero); Rogelio González Zepeda (secretario); Arnulfo Novoa; Anatolio y Apolinar Partida; Miguel Reyes; León y Rodolfo Sánchez; Antonio y Salvador Villanueva (presidente). Más tarde se produjo una escisión en el grupo charro. Como quiera la Asociación de Charros La Michoacana no se disolvió. Todavía subsiste. A ella se debe la construcción de la Plaza de Toros y Lienzo Charro. Ella, por regla general, ha sido la encargada del aspecto profano de las fiestas del santo patrono.

atrajeron gentes de muchas partes, entre otras cosas porque a partir de ese año los refuerzan algunos miembros ilustres de la Asociasión de Charros de México. La fiesta del santo patrono, por su concurrencia y animación, mantuvo el primer lugar, pero pasó a ocupar el segundo (y esto es altamente significativo) la celebración del 16 de septiembre, la festividad nacional. Antes de 1930 la celebración del 16 de septiembre era impopular y un tanto forzada, pero de un momento a otro se le aceptó con júbilo. La animó generalmente Apolinar Partida. Incluía elección de reina, desfile de niños, discurso del profesor de la escuela oficial y de Ramiro Chávez, el orador máximo del pueblo.

Desde 1943 San José y su término progresaron internamente, pero no a la velocidad exigida por la explosión demográfica, la explosión de necesidades y la explosión de gustos. El irse lo más lejos posible fue la fiebre de los años cuarenta. Muchos salieron temporalmente "para ver qué acarreaban de por allá"; muchos más se ausentaron para siempre.

La bracereada

El ir a trabajar como bracero a los Estados Unidos antes del término de la Segunda Guerra Mundial fue muy poco frecuente en San José, pero desde 1945, pasado el temor de ser "enganchado" a la guerra aumentó el número de emigrantes temporales. En el lustro 1946-1950 se fueron anualmente no menos de 60. A partir de 1951 la cifra se triplicó y se mantuvo alta hasta 1959. Hubo años en este período que se contrataron más de 200 hombres, o sea el 20% de los aptos para el trabajo; sin contar mujeres. Al terminarse la carretera quedó mucha gente parada y con la costumbre de ganar mejores sueldos que los ofrecidos en el terruño.

De la calidad de los emigrantes se puede decir todo esto: la gran mayoría no llegaba a los cuarenta años al momento de irse la primera vez. Al principio los más eran del pueblo, y después de las rancherías. En los comienzos se sintieron atraídos por la empresa jóvenes de la medianía y aun del grupo social más alto, pero con el tiempo los braceros pobres dominaron. No menos de la mitad tenían consorte e hijos. No hace

DESARROLLO DE LA POBLACION EN EL HOY MUNICIPIO DE MARCOS CASTELLANOS

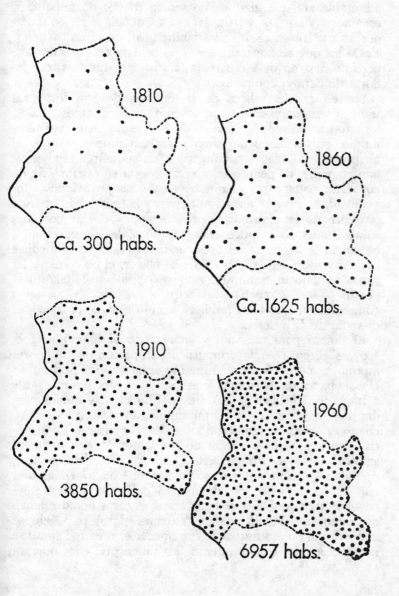

1810
Ca. 300 habs.

1860
Ca. 1625 habs.

1910
3850 habs.

1960
6957 habs.

falta decir del bajo nivel cultural de los emigrantes. Por supuesto que ignoraban el inglés a pesar de las clases que Héctor Ortiz les impartía en vísperas del éxodo. Pero lo admirable era que algunos no tenían manos de trabajador, escamosas y ásperas, y para dar esa apariencia al ser contratados las metían en cal o se las maltrataban de varias maneras. Entre los que se fueron fue alto porcentaje de subocupados, pero no dejaron de asomarse a la gran aventura los trabajadores de tiempo completo.

Los emigrantes salidos de la tenencia de San José para trabajar temporalmente como braceros en los Estados Unidos, tomaron la decisión de irse, movidos, según su propio testimonio, por el deseo de ganar y ahorrar dinero y volver al terruño con fuerzas para convertirse en pudientes. Unos estaban aburridos de pedir quehacer de puerta en puerta y de no conseguir nada; otros ya no soportaban las privaciones y los malos pagos; los que tenían su tierrita y la sembraban querían olvidarse de las calamidades del tiempo y de las cosechas ruines; muchos, y entre ellos los hijos de los ricachones, buscaban la aventura, el conocer tierras nuevas, el medirse con las gringas, el darse un viaje de placer, el no comerse las ganas de conocer el mundo, y de paso el liberarse de la tutela de sus padres. Cometían un acto de fuga que les permitía comportarse como hijos pródigos sin el riesgo de pasar por el episodio de la miseria.

El dinero para el viaje, y sobre todo el dinero para el "coyote" llegó a ser la principal preocupación de los pobres aspirantes a braceros. Casi ninguno tenía ahorros para cubrir el viaje hasta los centros de "contrata", a la capital o más tarde a Irapuato, Mexicali, Monterrey o Empalme, y menos para dar una "mordida" de mil o mil quinientos pesos a los enganchadores. Algunos vendieron animales o la parcela. La mayoría sacó los gastos a fuerza de préstamos obtenidos de los agiotistas. Dos o tres de éstos eran vecinos de San José; prestaban generalmente por seis meses dinero a los emigrantes con la única condición de que al cabo del semestre les devolvieran el doble. Los emigrantes, seguros como estaban de que los jornales altos de los "Yunaites" daban para todo, se endeudaban en esa forma sin estremecerse, o en todo caso se estremecían de agradecimiento. Lo único que ellos querían era escaparse, y no para "cooperar al triunfo de las democracias" como se decía en los altos círculos de la política.[27]

Los contrataban sin familia y no precisamente como lo mandaban las fórmulas del convenio de 1942: "Que los trabajadores mexicanos disfrutarían de iguales salarios" que los güeros. "Todos los gastos de transporte, alimentación, hospedaje y otros. . . tanto de ida como de regreso, serían cubiertos por los empleadores. En cuanto a enfermedades profesionales, accidentes de trabajo, atención médica y servicios sanitarios, gozarían de las mismas prerrogativas otorgadas a los trabajadores norteamericanos por la legislación vigente en aquel país. Se les aseguraría empleo por lo menos un 75% del tiempo estipulado en el contrato y no se ejercería sobre ellos actos discriminatorios".[28] Cláusulas que se cumplirían parcialmente, pero siempre en mayores proporciones que la legislación mexicana del trabajo en México, por lo que los emigrantes en lugar de sentirse embaucados por los incumplidos gringos, tuvieron la sensación de estar tratados a cuerpo de rey.

Los lugares de destino no eran los más amables de aquel país: por lo general el sur y no el norte, el campo y no la ciudad, los lugares de salarios bajos y climas extremosos, los sitios de la antigua esclavitud y la vida airada, las zonas rudas que el bracero encontró deliciosas en todo tiempo, con excepción del invernal. A los fríos sí les sacaban el bulto. En grandes parvadas volvían a San José al acercarse diciembre. Después de todo no estaban acostumbrados a tales heladas, comían poco; querían gastar lo mínimo en la cometunga y no le destinaban más que un dólar a las tres comidas diarias. Ellos mismos se hacían de comer, mal, poco, sin sazón. Llegaron a pasar hambres por ahorrativos y porque se pasaban el día en sitios donde no había mucho que escoger en lo tocante a comida, y también, para decirlo de una vez, en lo que mira a comodidades hogareñas. Mientras no hiciera frío se podía dormir en vastas galeras destinadas a dormitorios.

[27] Aparte de la observación directa, algunos braceros me contaron sus experiencias. Otros datos fueron obtenidos del Archivo de la jefatura de tenencia de Ornelas. Allí constan, por ejemplo, las listas de los que salían año con año.

[28] Julio Durán Ochoa, op. cit., pp. 176-177

Quizá por no ser muy exigentes en lo que a bienestar toca; quizá por las reformas hechas en 1943, 1948, 1949, 1951 y 1956 al acuerdo de 1942; quizá por el interés creciente de los gobiernos de México y los Estados Unidos en hacer cumplir los convenios; quizá porque ganar de golpe y porrazo diez veces más que en su lugar de origen hacían olvidar malos ratos y malos tratos, lo cierto es que los braceros de San José rara vez se sentían mal comidos·y dormidos. A muy pocos les parecieron excesivas las tareas desempeñadas allá, y algunos rumiarían después los buenos momentos transcurridos en salones de recreo, canchas deportivas y centros de vicio. La incomodidad de no entenderse con sus patronos a causa de la barrera lingüística y lo peligroso de algunos empleos se compensaba con el goce de garantías que nunca habían conocido, con seguros contra accidentes, enfermedad y defunción.

El quehacer de los braceros consistió principalmente en cosechar algodón, tomates, limones, manzanas y aceitunas y otros productos agrícolas de California, Tejas, Arkansas y demás Estados del Oeste y del Sur. Muy pocos tuvieron la oportunidad de trabajar en establos y negociaciones ganaderas; menos todavía en la industria, y generalmente el que logró evadirse del corte de fruta, algodón y legumbres fue por haber hecho contrato clandestino. Como hormigas trabajaban en las extensas plantaciones estadounidenses, en un esfuerzo casi puramente físico, sin ver ni conocer el conjunto de la orquesta,˙ como meras cosechadoras. Se les pagaba según el volumen o el peso de lo cosechado. Casi todos mandaban a sus familias sumas de dinero relativamente cuantiosas, ya para ahorrro, ya para subsistencia.[29]

Los resultados económicos de la aventura fueron variables. La producción agropecuaria de la zona no se resintió con la salida de los braceros. Los que se quedaban anualmente eran más que suficientes para atender a milpas y ganados. Los emigrantes en cambio ganaban buenos dólares que algunos esparcieron en las cantinas, las tiendas y los prostíbulos de allá, y otros, la gran mayoría, acarrearon a su pueblo o a su

[29] Groso modo puede estimarse que el promedio de ahorros de cada bracero al año, por concepto de su entrada temporal a los Estados Unidos, fue entre 1948 y 1960 de 8 000 a 10 000 pesos.

248

rancho. Allá comían con un dólar y podían ahorrarse nueve, por término medio. En una primera temporada de tres meses conseguían un ahorro considerable que se destinó, según los casos, a comprar vacas o puercos, a dar el primer abono para una parcela, a comprar la casa, a iniciar el pago de un automóvil o un *pick-up*, a costear la emigración definitiva de la familia, a ingerir alcohol con los amigos, a parrandeársela, a poner un taller de algo o un tendajón o una peluquería, a jugárselo a las cartas, a turistear, a sostenerse hasta la próxima salida, a cubrir los gastos de viaje y el soborno de la subsecuente entrada.

Otros resultados, aparte de ganar dólares e invertirlos en negocios, ocios y gustos de varia índole, no eran tan sensibles como el económico. A muchos se les echaba de ver "la bracereada" por las camisas y las chamarras chillantes, las botas tejanas, las maldiciones en "gringo", los sombreros arriscados, la radio, la bola de anécdotas cosechadas allá, la admiración por la vida económica del otro lado y las pretensiones con que volvían. Casi todos a su regreso se manifestaban renuentes a trabajar por los salarios tradicionales de San José y muchos lo cumplieron poniendo negocio independiente o quedándose de vagos o yéndose a vivir permanentemente a los Estados Unidos o a la capital de la República. No regresaron pochos; casi no se les pegó nada de la cultura ni de las costumbres de los "primos", ni lengua ni hábitos higiénicos, ni gestos ni ademanes corrientes. Tampoco trajeron ideas concretas que pudieran utilizarse en la vida económica del terruño. Regresaron con el alma limpia, o casi.

A la hora de hacer el balance total resulta que la bracereada quitó más de lo que dio. Muchos josefinos ya no volvieron y algunos han hecho mucha falta. Así Ramiro Chávez, secretario perpetuo de la jefatura de tenencia, hijo del múltiple artesano Narciso Chávez, fundador con Apolinar Partida de la festividad del 16 de septiembre y otras formas de patriotismo; como Apolinar, anglohablante, y como nadie, director y actor de melodramas, artista curioso en la talla de madera, arqueólogo entusiasta, coleccionista de pájaros y mariposas, afecto a la estadística y la historiografía y en general a cualquier especie de actuación, arte y ciencia. Fue un intelectual de la generación de la desbandada, de los nacidos en vísperas y a

249

comienzos de la Revolución. Ramiro Chávez, en 1956 o 1957, se fue al otro lado.

Eso sí, una parte de los emigrantes temporales, turistas o braceros, braceros principalmente, al volver del viaje manifestaron su voluntad de salir definitivamente del terruño. Había quienes deseaban los campos de Norteamérica, pero lo común era sentirse atraídos por la capital mexicana. "La borrachita" se puso otra vez de moda. También renació la "Canción mixteca". El irse lejos del suelo donde se ha nacido producía lágrimas, reproches, envidias y una vasta discusión pública y permanente sobre las ventajas y las desventajas de abandonar el terruño y trasterrarse a México. La polémica empezó hacia 1940. De un lado estaban los hombres viejos y sin estrecheces; del otro, las hembras y los jóvenes.

Emigración definitiva a México

La prédica de los viejos y los acomodados contra la emigración definitiva a la capital de la República echó mano de muchos argumentos:

—Es mejor malo por conocido que bueno por conocer.
—En México andan a la carrera y viven amontonados.
—Los hijos y las mujeres se echan a la perdición.
—Se come mal. Le echan agua y cebo a la leche. Inyectan los huevos.
—Allá los hombres son esclavos.
—De las diversiones capitalinas sólo se sacan enfermedades como el gálico.
—Ni respirar se puede con tanto humo de fábrica.
—Todo mundo se muere de repente, sin alcanzar confesión.
—En la capital se juntan todos los enemigos del alma y del cuerpo.
—En la capital hay que cuidarse hasta de los catrines, pues si no lo encueran a uno.
—Así como se gana se gasta.
—Así como se alegran se entristecen y hasta se suicidan.
—Y para qué buscarle. ¿A dónde iremos donde la muerte no exista?

250

Los jóvenes ansiosos de irse apoyaban su idea con tantos decires como los de sus padres y patronos:

—Allá se pasan menos trabajos que aquí; cuantimás las mujeres.

—Aquí no hay en qué distraerse.

—En México se gana dinero con más facilidad.

—A casi todos los que están en México les ha ido bien.

—Los que son cuidadosos se han hecho ricos.

—La vida de rancho no es vida.

—Yo debo una muerte y no quiero pagarla.

—Yo debo dinero y aquí no saco para pagar.

—Yo me malquisté con fulano y es mejor que se diga: "aquí corrió y no aquí quedó".

—Ya no me da la gana seguir soportando, como hasta aquí, las calamidades del tiempo.

—Yo ya no aguanto, mejor me voy.

—Quiero que mis hijos se formen y para escuelas no hay como México.

—Si ya está en México casi toda la familia ¿nosotros que hacemos aquí?

—Yo me voy porque aquí nadie me quiere.

Entre 1941 y 1960 emigran definitivamente de la tenencia de Ornelas 614 personas, y de 1961 para acá, otras 300, si no más. Antes del medio siglo la gran mayoría de los emigrantes eran oriundos del pueblo. Después fueron los ranchos los que más gente vomitaron: San Pedro, San Miguel, El Sabino, La Rosa, Paso Real, Ojo de Rana, Breña y Auchen. Menos San Pedro, los demás tenían ejidos, pero congelados, sin esperanzas.

No en todos los centros ejidales pasaba lo mismo, pero las pequeñas diferencias entre unos y otros no invalidan las conclusiones siguientes: una parte de los hombres aptos para el trabajo en una ranchería ejidal ya no alcanzaron parcela. Los que la tenían solían sembrarla o vender el agostadero, o pasársela a un líder en venta. Algunos ejidos se quedaron con dos o tres dueños. Los ejidatarios laborantes en su parcela y sólo en ella, con trabajos podían sostenerse cuando el temporal de lluvias era óptimo. Si la parcela no les daba ni para cubrir las necesidades más imperiosas, menos les permitiría

Honorato González Buenrostro, transterrado a la ciudad de México

capital para acrecer la producción. No tenían ninguna oportunidad de mejoría si se quedaban en el ejido, por pobres, y por creer que la riqueza no crece y sólo arrebata. Muchos ni siquiera podían permanecer en la ranchería ejidal porque se habían malquistado con sus compañeros, porque no estaban hechos a las empresas de tinte comunitario, porque a ellos "no los manda nadie".

Por supuesto que en el hecho de la emigración entraron muchos factores, además de los señalados: "diferencias de tensión demográfica sobre los recursos disponibles", "la influencia ejercida por los que ya vivían en la ciudad", "el deseo en todos de mejorar socialmente", conseguir una vida más llevadera. Cada cabeza era un mundo, y unos se iban por esto y otros por aquello, pero la mayoría andaba en disposición de irse.

Los más dispuestos a irse eran las gentes menos arraigadas por su juventud, por falta de tierras y por carecer de trabajo permanente. Muchos jóvenes de quince a veinticinco años, más casados que solteros, los más sin oficio ni beneficio, parados forzosos casi siempre, en sus mejores años para trabajar, pero sin quien los ocupe, muchachones de espíritu decidido o simples ganosos de placer. Muy pocos tenían alguna experiencia como herreros o carpinteros o habían cursado la primaria elemental. La mayoría carecía de oficio y de alfabeto, y se iba con el ánimo hecho a trabajar en lo que fuese, de "mil usos", donde los ocuparan y por lo pronto, por lo que quisieran pagarle.

Algunos parceleros que explotaban por cuenta propia de seis a veinticinco hectáreas de tierra, una milpa, una yunta de bueyes y de dos a doce vacas en producción, se fueron tras de vender la parcela y el ganado. Con el dinero de esas ventas compraron un pequeño comercio en la capital.

Desde 1941, salieron anualmente en promedio treinta personas de San José y sus rancherías: hombres, mujeres, familias enteras marcharon a las grandes ciudades a vivir mejor o peor, diferentemente. El primero en irse solía ser el hombre. Se iba con la esperanza de tener pronto a la mujer y "la raza" con él. Mientras partían unos se preparaban los otros. Casi todos tenían parientes con quién repecharse, alguien que los acomodara en la ciudad: Renato Roura, el marido de Amelia Aguilar, administrador de la Ciudad Deportiva; Gildardo y

Honorato González que los repartían entre el Rastro y la Merced; José Castillo, Ezequiel González Pulido y los muchachos de Ezequiel, Jesús Valdovinos, don Francisco y don Jesús Partida, Polino el de Jesús, Andrés Z. González, Rafael Díaz y tantos más.

Las tres cuartas partes de los que se han ido en los últimos 25 años viven en la ciudad de México; uno de cada diez, en calidad de emigrado, mora en los Estados Unidos, y especialmente en Los Ángeles; algunos se distribuyen en las ciudades fronterizas de Matamoros, Mexicali y Tijuana; los demás andan regados en Acapulco y ciudades próximas de Michoacán y Jalisco: Zamora, Uruapan, Apatzingán, Tangancícuaro, San Pedro Caro, Tizapán, Chapala, y sobre todo Guadalajara. Por supuesto que la mayoría de los emigrados a México y a los Ángeles viven en los suburbios; los primeros en la Nueva Atzacoalco u otra barriada de calles fangosas o polvorientas; en los destartalados y sucios edificios de la Merced; en casas modestas de la Colonia Balbuena. Por supuesto que no faltan los afortunados que viven en colonias de medio pelo: San Rafael, Viaducto-Piedad, Villa de Cortés, Marte, Narvarte, Ciudad Jardín, Lindavista, Tacuba y Atzcapotzalco. Por supuesto que hay el trío que vive en las Lomas de Chapultepec entre la gente popoff.

Los emigrados a la ciudad de México se dedican al comercio en el rumbo de la Merced, a la prestación de servicios en el Departamento del Distrito Federal (ya como policías, ya como aseadores en el deportivo de la Magdalena Mixhuca, ya como obreros en el Rastro y Frigorífico). Muchos se colocan como empleados de comercio en diversos rumbos de la ciudad; otros se convierten en obreros. La fábrica de chocolates La Azteca contrata a varias mujeres josefinas que prefieren ser obreras a criadas. En plan de domésticas vienen pocas, y generalmente sólo sirven en casas de sus paisanos. De los emigrados jóvenes los menos estudian, y una vez convertidos en abogados, ingenieros y maestros, suelen olvidarse de su pueblo, aunque no dejan de visitarlo. Otro buen número de trasterrados lo forman religiosos y religiosas de las órdenes docentes que enseñan en varias escuelas particulares. Hay, pues, de todo y no menos de veinte jefes de familia que han hecho fortuna y una mitad de ellos que coopera a la mejoría del terruño con donativos para obras públicas e inversiones.

Los auténticos "emigrados", los residentes en los Estados Unidos han venido a ser en los últimos años alrededor de ochenta. Quedan, allá por Chicago, dos o tres sobrevivientes de los que se fueron en 1923, todos con vasta descendencia. Los más numerosos son los emigrados recientes, de mitad del siglo para acá. El grupo más copioso es el de Los Ángeles que se mata trabajando en una fábrica de carne para perros; que vive en casas de madera; que apenas le alcanzan, si tiene con él a la familia, los veinte o treinta dólares ganados diariamente para cubrir los gastos mínimos de su hogar. Si vive solo puede ahorrar, sostener a la familia en San José e ir preparando el regreso. Una mínima parte de los actuales residentes en Estados Unidos tienen el propósito de pasarse la vida allá; los más esperan hacerse de una modesta fortuna que les permita poner un buen negocio en el terruño. Otros que trabajan en empresas ganaderas, creen que están acumulando, además de dólares, conocimientos que utilizarán más tarde en beneficio de la ganadería de su comarca. Casi todos vienen anualmente al pueblo por dos o tres semanas y hablan de que para el próximo año se vendrán difinitivamente porque a pesar de que allá se ganan buenos dólares y hay muchas cosas para ver y comprar, los gringos ven mal a los mexicanos, les hacen desaires, los miran como a inferiores.

No pocos de esos emigrados que se fueron con el propósito de vivir al otro lado o pasar allá una larga temporada, ya han vuelto, pero a la fuerza. Eran algunos de los que se habían metido ilegalmente haciendo el cruce del río al amparo de la oscuridad nocturna; eran *wet back* sobre los que cayó la "chota". Otros clandestinos están resignados a la expulsión más o menos próxima. La mayoría quiere volver, ya por su gusto, ya empujados. Y no me refiero únicamente a los que viven en los "Yunaites". También muchos mexicanos andan que se las pelan por regresar al terruño.

No todos han perdurado en el destierro. A muchos no les asentó bien la capital. Además volvieron convencidos de que su tierra era lo más habitable y bueno de este mundo. Aquél se retachó porque le gustaba la cacería, y en la ciudad no podía emprenderla, o sólo con automóvil y contra los peatones. El otro se vino porque los alimentos capitalinos son puras porquerías; otro porque ya era viejo y achacoso, y "para morir en paz lo mejor es la tierra donde se nació".

PLANO DE
SAN JOSE DE GRACIA
MICHOACAN

A JIQUILPAN

INDICADOR

1. Templo parroquial
2. Presidencia municipal
3. Escuela primaria estatal
4. Secundaria técnica agropecuaria
5. Escuela primaria parroquial
6. Curato
7. Casa del P. Federico González
8. Fábrica de productos lácteos
9. Telégrafo
10. Oficina de telégrafos
11. Sanatorio Ruiz Arcos
12. Rastro municipal
13. Farmacia
14. Tienda Conasupo
15. Banco de Zamora
16. Gasolinera
17. Hotel
18. Plaza y lienzo charro
19. Cine
20. Club "Homar"

Granja

A MANZANILLO

VIII. DE AYER A HOY (1957-1967)

Prioridad de lo económico

Don Adolfo Ruiz Cortines llega a la presidencia sesentón y con antecedentes que le impiden desbocarse y desbocar al país. En su juventud de contador, pagador y burócrata aprendió a cuidar el dinero. Construye grandes presas y muchos kilómetros de caminos, pero no es esto lo típico de su régimen. A su origen portuario suele achacársele el empeño puesto en el programa de progreso marítimo. Se ocupa principalmente en la atención de necesidades inmediatas y modestas. Es el presidente del municipio y la familia. Hace política municipal: juntas locales de mejoramiento, agua potable, lucha contra inundaciones capitalinas, caminos vecinales, construcción de mercados y sanatorios. Hace política hogareña: guerra contra los precios altos, tutela del niño, emancipación y ciudadanía de la mujer, aumento y mejoría de los bienes de consumo e institución del aguinaldo navideño. Es el presidente de la suave patria de López Velarde, impulsor de la avicultura casera, fomentador del mejoramiento moral, cívico y material de pueblos y ranchos, tutor y patriarca de braceros. Es otro presidente de los de abajo, al estilo del general Cárdenas, pero sin oradores ni altoparlantes. Imagínese a Cárdenas sin Luis I. Rodríguez y toda la lumbre brava de aquel régimen. Don Adolfo (o quien haya sido) decide que el sucesor sea un hombre de estilo opuesto: universitario, orador público, alpinista, acostumbrado a contemplar amplios horizontes, a sentir como zócalo la montaña y a la postre, al país. Ruiz Cortines entrega la banda y lo demás del equipo presidencial el primero de diciembre de 1958.

257

El universitario don Adolfo López Mateos reanuda las marchas vistosas. Crea un congreso pluripartidista. Trae como colaboradores de su mandato a siete ex presidentes. En los mensajes a las cámaras dictamina sobre la autodeterminación y la no intervención en la vida de los pueblos, la paz, la democracia, el sentido de la Revolución Mexicana, la reforma agraria integral, la "estabilidad" y el progreso", y "la libertad y la justicia". Intenta enderezar al mundo. Predica la paz en los Estados Unidos y Sudamérica, en Europa y Asia. Recibe en casa a una veintena de jefes de otras tantas naciones. Emite "declaraciones conjuntas". Todo lo hace en grande: construye carreteras de doble ancho; a tambor batiente anuncia la nacionalización de la industria eléctrica y dispone la factura de grandes hidroeléctricas; instaura deslumbradores museos de arte y de historia. La difusión de una cultura nacional, técnica y nacionalista recibe impulso de un programa para abatir en once años el analfabetismo, una comisión de libros de texto gratuitos que los da a manos llenas, centros de capacitación para el trabajo y celebraciones públicas sesquicentenarias, centenarias y cincuentenarias de los momentos cumbres de la vida de México. El INPI reparte millones de desayunos y medicinas; el Instituto Nacional de la Vivienda y otros construyen ciudades suntuosas y cómodas dentro de las grandes ciudades. Se olvida que somos pobres; se olvida a la gente sin bienestar material. Nadie se acuerda de que la situación braceril empeora. La Revolución se baja del caballo; se sube al automóvil y emprende una carrera que excluye a la lentitud campesina. Los feos que se mueran. Languidecen las instituciones fundadas por Ruiz Cortines para el desarrollo de las pequeñas comunidades.

En Michoacán se suceden dos gubernaturas. La encabezada por David Franco Rodríguez (1956-1962) continúa el camino marcado por lo general Dámaso Cárdenas; emprende obras materiales, construye caminos y escuelas. Lo distingue el apoyo económico prestado a la Universidad Michoacana. Promueve simultáneamente tareas de índole material y moral. Estira el escaso presupuesto del Estado. Es un régimen constructivo.[1] El gobierno de Agustín Arriaga Rivera (1962-1968)

---

[1] Bravo Ugarte, *op. cit.*, III, p. 229.

aspira a llegar a todos. De su labor educativa sólo se conocen los pleitos sostenidos con la universidad moreliana, y no las cien mil criaturas rancheras que ha incorporado a la educación, la duplicación del número de maestros y el aumento en un 600% de las secundarias técnicas. Se difunde orientación técnica en pro de la agricultura y la ganadería; se construyen presas y se plantan árboles. Las comunicaciones se llevan la mejor parte: teléfonos y caminos para el fomento comercial y el desarrollo turístico. Se extiende el uso de la energía eléctrica a 250 000 michoacanos que viven en poblaciones pequeñas. Su etapa de dinamismo se contagia a muchos gobiernos municipales, y a jefes de menor jerarquía, como los jefes de tenencia.

En la tenencia de Ornelas se encargan de la jefatura Bernardo González Cárdenas (1956-1958 y 1963-1965), Jorge Sánchez (1960), Rigoberto Novoa (1961) Bernardo González Godínez (1962) y Elías Elizondo (1966-1968). El primero de los citados pone al servicio del pueblo el dinamismo que antes había puesto en la construcción de su granja. Dota a San José, a fuerza de contribuciones extraordinarias, festividades cívicas y multas, de un vistoso palacio para la jefatura de la tenencia y otras oficinas, de un cementerio rodeado de muros de piedra y de agua potable para todo tiempo. Extiende la red del drenaje; hace un cuartel para el destacamento militar; obliga a los vecinos a barrer todos los días el frente de sus casas y estimula el arreglo de la viviendas, y sobre todo de las fachadas que miran a la plaza de armas.[2] Nunca San José había tenido una autoridad tan activa. Don Bernardo fue extraordinariamente trabajador y exigente, pero en esto último le ganó su sobrino.

El ingeniero Bernardo González Godínez se propuso mantener el pueblo inmaculado, abatir el alcoholismo, aplicar rigurosamente la ley orgánica muncipal expedida por Franco Rodríguez, y en suma convertir a San José de Gracia en una población con todos los servicios urbanos y sin las lacras de la ciudad. Cerró veintisiete cantinas; hizo que los comerciantes pagaran impuestos municipales; consiguió que se restableciera el Juzgado Menor, y no quiso pelear contra mercaderes y

---

[2] AJTO, papeles correspondientes a las jefaturas de Bernardo González Cárdenas, Jorge Sánchez González y Bernardo González Godínez.

cantineros. Sólo aguantó seis meses en el cargo. Dejó diez mil pesos en caja. Como su tío, no vio con disgusto el que la gente lo llamara Uruchurtu.[3]

Elías Elizondo no quiso hacerse fama de duro, aunque tampoco sacó el dinero para construir la escuela a base de pura suavidad. Los tres fueron muy criticados por la gente, aunque cada uno de ellos sólo procuró hacer lo que querían todos: la urbanización del pueblo. Como quiera, la actitud frente a ellos es reveladora de un individualismo más feroz que el tradicional y de otras características de la nueva ola humana.

La generación de los nacidos entre 1920 y 1934 da la impresión de ser muy distinta a toda las anteriores. Es más débil porque la mayor parte de sus componentes se han ido. En 1960 sólo suman la quinta parte de la población. Su número es igual al de la generación que tratan de desplazar. Su poder económico es menor. Son débiles y ambiciosos. Quieren ir demasiado aprisa. Se muestran poco respetuosos frente a las tradiciones. Les gusta la notoriedad, y son esclavos de la manía de poseer aparatos mecánicos y dinero. Su individualismo parece ilimitado. Conocen más mundo que sus mayores. No reconocen autoridad alguna: ni la de los ancianos, ni la del padre Federico, ni la civil. Son rebeldes por su actitud, pero no por su comportamiento. Los grandes dicen que "son puros habladores", buenos para criticar e incapaces de hacer algo. Con todo, algunos han hecho mucho, aunque principalmente para sí y sólo secundariamente para los demás. Hay en esa generación un par de profesionistas muy competentes; hay hombres de negocios muy dinámicos y líderes entusiastas, incluyendo un par de mujeres entre estos últimos.

El censo local de 1957 registra 11 950 cabezas de ganado, de las cuales 3 615 en producción, que dan un promedio de 10 232 litros diarios de leche, y al año casi tres millones de litros que por lo menos en un 50% se hacen queso, y en menos escala crema, mantequilla y requesón, y se llevan al mercado capitalino, cada vez con menor fruto. En los años cincuentas

---

[3] El Ing. Bernardo González Godínez: "ya no quise seguir porque esas chambas no me gustan y lo principal ya lo había hecho".

la ganadería y la industria lechera regionales se enfrentan a varios problemas: sequía 1949-1953, baja productividad y competencia de las fábricas citadinas "que elaboran unas, los llamados quesos rellenos a base de leche descremada en polvo, grasas vegetales y fécula de papa, y otros que reforman productos descompuestos".[4] Y como si todo fuera poco para proteger a los fabricantes de malos quesos, la Secretaría de Salubridad prohibió varias veces la introducción de los buenos, fundada en que éstos no se hacían con leche pasteurizada. Nunca el negocio de la ganadería había pasado por una crisis igual; nunca tampoco se propusieron más y mejores remedios para su supervivencia y desarrollo.

Bernardo González Godínez, en su tesis sobre *Industrialización de los subproductos lácteos regionales*, propuso como remedio general para salir de la crisis "explotar integralmente" los recursos pecuarios y "asociarse y resolver en común. . . los problemas", y como solución concreta construir un par de fábricas. Una para elaborar "uno o varios tipos de queso y mantequilla", y la otra para sacar del suero de la leche el ácido láctico que dejaría, dada la gran demanda de este producto, "muy buenas utilidades". El ingeniero González Godínez presentó un minucioso proyecto para esta segunda fábrica productora de ácido láctico. Señaló también que una vez puesta la planta "era fácil obtener otros productos. . . con sólo agregar un equipo insignificante y la modificación consiguiente del proceso. En fin, mostró ampliamente lo fácil que era poner en marcha su proyecto por medio de una cooperativa.[5]

Otras soluciones las propusieron la Secretaría de Salubridad Pública y la UNICEF. Aquélla recomendó la instalación de una planta pasteurizadora; ésta algo mucho más apetecible: levantar una fábrica deshidratadora de leche descremada. Ofreció, además, regalar todo un equipo con valor de medio millón de dólares. Y como si esto fuera poco, adornaría el regalo con el envío de un par de técnicos divulgadores de los métodos modernos para producir más leche y mejorar las pasturas. El gobierno de México ofreció cooperar con el plan de asistencia técnica de la UNICEF. Las autoridades se com-

[4] González Godínez, *op. cit.*, p. 14.
[5] *Íbid.*, pp. 15-16 y 181.

prometieron a poner en marcha la fábrica pasteurizadora. Se discutió el lugar preciso en que debía instalarse; se convino que fuera Jiquilpan por caprichos de autoridad.

De las tres soluciones propuestas fue acogida con entusiasmo por todos los ganaderos de la UNICEF-gobierno mexicano. Se formó una asociación ganadera; se construyó la fábrica; llegó el equipo ofrecido por la organización de la niñez desnutrida; vino un par de técnicos; estudiaron a fondo las posibilidades de la región y difundieron las medidas factibles para aumentar a corto plazo la producción de leche; dos ingenieros químicos oriundos de la zona quedaron encargados de la parte técnica de la fábrica; la Secretaría de Salubridad aportó el gerente, y aquí fue donde comenzaron las dificultades. La empresa murió a los pocos meses de nacida. Con todo, los ganaderos josefinos sacaron algún provecho de la intentona. Aprendieron la lección que les comunicaron los técnicos; la pusieron parcialmente en práctica, y la producción de leche se fue para arriba.

La modernización de la ganadería desde 1956 consistió principalmente en mejorar la raza de los bovinos, deshacerse de los becerros, ordeñar las vacas dos veces al día, construir silos, ensilar las matas de maíz verde, acrecer las dosis de alimentación ganadera en el largo temporal de secas, aplicar con más frecuencia vacunas y medicamentos y otras medidas menores. Y a pesar de que la tecnificación caminó lentamente y no se hizo general, en una década se duplicó el volumen de la leche, y aunque el precio de ésta creció menos que las pasturas y los artículos de consumo, la ganadería acarreó una módica prosperidad económica. El inicio de esta etapa coincidió con el auge de la avicultura. Los años de 1957 y 1958 fueron de bonanza para unas doscientas familias.

Los efectos de la propaganda ruizcortinista en pro de la avicultura llegaron hasta San José. La promoción local la hizo el joven párroco Pascual Villanueva. Él puso el primer gallinero en 1956 y mucha gente lo imitó, sobre todo la joven. El mercado para los "blanquillos" era muy bueno. Las empresas productoras de pollitos y pasturas para aves estaban en disposición de proporcionar ayuda a los avicultores. No menos de 50 se apresuraron a construir gallineros con buena ventilación y luz, techos de teja, pisos de cemento, tela de alambre para las ventanas, cal para las paredes de adobe o de tabique. Se construyeron largas galerías amuebladas con bebederos, comederos, ponederos, y algunas con jaulas, y se les pobló con pollitas seleccionadas, y a las pollitas y gallinas se les vacunó y alimentó conforme a las reglas de la avicultura científica. Las gallinas camperas unicamente ponían cien huevos al año. Las gallinas de la nueva ola dieron en poner unos trescientos blanquillos anualmente.

En 1958 había ya 75 gallineros y más de doscientas mil gallinas en postura. Se exportaban semanalmente a la ciudad de México entre 3 500 y 4 000 cajas de huevo. Ese año el valor de la producción avícola fue de 27 millones de pesos y las ganancias obtenidas de cerca de 9 millones, que beneficiaron directamente a un centenar de familias.[6] Un sentimiento de júbilo invadió a la gente del pueblo. El alborozo se extendió a las rancherías. Muchos principiaban a levantar sus gallineros cuando sobrevino el desastre. Bajó el precio del huevo. La mayoría de los avicultores, cargados de deudas, se encontraron de pronto en la quinta chilla; perdieron casas, equipos y gallinas. Cundió el rumor de que doña Eva, esposa del presidente López Mateos, era la culpable de la tragedia, porque había importado enormes cantidades de huevo de los Estados Unidos para los desayunos escolares que la harían famosa. Todo mundo se deshizo en improperios contra la primera dama metida a "contrabandista". Los avicultores fueron a la capital en busca de la protección del gobierno. Inútil. Los campesinos no eran nadie para distraer los altos asuntos de la política; no podían comprender la necesidad que tenía la patria de niños nutridos con huevos estadounidenses; ni siquiera comprendían que lo importante en esos tiempos era arreglar la desavenencia entre las naciones y no componer el precio del huevo. Los procuradores de la avicultura fueron despedidos por el papá gobierno con un "váyanse a moler a otra parte".

Los de San José "la trajeron de malas" en el sexenio 1958-1964. Los fabricantes de queso en tres ocasiones fueron acusados de envenenar a la ciudad y se "las vieron negras" para demostrar que los envenenadores estaban en México. "Los

---

[6] Datos comunicados por Pascual Villanueva.

empicados a la bracereada" vieron languidecer el negocio. Los últimos contratos con los plantadores gringos no dejaban ni para el viaje. Los aspirantes a obtener la parcela ejidal gastaron lo poco conseguido en idas y venidas al Departamento y la Delegación. Ni les decían que no, ni que sí. "Los trajeron a las vueltas." "Las cosas comenzaron a componerse con Díaz Ordaz y con el gobernador Arriaga Rivera", según el decir de los que tienen algo. Los que nada tienen siguen tal cual, pero "ya no les dan tanto atole con el dedo".

Salud, agua, electricidad, letras, teléfono y televisión

La introducción de los métodos de higiene individual, profilaxis social y terapéutica moderna empezó hace treinta años, pero se aceleró en la última década. Desde 1953 hubo médico de planta. Daniel Ruiz, pasante de medicina, oriundo de Chicago, salido de la universidad michoacana, desempeñó su servicio social en San José en 1951 y una vez que hubo recibido su título volvió al pueblo para quedarse en él y se dio a vencer a la curandería y a la milagrería, logró educar al público en el sentido de preferir los servicios de un facultativo a los de curanderos, se rodeó de aparatos requeridos por la medicina de hoy, y en 1965 inauguró un pequeño hospital, bien equipado, con laboratorio y farmacia adjuntos. Además, cada año ha ido a México a seguir cursos intensivos que lo mantengan al corriente de las novedades en medicina.

La gente, por su parte, empezó a deshacerse de las costumbres sanitarias de antaño: los cordones de San Blas para las enfermedades de la garganta, el bálsamo de Fierabante, el bálsamo magistral, los emplastos, los parches, los untos apestosos, las palmas benditas, la enjundia de gallina, las infusiones de mil yerbas, las tres lejías, las jaculatorias a San Jorge y la creencia de que la cáscara guarda al palo. Se construyeron letrinas en muchas casas que no las tenían. En lugar de los excusados de pozo, los adinerados hicieron más "excusados ingleses" y baños de regadera. Las estufas de gas entraron a las cocinas. Se les puso piso de piedra o de mosaico a muchas casas. Se tomó la providencia de hervir el agua que no era potable.

El saneamiento del pueblo empezó en las casas y se desbordó a la calle. Cuando fue jefe de tenencia Luis Humberto González se inició la construcción del drenaje. El aseo del pueblo comenzó a ser la principal preocupación de toda la gente. El agua, que siempre había sobrado, empezó a faltar. De la noche a la mañana muchas personas dieron en la costumbre del baño frecuente. La falta de líquido en tiempo de secas se volvió angustiosa. El padre Federico echó a andar todas sus influencias para obtener del gobierno una dosis mayor de agua para el pueblo. Todas las autoridades, del secretario de Recursos Hidráulicos para abajo, prometieron solucionar el problema cuanto antes. Una vez mandaron una pesada máquina perforadora y hombres para moverla. Allí estuvo la "estremancia" varios meses, pero los operarios hicieron muy poco para echarla a perforar. El informe del gobernador se refirió a la dotación de agua a San José como si fuera un hecho.

Por fin el secretario de Recursos Hidráulicos que puso López Mateos, don Alfredo del Mazo, desengañó a la comisión que fue a solicitarle agua. "No se hagan ilusiones dijo-. El gobierno no puede ayudarlos." Entonces los Bernardos González propusieron a la asamblea del pueblo un recurso sencillo: "Que todos los que quieran agua den 300 pesos para hacer una perforación." Don Bernardo González Cárdenas se echó a cuestas la tarea de obtenerla con la cooperación de la mayoría pudiente y contra la voluntad de una minoría resentida. Se hizo el pozo profundo y el 19 de marzo de 1965 empezó a salir el agua a razón de 24 litros por segundo. Se compró una bomba y la escasez de agua en el temporal de secas dejó de ser un problema mayúsculo. No se pudo rehacer la red distribuidora ni poner agua corriente en todas las casas, pero se ganó lo principal.[7]

En 1951 el pueblo se quedó sin fuerza eléctrica que no sin radios. La "planta Hidroeléctrica de Agua Fría" vendió luz a diestra y siniestra y hubo un momento en que sus bombillas más parecían brasas que focos luminosos. Se llegó al extremo

[7] Cuando se enteró don Alfredo del Mazo de la actividad desplegada por el pueblo para darse agua potable, ordenó que la Secretaría de Recursos Hidráulicos diera ayuda técnica al promotor de la obra, y así se hizo.

de tener que encender velas para reforzar el alumbrado eléctrico. El descontento popular crecía a medida que la iluminación languidecía. El empresario no esperó el linchamiento. Recogió sus alambres y la gente volvió al uso exclusivo de las velas de parafina y las lámparas de petróleo y gas. El padre Federico empezó a trabajar para conseguir la entrada de la electricidad a San José. Don Dámaso Cárdenas, el gobernador, mandó una maquinaria grande y costosa que había quedado fuera de uso en alguna ciudad de Michoacán. Vino el ingeniero encargado de operarla y no pudo ponerla a funcionar.

Mientras la maquinaria se enmohecía, el padre Federico seguía solicitando servicio eléctrico para su pueblo, y al fin lo consiguió después de 15 años de lucha. Las autoridades pidieron una cooperación económica al pueblo. Don Federico cotizó a los más adinerados. Entre los residentes y los josefinos fuera de San José se reunieron los $ 150 000 pedidos. La gente vio con asombro que el gobierno les cumplía. Se instalaron postes; se tendieron alambres; el 70% de las viviendas solicitaron luz. El 18 de marzo de 1965 vino el gobernador a inaugurar el nuevo servicio. La concurrencia de pueblerinos y rancheros fue muy copiosa. A las ocho de la noche se presentó la comitiva. La plaza estaba a reventar cuando el licenciado Arriaga puso el switch y se encendieron los hilos de focos del alumbrado eléctrico enmedio de los aplausos del gentío y las dianas de la música. Ninguna de las fiestas conmemorativas de la fundación del pueblo había sido tan rumbosa como lo fue la del 19 de marzo de 1965.

El gobernador se enteró de que la localidad tenía otra deficiencia mayúscula: escasez de profesores y edificio escolar impropio. La escuela oficial venía arrastrando una vida raquítica de tiempo atrás. Nunca tuvo una población escolar numerosa y en 1956 la asistencia tendió a disminuir, quizá porque al párroco le dio por desprestigiarla. En un sermón dominical predicó: "Gravan su conciencia los padres de familia que envían a sus hijos a la escuela oficial. Antes de que sea tarde, sáquenlos de ella. Es mejor que no sepan nada a que los haga malos el gobierno." En 1960, la enemistad del cura se contuvo; fue nombrado director de la escuela Daniel González Cárdenas, un hijo del pueblo, nada sospechoso de herejía. Aumentó la asistencia de niños; en 1961 se inscribieron 394, o sea la tercera parte de los niños en edad escolar. A partir de entonces fue otro el problema: no se tenían aulas suficientes para meter a los alumnos, y sólo se disponía de cuatro profesores. El edificio además de pequeño, carecía de suficiente luz, aire, agua, puertas y muebles. Para juegos contaba con "un patio lodoso en tiempo de lluvias y polvoso en las secas".[8]

El gobierno estatal solicitó del pueblo cooperación para hacer el edificio requerido por la escuela. La Federación pondría una tercera parte del costo; el Estado otra y la localidad el resto. Aunque no con el mismo entusiasmo que para meter la luz, los vecinos dieron sus cuotas y la escuela comenzó a levantarse en un lote de diez mil metros cuadrados. Se previó su inauguración para el 19 de marzo de 1968. En sus doce aulas se atendería a la mitad de los niños en edad de primaria que tiene San José. La otra mitad no carecería de escuelas: la de las "madres" desde hace 25 años y la "Libertad" que el padre Federico puso en marcha a comienzos de 1966; ambas particulares y semigratuitas. Y a las tres escuelas se ha venido a sumar, en 1967, una secundaria dirigida por el activo director de la primaria oficial: Miguel Homero Rodríguez. El impulso dado a la enseñanza en los últimos años no tiene precedente, pero no es bastante, como se verá.

Un dicho popular en San José ("Nunca el pueblo había tenido tantos cambios y recibido tantos beneficios como en los últimos años") es verdadero. Incluso una mejora aún no esperada, la del teléfono, se introdujo en 1966. Otra vez la población en masa acudió jubilosa al acto inaugural de la línea telefónica. Otra vez se agitaron las benderitas de los niños de la escuela y las manos aplaudidoras de los adultos para recibir el instrumento que les permitiría a los pueblerinos estar en contacto con sus parientes de la ciudad. Para los padres ni la carta ni el telegrama eran suficientes para compartir la vida de sus hijos en México, Guadalajara o Los Ángeles. "En cualquier apuro no hay como el teléfono". "De aquí pa'allá; habla. . .": "Quiero que me comunique con fulanito"; "Cómo están, ya casi nunca escribes; no dejes de venir para la fiesta

---

[8] Datos comunicados por Daniel González Cárdenas, director del plantel.

Escuela José María Morelos

con todo y raza; aquí, como ves, nos estamos modernizando; ya tenemos luz, teléfono y muchas televisiones."

Desde que hubo fuerza eléctrica los comerciantes de Sahuayo y Zamora vinieron a ofrecer televisiones vendidas en abonos, y fuera de algunos ancianos a quienes "ya no les llaman la atención esas cosas" y de muchos pobres que "no saben cómo hacerse de la estremancia" y que por lo pronto se la van pasando con el radio traído por fulanito de tal de los Estados Unidos, los demás se hicieron de televisor y desde que lo tienen hasta los devotos han dejado de ir al "rosario" de la tarde, como si no oyeran las campanadas.

El padre Esquivel, seguro de que las campanadas habían dejado de ser atendidas, compró su equipo de sonido para anunciar los ejercicios religiosos; la jefatura de la tenencia se hizo de otro, y de los dos, más el del cine, a todas horas del día y primeras de la noche, empezaron a tratar de hacerse oír por encima del ruido de los "carros", los radios, los televisores y las "camionetas del sonido" anunciadoras de medicamentos milagrosos, artefactos para el hogar y ropa. De 1965 para acá muchos ruidos de la mecánica actual han entrado a San José. Hasta un avión sobrevuela dos veces al día: "dizque es el jet que va y viene de Guadalajara al puerto de Acapulco". Algunos dicen que recorre el trecho México-Puerto Vallarta.

Muchos creyeron que el tráfico por la carretera Jiquilpan-Manzanillo disminuiría al ponerse en uso la carretera construida por el gobernador Agustín Yáñez a través de los valles de Sayula y Zapotlán. Disminuyó el número de turistas tapatíos que pasaban rumbo a la costa en raudos automóviles, pero no el número de "trocas" cargadas de plátanos colimenses y de papel de Atenquique. Se mantuvo igual el servicio de camiones de pasajeros. Siguieron zumbando un par de autobuses "Tres Estrellas de Oro", rumbo al sur en la mañana y rumbo a México en la noche. A todas horas del día, no menos de veinte autobuses de otras empresas continuaron pasando por San José, donde nunca han dejado mucha gente forastera.

En San José no había suficiente lugar donde alojar a los turistas. Los antiguos mesones decayeron juntamente con la arriería. El último en cerrarse fue el de Isabel Reyes. En lugar de los mesones se construyó un hotel pequeño, con una docena de recámaras. Se dice que estuvo a la altura de los de categoría, con agua caliente y baños privados, cuando lo atendieron personalmente sus dueños: Salomón Mercado y Rosa González Flores, su esposa. Se comenzó a hacer otro hotel, pero lo único que llegó a funcionar fue la gasolinería adjunta.

Otras doscientas palabras indicadoras de cambio

Otros cambios de la última década, aparte de la tecnificación deficiente, del enriquecimiento deficiente, de la urbanización deficiente, de la educación deficiente, son muy numerosos y variados como lo insinúan las dos listas de palabras propuestas enseguida en desorden alfabético.

De 1957 para acá se advierte más abono químico, actualidad, adaptabilidad, adorno, afeites, aislamiento, alcoholismo, alojamiento, ansiedad, autoridad, beso, brillantinas y lociones, burocracia, cáncer, capilaridad social, capital, ciclismo, cobardía, conciencia de clases, clase media, codicia, comodidad, compraventa, concurso, competencia, competición social, contrabando, coquetería, crédito al consumo, compulsión, costura, chisme, danza, delgadez, deporte, desajuste, desigualdad, derroche, descaro, discriminación social, dispersión de posesiones, división del trabajo, dualismo ético, egoísmo, emigración definitiva, enemistad, envidia, erotismo, espectáculos, espejos, exhibicionismo, exogamia, faldas cortas, feminismo, fotografía, fruta, gas, hurto, hiperdulía, imitación, impaciencia, impuestos, injurias, insecticidad, libertad de amar, hablar y reunirse, lucha de clases, mendacidad, mendicidad, nacionalismo, necesidad, oferta de trabajo, opinión pública, ocio, oposición, parasitismo social, paro forzoso, pasatiempos, pauperización, peonaje, pesimismo, presión demográfica, política, propaganda, publicidad, sátira, secularización, simulación, soborno, ternura, trajín, transportes, turismo, utensilios, vagancia, vacunación, vehículos y vicios.

A partir de 1957 hay menos aburrimiento, altruismo, aparcería, arriería, asistencia al templo, ascetismo, asombro, atesoramiento, autarquía, autodisciplina, ayuda mutua, ayuno, bastardía, beatería, bigote, bosque, bravuconería, bueyes, burros, caballos, caballería, casta, castigos corporales, caza, censu-

270

ra, clericalismo, coacción, y cohesión social, compasión, comunidad de intereses, conciencia colectiva, concubinato, conducta multiindividual, conducta racional, confianza, confluencia, congruencia, conformidad, conservadurismo, convites, cooperación, cortesía, criminalidad, curandería, chiripa, diarrea, emigración temporal, encinas, enfermedad, entereza ante la muerte, equitación, etiqueta, etnocentrismo, fatalismo, felicidad, gerontocracia, homicidios, honestidad, ignorancia, inercia, inmigración, justicia, lágrimas, latifundismo, liderazgo personal, luto, misericorida, mismidad, mortalidad (especialmente infantil), movilidad profesional, natalidad en números relativos, necrodulia, población rural, pudor, puritanismo, recursos de queja, resignación, ritualismo, socorro, superstición, tabúes, taumaturgia, temor a los espíritus, tenencia de armas, trabajo, trajes regionales, trasudos, trueque, violación y virtud.

Son novedades llegadas a San José en el último ventenio: los antibióticos, la coca-cola, la contracepción, el DDT, la farmacia, los plásticos, los transistores, los silos, la vacuna antipoliomielítica, las vitaminas, la televisión, el automóvil, los refrigeradores y otros inventos. A pesar de tantos como han llegado, todavía se vive al margen de la industria, la cibernética, el arte abstracto, el existencialismo, el marxismo, el sicoanálisis, la neurosis, la sicodelia, el racismo, el yoga, la filosofía de Teilhard de Chardin, el muralismo mexicano, los tests, la energía nuclear, el surrealismo, la música concreta, los rebeldes sin causa, la relatividad y demás formas del humanismo contemporáneo.

Han sido heridos de muerte la arriería, el alabado, la arroba y demás medidas antiguas, la barcina, el valor predictivo de las cabañuelas, la canícula y su cauda de enfermedades, el mariachi, los judas del sábado de gloria, el tecolote y su mal agüero y otras cosas igualmente concretas, y ninguna verdaderamente nuclear.

De 1957 para acá algunos refranes viejos han perdido vigencia: "Boda y mortaja del cielo baja"; "Más sabe el diablo por viejo que por diablo"; "Los dichos de los viejitos son evangelios chiquitos"; "Suerte te dé Dios que el saber poco te importe"; "Los hombres al campo y las mujeres a la cocina"; "Entre santo y santo pared de cal y canto". Otros proverbios se han puesto en primera fila: "Primero es comer que ser cristiano";

271

"Bienvendida hasta la catedral se vende"; "Quien ha bebido en pocillo no vuelve a beber en jarro"; "Atente al santo y no le reces"; "Son muchos los diablos y poca el agua bendita"; "Lo comido y lo gozado es lo único aprovechado"; "Los muertos no vuelven".

Nadie hubiera creído hace dos lustros que la gente de San José era capaz de tantas mudanzas. Se ha quitado muchas ideas de la cabeza y les ha dado cabida a muchísimas novedades. Con todo, es todavía más lo que conserva que lo echado por la borda. Lo que se creía que iba a trastornar al pueblo no lo trastorna. Lo nuevo se adapta a la costumbre quizá porque las alteraciones estructurales han sido hasta ahora débiles. Las actitudes básicas apenas se han modificado y el repertorio de creencias se parece mucho más al de cualquier pueblo del México tradicional que al del hombre contemporáneo de la gran urbe. Según la terminología estadística, San José deja de ser pueblo en 1950, cuando pasa de los 2 500 habitantes. Desde entonces se le pudo decir ciudad, pero nadie se ha atrevido a decírselo porque sigue siendo tan pueblo como el día en que lo fundaron. Aunque corre en pos de la urbanidad, la distancia que lo separa de los núcleos urbanos es hoy por hoy mayúscula.

No se trata de una carrera pareja. No todos aspiran igualmente a la urbanización y las fuerzas para correr de los diversos grupos sociales son muy disímbolas. Entre las que no quieren entrar de lleno a la moda se cuentan los viejos. A ellos les basta adquirir algunos bienes de la modernidad: la medicina, la comunicación, el transporte fácil y el alumbrado eléctrico. Entre los que no han podido adquirir ni siquiera algunos de los beneficios apetecidos por los ancianos, están todos los pobladores de las rancherías y la gente pobre del pueblo. Los jóvenes que van a la vanguardia llevan tras de sí una cola muy larga y muy rala, a pesar de que esos jovenes no son precisamente unos revolucionarios; no andan buscando un mundo distinto; sólo anhelan el desarrollo del suyo. Nadie quiere cambiar el modelo de vida, únicamente salir del subdesarrollo material. No hay sentimiento de subdesarrollo espiritual.

Las páginas siguientes persiguen el ambicioso propósito de dar cuenta de los sitios donde se hallan ahora, al comenzar el

La plaza remozada (Fernando Torrico)

año de 1968, a cuatrocientos años de distancia del primer poblamiento de la región, a ochenta de la fundación del pueblo y a veinticinco de haber emprendido la carrera de la modernización, los diversos corredores que siguen en su terruño. Los que han saltado las trancas, los josefinos fuera de San José serán objeto de otro libro.

La nueva decoración del paisaje y del pueblo

El paisaje concedido a Francisco Saavedra, Pedro Larios y Alonso de Ávalos hace cuatro siglos, es otro ahora. Los 15 000 hombres que lo han habitado y sobre todo las gentes de las últimas camadas le han impuesto desforestaciones, cacerías, cultivos, fruticulturas, ganaderías con exceso de pastoreo, rancherías, pueblos, luz, hilos y cintas de comunicación y transporte que si no lo han dejado irreconocible sí diferente a como fue en la antiguedad prehispánica o a como era todavía hace treinta años en cada uno de sus cuatro elementos: aire, agua, tierra y lumbre.

Las destrucciones se han hecho en la corteza terrestre, en la delgada costra vegetal y animal a fuerza de hacha, rifle, insecticidas, fungicidas y muchos más artefactos de devastación. Los leñadores, si dan un pequeño soborno al agente forestal, hacen leña del árbol caído y del bien plantado; tumban encinas que cuesta siglos reponer; rasuran cerros y lomas velozmente, conducen los troncos a lomo de burro hasta la carretera y las trocas se encargan de llevárselos a los citadinos para que coman carne al carbón vegetal y para que adornen sus casas. Los turistas tienen manos libres para cazar venados y liebres y ya están a punto de acabar con ellos. Los cazadores locales casi han dejado limpia la tierra y el cielo de alimañas (tlacuaches, coyotes, ardillas, ratas, gavilanes y víboras) y de animalitos comestibles (armadillos y huilotas). En cambio, los insecticidas y fungicidas, cada vez más usados, están lejos de suprimir moscas, mosquitos, pulgas, hormigas, gusanos y lombrices. Todavía cada estación trae sus plagas y se va con ellas.

Los devastadores no han hecho ni la mitad de la tarea. Probablemente a la actual generación le tocará ver sin árboles y arbustos silvestres al cerro de Larios, a las colinas y a las lomas. Probablemente seguirían los pastos y matorrales grises y parduzcos en los siete meses de seca, floreados en octubre, verdosos de julio a septiembre. Probablemente la economía de la región no resentirá la desaparición total de robles, encinas, madroños, huizaches y nopaleras. El padre Federico cree que la falta de árboles acarreará la catástrofe. "Dejará de llover; las manchas de tepetate cubrirán los bajíos y los campos y cerros serán montones de piedras." Él hace esfuerzos contra la desforestación; manda tirar piñas de pino y solicita la ayuda de la Subsecretaría de Recursos Forestales. Todo en vano. Los pinos no se dan y los inspectores de bosques siguen "mordiendo" y dejando talar.

A la mayoría de la gente no le peocupa la caída de los árboles; no cree que pueda producir sequías; no se entristece con la imagen de un cerro de Larios pelón; no prevé más manchas blancuzcas de tepetate ni desiertos de piedra. Los ejidatarios y los que no llegan ni a eso saben que el corte de leña les proporciona ingresos, les permite completar el gasto de la casa y les produce satisfacción el hacer renegar a los "ricos" si hacen leña en el corral ajeno, o si la cortan del propio les da gusto ir así ensanchando los maizales. En los ejidos los desmontes se convierten en milpas, cada vez menos productivas y cada vez más extensas. La erosión monda cada vez más la superficie laborable. El simple desmonte es menos nocivo que la sustitución de árboles por plantas de maíz, frijol y garbanzo.

Las superficies sembradas de maíz aumentan año con año; ya pasan de dos mil hectáreas y probablemente lleguen a tres mil. Desde junio se inicia el crecimiento parejo de las milpas en las hondonadas y en algunas laderas. Unos manchones aquí y otros allá, claramente perceptibles desde la cima del cerro de Larios. Manchas estacionales que aparecen y desaparecen y cambian de color. Pero también aumentan los lunares que ya no se quitan: las huertas de árboles frutales próximas a las verrugas del pueblo y los poblados. La huerta de Manuel González Flores es de 30 hectáreas; las otras son de una hectárea o menos, y pasan de la docena. El duraznero es el árbol preponderante y el mejor visto. Los olivos han quedado como adorno, descargados de la misión de dar aceitunas. La flora natural sigue cediendo terreno a la doméstica.

Los animales ajenos a la fauna silvestre tradicional también han aumentado mucho en los últimos años en cantidad, que no en variedad. A medida que se multiplican los bovinos van disminuyendo caballos, mulas y burros. Ovejas ya no se ven, pero hay muchos más cerdos y gallinas. Probablemente la población perruna sea mayor y la de gatos menor. De marzo a octubre las golondrinas se hospedan en los aleros de las casas. En el otoño se van las golondrinas y vienen las huilotas. Una novedad que toda la gente deplora es la aparición de los gorriones europeos a quienes los terratenientes se dan el gusto de llamar agraristas porque se meten y destruyen los nidos ajenos y son muy gritones y amantes del pleito. Sin duda ellos contribuyen más que los cazadores a la mengua de la variedad de pájaros, y así cooperan a la tendencia general de reducir el número de variedades zoológicas. Y junto a esa tendencia se dá otra: la de sedentarizar y enclaustrar los animales domésticos. Por lo que mira al ganado vacuno se abandona cada vez más la trashumancia y se está en camino de estabularlo. Ya casi todas las gallinas viven encerradas y muchas enjauladas. Cada día aumentan las perreras y los chiqueros.

Hechos de ocupación improductiva del suelo son los responsables de los demás desfiguros del paisaje original. En primer lugar las vías de comunicación y transporte. Cruzan a la tenencia una carretera federal gris, asfaltada, a la que confluyen el camino pavimentado del Valle, la terracería del Ojo de Rana, los callejones empedrados que vienen de San Miguel y El Sabino, y las brechas San José-Aguacaliente-Auchen-Paso Real-Espino, así como Ojo de Rana-Rosa-Cerrito de Enmedio-Española. En total, 26 kilómetros de rutas transitables en todo tiempo y alrededor de 40 kilómetros de brechas frecuentadas por vehículos en el temporal seco. Sobreviven los caminos de herradura, cada vez más pedregosos y resbaladizos, cada vez menos fatigados por mulas y burros. A los lados de la carretera principal hacen guardia tres filas de postes que sostienen los alambres del telégrafo, el teléfono y la luz.

Todavía hay mucho cielo. En toda la meseta no hay ninguna fábrica que lo ahúme. La combustión de fogones y vehículos no alcanzan a empañarlo. Las borrascas de febrero le arrojan nubes momentáneas de polvo. Algunos días de

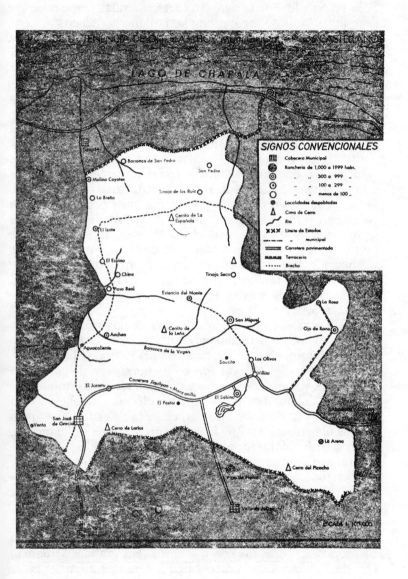

invierno se vuelve gris. Como siempre, en el temporal lluvioso se llena de nubarrones, hilos de agua, relámpagos y truenos. Sólo en San José se le agregan luces amarillas después de las siete de la tarde. Ninguna ranchería tiene luz eléctrica, pero ya tampoco la lumbre roja del ocote. Los ranchos se alumbran con velas, mecheros de petróleo, la luna y los luceros. Es el mismo aire transparente que conoció Pedro Larios con un poco más de iluminación nocturna y menos pájaros.

Hay más agua. Los mismos ríos y arroyos que vieron y bautizaron los españoles y, además, veinte espejos de agua. Fray Alonso Ponce (allá por 1585) vio la única lagunita natural de la zona poblada de ánsares. A fines de la Colonia se construyeron tres tinajas y unas cinco más, con el nombre de jagüeyes, en tiempos de don Porfirio. Últimamente, a cosa de quince rancheros les ha dado por construirse sus "bordos" que así se llaman las represas pequeñas, que muy pocas se utilizan para regar y todas para abrevadero de la ganadería. También se ha dado ya en succionar el líquido del subsuelo; hay tres perforaciones y algunos campesinos dinámicos están ansiosos de hacer otras. Anda el runruneo de que muy pronto se construirá una gran presa con las aguas del río de la Pasión. El tener más agua es la preocupación mayor de todos los habitantes de la zona.

La superficie cubierta por el agua de los ríos, charcos y jagüeyes es apenas el medio por ciento de la total; la que cubren los bosques sobrantes el 4 % ; frijol, cebada y otros, el 12 % ; callejones y veredas, el 1%. Un 70% de las tierras son de pastizales; 11% relices y menos del medio por ciento viviendas humanas y accesorios del hombre que se reparten en varias rancherías y un pueblo, en vías de convertirse en ciudad. Ya casi dondequiera se ve la obra de la labor y el ingenio: surcos, caminos, alambres, bordos, bestias domesticadas, árboles en fila, gabillas, cercas de piedra, zanjas, ruidos mecánicos, vehículos de motor, antenas, y sobre todo habitaciones humanas y animales: conjuntos pequeños y en orden disperso que son las rancherías, y una retícula mayor, una especie de parrilla, que es San José de Gracia.

Las rancherías son veinte. Algunas se acercan a las cien habitaciones. Otras no llegan a cinco. Las grandes se llaman Ojo de Rana, Sabino y San Miguel. Unas se asientan en la cañada del río de la Pasión o en las depresiones de los arroyos; otras en las faldas de los cerros y lomas. Todas se parecen: una línea, una T o una cruz de callejón pedregoso o de tepetate, muchas cercas de piedra, chiqueros, casas desparramadas, una aquí y la otra a cien o doscientos metros, como tiradas al azar. Junto a cada casa un árbol guardián, dentro de la cerca del patio, enmedio de las gallinas, donde se amarra el caballo, frente al soportal. Al fondo de éste dos cuartos y a un lado la cocina. Paredes de adobe, menos las de las casas recién construidas que son pocas y las tienen de ladrillo. Techos en declive y de teja. Muros encalados o del color del adobe. Pisos de tierra. Pocos muebles: mesa, sillas, radios, camas porque ya nadie duerme en petate, la petaquilla, los aperos de labranza, a veces estufa de petróleo y aun de gas, la lámpara de gasolina, el metate o el molinito y numerosos trastos. Como siempre, imágenes de santos; desde no hace mucho, fotografías de familiares, y de muy pocos años a esta parte, calendarios y cromos de héroes: Cuauhtémoc, Hidalgo o Morelos. Casas pequeñas, chillantes y muy limpias, pero generalmente sin retrete. Detrás de las puertas palmas benditas para defender la casa y por fuera del portal, el perro, y en un rincón la carabina, y colgado en la misma pared de los santos, los héroes y los familiares, el machete. En las tres rancherías mayores sobresale el edificio del templo en miniatura, con su campanario y atrio por delante. A veces también se distingue del conjunto de las viviendas la escuelita de dos aulas. En casi todas las rancherías la antigua casa grande ya no existe, o sólo quedan las paredes deslavadas o los cimientos. El corral exterior de la desaparecida casona sigue fungiendo en algunas partes como plaza donde se hacen reuniones públicas.

El pueblo de San José cubre ya toda la loma que le sale al cerro de Larios en su costado occidental. Tiene una superficie de cincuenta hectáreas. Es un óvalo que se alarga de norte a sur; un óvalo cuadriculado con 15 calles de oriente a poniente y 9 en el otro sentido. Son ya 91 manzanas. Las calles de la carretera están asfaltadas y todas las demás empedradas, salvo algunas en los extremos. Como las calles están en declive no se encharca el agua en ellas pero sí se convierten en tumultuosos arroyos durante las tormentas, de junio a octubre. Como en los demás pueblos de la República, las calles se llaman oficialmente Hidalgo, Morelos, Juárez, Quiroga, etc., pero los vecinos siguen llamándolas por los nombres tradicionales: real, del caño, de la carretera, del camposanto. . . Las calles son monótonas por rectas y por el tono rojizo de los muros y los techos de la gran mayoría de las casas. San José es todavía un mar de tejados sobre el que descuellan las torres de la parroquia y las copas de los árboles plantados en las banquetas y en algunos patios. La gran mayoría de las casas, todas las construidas antes de 1950 mantienen los elementos tradicionales: patio, corredor y cuartos. El patio florido es para recibir luz, amplitud y aire, pues las ventanas y puertas al exterior generalmente están cerradas. En los corredores hay macetas, sillas, calendarios colgantes y jaulas de canarios, clarines, zenzontles y jilgueros. Las tres cuartas partes de las cocinas grandes tienen estufa de gas.

En 1963 hay en San José de Gracia 849 edificios: 766 casas habitación, 29 gallineros, 22 locales destinados a tiendas; 8 a bodegas y 17 a otros usos. Los menos ocupan de mil a dos mil metros de superficie, y la mayoría lotes de 300 a 500 metros cuadrados.[9] Las casas no son estrechas, ni los cinco o seis habitantes que moran en cada una de ellas se apretujan en un cuarto para dormir, con la única excepción de algunas familias muy pobres y prolíficas. Menos ocho, todas son de una planta; la mitad tiene piso de tierra. Hay alumbrado eléctrico en el 70% de los hogares y agua corriente en el 48%.

La plaza es el centro geográfico y cultural del pueblo. Allí está mero enmedio el kiosco; alrededor de éste, el cuadro del jardín que Nacho Gálvez se encarga de tener lleno de flores y con árboles limpios y verdes. En torno al jardín, el paseo bordeado de bancas suntuosas de fierro, a las que les sale en el respaldo un gorro frigio. Después del paseo, traspuestas las calles circundantes, el templo se levanta por el oriente; por el norte la casa de la jefatura de la tenencia y algunas tiendas; al poniente más, y al sur, en el soportal de cantería color de rosa, el vestíbulo de la casa del padre Federico, del restaurante de María y de la tienda de Luis Manuel. En la plaza se juntan el gobierno, la iglesia y el comercio mayor, pero ya no todas las

[9] AJTO, papeles correspondientes a la jefatura de tenencia de Bernardo González Cárdenas.

Pueblo de nitros (Bernardo García Martínez)

diversiones ni la mayoría de la gente importante. El barrio del camposanto acapara la vida deportiva (la plaza de toros, el lienzo charro y el campo de futbol) y tiene la escuela principal. En el barrio del Ojo de Agua hay dos quintas y numerosos gallineros; en el de la Huerta se han juntado los cuatro bares más ruidosos en la parte baja, y en la alta, el sanatorio del doctor Ruiz y media docena de casas a la moderna. Otras porciones de la existencia pueblerina se desenvuelven en el antiguo barrio de la Morada y en los nuevos del Durazno y la Baja California donde hay, junto a tendajones, cantinas y viviendas de poca pluma, una que otra casa de cierta entidad. Las casas grandes y pequeñas, las construidas a lo viejo y a lo nuevo, se codean en todos los barrios.

La gente, a pesar de la emigración, es cada vez más numerosa en San José y las rancherías. Un censo recientísimo,[10] de octubre de 1967, dio con 8 360 habitantes, 4 553 en el pueblo y los demás en las rancherías. No hay que tomar muy al pie de la letra el dicho de que la gente de las rancherías se viene al pueblo y de allí a la capital o a los Estados Unidos. Tampoco es totalmente exacto que los pueblerinos sólo esperan cumplir los quince años para irse. En 1967 nacieron 42 por cada mil habitantes, se murieron 9 y se fueron ocho. El aumento real fue del 2.5%. El 54% de la población es femenina; el 47% todavía no cumple los quince años; el 18% tiene de 15 a 24 años; el 15% de 25 a 39; el 14% de 40 a 59; el 4% de 60 a 79, y el 2% pasa de ochenta. La densidad demográfica es de 36 habitantes por kilómetro cuadrado. El promedio de miembros por familia es de seis y pico. Hay más de 1 300 familias pequeñas. Los hogares, tan sólo en el pueblo, son 760. Todas reconocen su pertenencia a alguna familia mayor, al apellido tal o cual.

La población de la cabecera, los 4 500 habitantes de San José de Gracia, se reparten en 114 apellidos o familias grandes. La mitad se distribuye entre ocho familias que sólo son el 7% del total de troncos familiares. Las familias González y Chávez cuentan con más de 300 y menos de 400 miembros cada una; la Martínez, la Pulido y la Cárdenas tienen entre 200 y 300; la Sánchez, la Torres y la Partida, entre 100 y 200. Otras

[10] Censo ordenado por el Congreso del Estado de Michoacán y realizado por Jorge Partida, secretario de la jefatura de tenencia. Los resultados constan en AJTO.

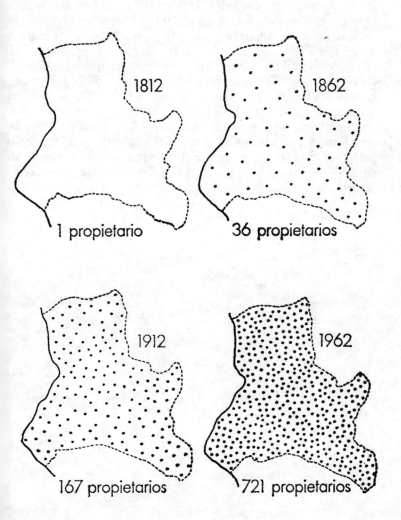

1812
1 propietario

1862
36 propietarios

1912
167 propietarios

1962
721 propietarios

dieciséis familias grandes agrupan a otro 25% de la población. Son las familias Haro, Valdovinos, Moreno, Villanueva, Gómez, Bautista, Zepeda, Silva, Aguilar, Ávila, Castillo, Betancourt, Rodríguez, García, Cisneros y Toscano.

Las fronteras sociales son mucho menos indecisas y más de índole económica que antes. Hay una élite o clase propietaria importante formada por el 3% del total. Los pobres les llaman ricos a todos los miembros de esta clase. Tienen un ingreso anual per cápita de más de 5 000 pesos, y en promedio, de alrededor de 10 000 pesos. En la capital serían medio pobres. La medianía de San José, formada por el 18% de la población, consigue al año, por cabeza, alrededor de 3 000 pesos. Los pobres, el 79% del total, se juntan anualmente, en promedio, con mil doscientos pesos de los de 1967. En suma, a la casa de una familia rica entran al mes 5 000 pesos; de una de medio pelo, 1 500 pesos, y de una pobre cerca de 500 pesos, o su equivalente en cosas. Las cifras son aproximadas. El máximo secreto de los josefinos son sus rentas.

IX. LOS DE ARRIBA

Gente rica y de medianos recursos

LAS CUARENTA familias "ricas", salvo tres excepciones, son propietarias de ranchos con una superficie que oscila entre 30 y 500 hectáreas. Ocho ricos tienen más de 300 hectáreas; 22 entre 100 y 299, y seis entre 30 y 99. Antes había una correspondencia exacta entre rico y latifundista. Ahora no. De los ocho que ganan más, por lo menos la mitad no son propietarios mayores, y uno de ellos no tiene ninguna propiedad rústica. Tampoco conservan el monopolio de la riqueza las antiguas familias. De las cuarenta de ahora, catorce son ricas nuevas. El 90% vive habitualmente en el pueblo de San José. Algunas de las rancherías mayores (Ojo de Rana, San Miguel y Paso Real) tienen de una a tres familias acomodadas. Casi todas ellas son de origen ejidal. Los jefes de esas familias fueron o son líderes ejidales.

Los "ricos" son una o dos de estas tres cosas: señores de tierras y ganados, comerciantes y profesionistas. La gran mayoría corresponde a la primera especie y se pueden contar con los dedos de una mano los de la tercera, y con los de ambas manos los de la segunda. Muchos de los terratenientes y mercaderes son medio industriales. La transformación primaria de lo que producen o expiden es lo que les da mayor provecho, y lo saben. También son conscientes de que la riqueza y el profesionalismo andan ahora juntos. "Por peor que le vaya a cualquier profesionista gana tanto como un pequeño propietario y sin tantas zozobras. Ya vale más saber que tener en un pueblo rabón como el nuestro. Para muestra con el médico basta".

285

Aquí y ahora el negocio de la ganadería es el principal distintivo de las clases rica y media. El 70% de la superficie de la tierra se utiliza para agostar vacas. El número de bovinos que pastan en terrenos de la tenencia todo el año o parte de él son alrededor de quince mil, o sea 70 por kilómetro cuadrado. Si se descartan las tierras destinadas a otros usos, hay sólo una hectárea para cada cabeza en lugar de las tres exigidas por la calidad de los pastos. La mortandad de ganado será ahora del 8% anual y no del 25% como antes. La producción de leche es de veinte mil litros diarios, lo mismo en las aguas que en las secas. Todo porque ahora se agregan a los pastos naturales diez mil toneladas de pastura al año, de las que la mitad se compra fuera y el resto se obtiene de 29 silos excavados en la tierra; se acude al veterinario, las vacunas y las medicinas; se han traído sementales de buena raza; se ordeña a las vacas dos veces al día; se sacrifica a los machos; se inicia la inseminación artificial y comienza la estabulación. Los ganaderos se quejan de la lenta alza del precio de la leche y derivados y del rápido encarecimiento de las pasturas y de los artículos de consumo humano, pero saben que a pesar de todo ganan más que antes; todavía no lo suficiente para vivir con comodidad e incrementar notablemente su negocio.

El amor a las máquinas, la velocidad, la química, los mercados, las facilidades de transporte, la producción a pasto, está presente en el corazón de algunos josefinos. No hay resistencia contra la modernización técnica y la industria. Lo que no se tiene es capital y solidaridad suficientes para construir la gran fábrica. Algunos, como Luis y Rafael Valdovinos y José Partida han abierto fábricas de queso donde se procesan diariamente miles de litros. A la leche se le quita su crema natural y se le infunde grasa vegetal para dejarle la apariencia de íntegra, igual que al queso sacado de ella. Hay también, esparcidas por las rancherías, unas veinticinco centrífugas descremadoras, donde extraída la grasa natural de la leche, se elabora queso para el consumo pronto, antes de que se vuelva piedra.[1]

[1] "Lo peor es la clase de mantequilla y crema de las fabriquitas. La mantequilla es en su mayor parte grasa vegetal pintada, y la crema se compone de muy poco de crema natural, algo más de grasa vegetal y la mayor parte de atole de maíz." Ing. Bernardo González Godínez.

286

La industria doméstica del queso va cuesta abajo. La mayoría de los ganaderos prefiere vender la leche a los industriales: a la Nestlé de Ocoltán para pulverizarla, a Lacto Productos de Jiquilpan para que la pasteurice, a los fabricantes de chongos en Zamora y a los tres coterráneos que hacen queso en grande: inodoro, falsificado y barato como les gusta a los capitalinos, y a los veintitantos descremadores. Así se quitan de líos con la Secretaría de Salubridad y los comerciantes de México. Así ganan más con menos esfuerzos. Con todo, algunos mantienen la tradición del buen queso. Don Luis González Cárdenas, de 87 años de edad, hace las mejores panelas de la región. Gozan de merecida fama los quesos de grano de Agapito, Antonio, Bernardo, Everardo y Luis Humberto González, Elena Villanueva, etc. Pero ya en pocas casas se ven zarzos con quesos en maduración.

Por lo que respecta al comercio, las cosas no andan bien. Hay un centenar de personas dedicadas a esa actividad, y siete la ejercen al por mayor. De éstos, unos se encargan de llevar los productos de la región a los mercados urbanos y especialmente a México, como Eliseo Toscano y Federico Castillo, y otros, de vender pastura para animales, como Antonio Villanueva. Los bienes de consumo humano no producidos en la zona los adquieren directamente los consumidores en las tiendas de Sahuayo; en menor escala, en las de Guadalajara, Zamora, Jiquilpan y México, y en mínima parte en las numerosas tienditas de abarrotes de San José y sus rancherías, y en el mercado dominical que se tiende al lado poniente de la plaza de armas.

En el pueblo hay 39 tiendas y poco menos en las rancherías. Todas, salvo las de Abraham Partida y David Cárdenas que venden considerablemente y están mejor surtidas, se contentan con vender cien pesos al día; son verdaderos tendajones establecidos para diversión de los dueños. Ofrecen poco y lo dan caro, incluso las bebidas embriagantes que es lo más vendido. Tiendas minúsculas con apariencia de cantinas, llenas de borrachines si venden licor; casi solas si no lo venden y el tendero es adusto. Tiendas para distraerse. Hay además una farmacia; la zapatería, sombrerería y funeraria de Braulio Valdovinos; tres fondas y una gasolinería. El farmacéutico cuenta con la gente humilde que no puede pagar la consulta al médico; al mismo tiempo que receta, vende la medicina. Los pobres y los automedicantes le compran a Ambrosio. Por supuesto que las panaderías tienen más clientes que la botica, pero no tantos como las tortillerías. Y los que más venden son los comerciantes en pastura para ganado y gallinas.

Muchas personas de la clase media viven de prestar servicios como taxistas (Alfredo Barrios, Manuel Córdoba, Rafael Miranda, Manuel Vargas, Fernando Vega, José Chávez del Paso, el hijo de don Timoteo, el hijo de don Joaquín). A mañana y tarde recorren la carretera de San José a Sahuayo con sus coches colectivos atestados de pasajeros. Cobran a cada quien diez centavos por kilómetro; esto es, cuatro pesos por el tramo San José-Jiquilpan; uno más si se va hasta Sahuayo; uno por ir a Mazamitla. Esos mismos coches se meten por los caminos a medio hacer y por las brechas. Andan por todas las rancherías y pueblos circunvecinos.

Los nuevos oficios también son para gente de clase media. Ignacio Vega ejerce la mecánica automotriz y lo más del día está en su taller de reparación de coches, pero también sirve para componer radios, televisiones, relojes y cualquier clase de máquinas.

Los peluqueros y los panaderos no ganarán mucho pero son bien apreciados. Salvador Pulido arregla el pelo y es también líder y procurador de pobres. Manuel Álvarez es el más viejo de los peluqueros. Alberto y José Martínez pertenecen a la nueva ola.

El traer turistas ha sido una tentación en la que han caído varios pueblos comarcanos. En San José nunca ha pasado de tentación esporádica, quizá porque la comunidad josefina es de aquellas "sociedades que tienen una ansia casi enfermiza de esconderse a los ojos ajenos". La gente de San José "tienen recelo de abrir su ventana y dejarse observar". Ningún hombre de empresa ha hecho el fácil negocio de construir un hotel o un motel para turistas. Se habla de que sería muy sencillo hacer del Aguacaliente un balneario tan famoso como el de San José Purúa. Se comenta que ese centro turístico le dejaría muchos y muy buenos pesos a la tenencia, pero no pasa de rumor. No hay el deseo de que los forasteros vengan. Al extraño se le trata cortésmente, y a veces con demasiados comedimientos, pero siempre con la mira de que no "lo note nadie que lo vea". Se le invita a entrar a las casas, se le ofrece de beber y comer, y si acepta se le obliga a tomar copas de licor y a comer siempre un poco más.

El complejo de privacía lo padecen todas las clases sociales y sobre todo la media, formada generalmente por pobres vergonzantes, por doscientas cincuenta familias dedicadas a explotar un parvifundio, o un tendajón, o a ganar sueldos como profesores o empleados del comercio y el gobierno. Ocho de cada diez hombres de clase media son parvifundistas. Los más tienen ranchos con superficie de 20 a 100 hectáreas. Algunos poseen tres o más parcelas chicas, distantes unas de otras. Casi todos utilizan sus posesiones para agostadero de bovinos y para sembrar dos o tres hectólitros de maíz. Su negocio principal es la ganadería lechera. Casi sin excepción son dueños de diez a cien cabezas. La medianía posee la mitad del ganado de la zona y la mitad de las tierras.

La tierra está relativamente bien repartida entre 422 propietarios particulares y alrededor de 300 ejidatarios. Hay más de setecientos terratenientes, incluso los ausentistas. Once tienen predios que pasan de las 300 hectáreas y ocupan el 29% de la superficie de la tenencia; veintidós, ranchos que oscilan entre cien y 299 hectáreas y suman el 18% del conjunto de la propiedad rústica; treinta y cinco, parcelas de 30 a 99 hectáreas que hacen el 10% del total, y los minifundios de menos de 30 hectáreas, pero casi siempre mayores de cinco, se reparten entre más de 650 minifundistas que llevan los nombres de parceleros y ejidatarios. De éstos la mitad no son vecinos de la tenencia.[2]

La clase media agropecuaria, además de ser azotada por las adversidades meteorológicas y además de la pequeñez de sus empresas, tiene en contra el miedo de quedarse como la "magnífica", sin cosa alguna. Vive con el temor de que le expropien sus parvifundios para dárselos a los agraristas. Por la prensa periódica, la radio y la televisión les llega el run-run de que el presidente reparte tierras por todos los rumbos del país, y ellos están convencidos de que los terrenos afectados por la reforma agraria no pueden ser los de los latifundistas que

[2] Datos tomados del archivo de la subreceptoría de rentas de San José de Gracia, gracias a la amabilidad de Guillermo Barrios.

tienen dinero para defenderlos, y sí los de los pequeños propietarios. Circulan rumores de que a fulanito de tal que sólo tenía 20 hectáreas lo dejaron sin ninguna; rumores siempre vagos, probablemente esparcidos por los "leguleyos".

Se gana dinero por constancia o por sacrificio, que no por la rentabilidad de los negocios. Por lo menos 500 familias producen más que lo que consumen; como quiera, la capacidad de ahorro es muy poca. Por otra parte, a los josefinos no les gusta endeudarse. Creen que las deudas son esclavizantes. Deber dinero es lo mismo que permitir que otros se asomen a los negocios de uno y le digan la manera de hacer las cosas. Una persona que se respeta no se endroga salvo en caso de gran necesidad. Tampoco es fácil conseguir prestado y menos créditos de consideración y largo plazo de la banca. Al principio del decenio de los sesentas la ALPRO o Alianza para el Progreso vino a ofrecer préstamos para mejoría de tierras y animales. Sólo cuatro ganaderos aceptaron endeudarse. Uno de ellos devolvió la cantidad aceptada a los pocos meses.

Los de la clase media son muy dados a teorizar sobre su situación. Están muy conscientes de la dificultad de conseguir una vida mejor en su terruño. Hacen poco para evitar que sus hijos se vayan y a veces los empujan a salir. "Yo bien veo que aquí no hay en qué trabajar. De que anden nomás de vagos en su pueblo o se vayan a donde pueden hacer algo, mejor lo último". "La ociosidad es la madre de todos los vicios". Además aquí "se vive con el Jesús en la boca". "En la capital a nadie le quitan nada, fuera de las contribuciones". "En el rancho no hay trabajo seguro ni propiedad segura". "No cabe duda de que los ricos de la ciudad son muy inteligentes y compadecidos. Repiten y repiten que se les dé ayuda a los pobres con lo ajeno, con lo poco que juntan los propietarios de por acá". "Todos se hacen una (el gobierno, los ricos, los profesores comunistas y los pelagatos) y nomás para fregar".

Los principales blancos del odio de medianos y pequeños propietarios suelen ser los agraristas y el gobierno. La hostilidad contra los solicitadores de tierras se ha vuelto a recrudecer en la última década. No se condena al agrarismo por inmoral y pecaminoso como se hacía antes. Ahora se esgrimen razones de índole económica y social. Se repiten en lenguaje popular y con fuerte carga de odio los argumentos antiagraristas del padre Federico. Los propietarios individuales aseguran que "los pedigüeños de tierras no son campesinos de verdad, no saben de cosas del campo, son gente mañosa, desobligada, sin dignidad, buscapleitos; no quieren la tierra para trabajarla ellos mismos; lo que buscan es hacer lo que hacen muchos ejidatarios: vender el pastito. Darles la tierra a quienes la solicitan regalada es el peor negocio. Ni sacan ellos beneficio alguno por perezosos e informales, ni dejan sacarlo. Y no sólo eso: los «agrios», una vez en posesión, se matan unos a otros".

Al gobierno se le odia, se le teme, se le respeta, se procura tenerlo grato; alguna vez se le agradece el pequeño servicio recibido; casi siempre se le achacan los males que caen sobre la zona. Se pasa de esperar todo de él, a no esperar nada. Nadie cree en su origen popular. Pocos se atreven a manifestarle sus antipatías en las elecciones; pocos le expresan temor al votar por él. La mayoría es abstencionista; prefieren callar sus sentimientos de odio o de temor. Los que tienen algo lo odian y lo temen porque reparte tierras y cobra contribuciones, y los que nada poseen porque impone castigos y promete y no da. En la reciente, rediviva animadversión contra el gobierno se unen los ricos y los de abajo.

En la actitud de repudio al gobierno y la ley quizá tenga algo que ver el individualismo, que impide el progreso de cualquier organización campesina. El individualismo se expresa de mil maneras: devaluación del prójimo por medio de rumores y chistes, extrema animosidad contra los insultos y la opinión pública, exceso de vida privada, insistencia en el refrán que dice: "Cuida tu casa y deja la ajena"; repulsa del quehacer asalariado, gusto por la empresa individual, el "Conmigo no te metas", el "A mí no me manda nadie", el "Que cada quien se rasque con sus uñas", el sentirse muy macho, el ver a los demás como competidores y el rehuir los compromisos.

En la postura antigobiernista también juegan un papel importante el novel sentimiento nacional y el fuerte aldeanismo. Aun cuando van en ascenso la conciencia, el sentimiento y la voluntad nacionalistas, todavía no se alcanza el máximo de patriotismo fuera de las fiestas patrias y del 12 de diciembre, aún se teme al exterior del terruño, a los aledaños de la zona. La conciencia de ser parte de un todo nacional es grande e insuficiente. El particularismo, pese a los factores que han

Hombre en reposo (Fernando Torrico)

tratado de disolverlo, sigue siendo un sentimiento poderoso. Todos, incluso los emigrados, creen que la comunidad josefina es moralmente superior a cualquiera otra; están orgullosos de su patria chica; son capaces de oír injuriar a México, pero no permiten bromas contra su terruño. Ellos pueden hacerlas, que no los forasteros.

Política de arriba-abajo y viceversa

En un corte de caja de la vida de San José y su tenencia se ve que la política casi no cuenta. La acción de los gobiernos federal y estatal apenas se deja sentir. Las ideas y las conductas políticas de los josefinos se reducen a bien poco. Las infracciones a los mandatos oficiales no crean problemas de conciencia en los josefinos. Las altas miras del Estado hacen que la vida del pobre no represente nada para el gobierno y la animadversión de los rancheros hacia las autoridades no contribuye a congraciarse con ellas.

San José y su tenencia son tan poca cosa como realidad y como posibilidad económica y están tan lejos del poder que rara vez llegan hasta allá la justicia y la ayuda gubernamentales. Siguen huérfanos. En 1967 sólo tres dependencias del gobierno federal funcionaron en la zona de San José: recaudación de rentas, correos y telégrafos. También apareció un decreto en el *Diario Oficial* donde se les dice a los 178 solicitantes de tierras de San José lo que ya se les había dicho en 1938: en el radio legal de ese pueblo no hay terrenos afectables. ¡Ah! También intervino la soldadesca. Arriba del Sabino estuvo un piquete de soldados cumpliendo con la misión de impedir que los ejidatarios volvieran a meterse en unas tierras que los de la Confederación Campesina Independiente habían dicho que convenía invadir. Todavía más: alguna Secretaría hizo volar un aeroplano por encima del río de la Pasión.

La acción del gobierno michoacano que comenzó a sentirse en los años treinta, y se intensificó durante la gubernatura del general Dámaso Cárdenas, es menos insensible. En la opinión pública de San José de Gracia queda el convencimiento de que Agustín Arriaga Rivera ha sido un buen gobernante que cumple algunas de las promesas hechas durante la propaganda preelectoral. Se dice que él prometió luz, teléfono y escuelas, y puso la luz desde 1965, y estrenó el teléfono en 1967, y está esperando que los josefinos se den prisa en la parte que les toca hacer de la casa-escuela para llegar a inaugurarla y poner en cada una de sus doce aulas un maestro. Con frecuencia van comisiones de josefinos a ver al gobernador y pedirle ayuda para alguna cosa. Don Agustín es joven, serio y accesible, y a veces les dice sí y otras pone miles de reparos como en lo del municipio.

Hay el deseo de elevar a la categoría de municipio a la tenencia de Ornelas porque San José, según se dice, ya tiene los humos para ser cabecera municipal, porque entre Ornelas y el resto del municipio de Jiquilpan hay grandes diferencias naturales, económicas y étnicas, y sobre todo porque el ayuntamiento de Jiquilpan no toma en cuenta a los ornelenses, los ve como al pardear. De los tres gobiernos ninguno es tan poca cosa para los ocho mil habitantes y los 230 kilómetros cuadrados de Ornelas como el de Jiquilpan. Y cuando un ayuntamiento, como el presidido actualmente por Jorge Romero, se interesa en el tercio occidental del municipio, y lo visita y lo trata en plan de amigo, no puede traducir su amor a obras porque los pocos centavos de que dispone debe gastárselos a Jiquilpan.[3]

Los josefinos se preocupan más por la economía, la religión, la educación y las diversiones que por la política. La política mundial no le quita el sueño a nadie y no hablan de ella más de veinte personas; la nacional interesa muy débilmente a los grupos sociales medio y alto; la estatal preocupa más, pero no a otros, y únicamente la local logra encender algún entusiasmo e ir hasta la zona de los pobres. De la gente interesada en la política, son los viejos los que muestran mayor indiferencia y los jóvenes mayor interés. Seguramente la generación más politizada es la de los nacidos entre 1920 y 1934. Otra cosa segura es que a las mujeres, fuera de la política local, no les atrae ninguna otra, salvo a las pocas señoritas que politizó el sinarquismo en los años cuarenta. Es menor la conciencia política en las rancherías que en el pueblo, y dentro de las

[3] En 1968, el Congreso del Estado ha elevado a la categoría de municipio la vieja tenencia. Vid. epiloguillo y posdata.

comunidades rurales, hay menos interés político en los parceleros que en los ejidatarios.

Las nociones políticas son harto vagas e imprecisas. Cual **más, cual menos** todos creen que la política es una actividad **deshonrosa** e inmoral, propia de sinvergüenzas. La carencia de ideologías políticas es notoria en la gran mayoría de la población. Quizá no lleguen a la docena las personas inscritas voluntariamente en alguno de los partidos nacionales. Quizá algunos burócratas y ejidatarios aparezcan en las nóminas oficiales como miembros del PRI, pero ellos lo ignoran. En las elecciones de 1964 para la renovación de los poderes federales votó el 5% de la ciudadanía. En 1967 la propaganda hecha por los partidos y los sacerdotes en pro de la votación llevó a las urnas al 22% de los ciudadanos. El PRI le ganó por dos votos al PAN, y el PPS obtuvo once votos.[4] Los votos en favor del PAN expresan generalmente dos cosas: la actitud de repudio hacia el gobierno y la idea que tienen muchos, y sobre todo las mujeres, de que votar por el PAN es votar por la Iglesia.

El relativo entusiasmo que suscita la política local lo muestra un hecho reciente. Jorge Romero, presidente municipal de Jiquilpan, renunció al derecho de nombrar jefe de tenencia en San José para el bienio 1966-1967, y convocó a elecciones. Se formaron tres grupos: los disidentes de diversas tendencias (panistas, sinarquistas, agraristas sin tierras) se agruparon alrededor del ex latifundista y antiguo jefe local del sinarquismo Rafael Anaya; los ejidatarios apoyaron al pequeño propietario Juan Gudiño, y los simpatizadores del *statu quo* al sastre Elías Elizondo. Los dos últimos grupos no se declararon hostiles entre sí y estuvieron dispuestos a unirse en caso de necesidad. El de Anaya desplegó una propaganda como nunca se había visto en San José y mostró una virulencia también sin precedentes.

Verificadas las elecciones el primer domingo de 1966, reunidos los votantes de cada partido en casa distinta, para evitar que llegasen a las manos, se obtuvo el resultado siguiente: Elías Elizondo 312 votos; Rafael Anaya 310, y Juan Gudiño 274. Números que son demostrativos de la máxima participación de

[4] AJTO, papeles correspondientes a las jefaturas de Bernardo González Cárdenas y Elías Elizondo.

la ciudadanía local en la política; números indicadores del poco interés en la democracia formal.[5] En la tenencia de Ornelas había aquel domingo de 1966 por lo menos 3 000 ciudadanos y únicamente votaron 898; el 30%. Está claro que a la mayoría de los posibles electores les importa un pito quién sea o deje de ser el jefe de la tenencia; es notorio que la mayoría prefiere la continuación del sistema del liderazgo personal, ya por la estimación de que goza el líder, ya por pura indiferencia política, y es igualmente seguro que la supervivencia de la asamblea pública le resta importancia a los otros poderes, al legal de la jefatura y al extralegal del liderazgo, aún cuando esa resta no sea de mucha cuantía.

Las atribuciones del jefe de tenencia siguen siendo numerosas independientemente de que estén autorizadas por la ley orgánica municipal. El jefe designa a los catorce encargados del orden de las rancherías y a sus colaboradores próximos: el secretario, un par de mecanógrafas y otro de policías. El jefe elige la tarea pública a realizar durante su gestión. Elías Elizondo ha seleccionado la de hacer la escuela y a conseguirlo dedica gran parte de su tiempo. El jefe asume la responsabilidad de evitar riñas, pleitos y desórdenes. Elías Elizondo se mete a las cantinas a desarmar borrachos. El jefe procura que las calles estén limpias y multa a las amas de casa que no barren el frente de sus viviendas. El jefe frecuentemente hace las veces de juez, de oficial del registro civil y de todo hasta donde se lo permiten, de un lado la autoridad municipal de Jiquilpan, y de otro los demás organismos del gobierno local: el líder, la autoridad eclesiástica, la Junta de Mejoras y la asamblea pública.

El liderazgo personal y la intervención de la autoridad eclesiástica en problemas correspondientes al gobierno son dos instituciones menos vigorosas que antes. Desde 1962 los encargados de la jefatura han tomado decisiones sin consultar con el padre Federico y a veces contra su manifiesto punto de vista, lo que no impide que el líder, al margen de la autoridad, decida sobre diversos puntos de interés común y su decisión sea acatada. Tampoco quiere decir que haya una abierta hostilidad entre el líder y el jefe de la tenencia.

[5] AJTO.

El padre Federico fue en otra época jefe indiscutido; ahora ya no lo es. En el día es tema de discusión. Entre los que lo atacan no todos viven en el pueblo. La mayoría son jóvenes. Algunos creen que el origen de esos ataques es sólo una manifestación de la solapada rivalidad que existe entre las familias grandes, de la lucha sorda de varios apellidos contra el apellido González. Pero eso no es todo. A unos les molesta la costumbre del padre Federico de decidir por los demás. Éstos combaten al patriarcalismo. Otros dicen que el patriarca no es parejo, que tiene sus preferencias.

Lo cierto es que la gran mayoría del pueblo lo quiere y lo respeta. Su oratoria concisa, sus sermones en tono de conversación, sin manoteos ni versículos, le suman simpatizadores en vez de restarle. Otros lo siguen por la agudeza de sus consejos. Al atardecer, en el soportal exterior de su casa, da audiencia pública, oye problemas y peticiones y resuelve dificultades, dudas y asuntos de conciencia. Además, se rumora que reparte centavos en secreto. Seguramente son el dinamismo y la astucia las fuentes principales de su fascinación. La gran mayoría del pueblo tiene mucha fe en la inteligencia, la sabiduría y la actividad del padre. Las reformas propuestas por él cuentan de antemano con el asentimiento público. "Todos le debemos mucho", dice un chofer. "Cualquiera sirve para deshacer, pero para hacer, pocos como el Padre", comenta un tendero. Los campesinos comentan: "Él sólo busca que se componga el pueblo", "Así como lo ven, flaco y con sotana, es muy valiente", "Viejo pero correoso", "Ojalá y nos dure mucho".

Lo cierto es que el líder, con ochenta años encima, con achaques propios de la edad, ya no tiene la misma fuerza de antaño, aunque tenga la misma voluntad de servicio. Tampoco es la misma gente la que vive ahora en San José. Los nuevos no creen ni en el patriarcalismo ni en el gobierno de los sacerdotes. No sólo el líder, tampoco el cura tiene tanto poder y ascendencia como antes. Ya hasta las visitas pastorales del obispo han dejado de ser cosas extraordinarias. El cura, por otra parte, cada vez se inmiscuye menos en el proceder del líder y el jefe de la tenencia. Las relaciones del cura con los organismos del gobierno local y aun con los encargados del orden en las rancherías y los comisarios ejidales son excelentes, pero en un plano de mutuo respeto. Con todo el párroco podría vetar cualquier decisión de los órganos de gobierno y lo más probable es que se respetara su veto.

Otra institución política que el padre Federico se empeña en tener vigente es la asamblea pública.[6] Se convoca, ahora con altoparlante, a todos los mayores de edad cuando hay que resolver algún asunto de nota. No son juntas sujetas a calendario ni se hacen en un sitio específico. Generalmente se convocan en domingo y tienen lugar en el salón de cine o en el patio de alguna de las escuelas. Lo normal es que el secretario de la jefatura las anuncie, pero puede proponerlas el jefe de la tenencia u otra persona influyente. La asistencia es escasa; se supone que los ausentes aceptan la decisión tomada por los presentes. En 1967 hubo tres asambleas públicas. En la primera se presentó la propuesta de un funcionario de Recursos Hidráulicos. Esa Secretaría ofrecía construir la red para la distribución del agua potable en San José a cambio de una cooperación popular de setecientos mil pesos. La mayoría de los asistentes opinó que se dejara para nueva asamblea la resolución final. En la segunda asamblea se votó negativamente después de acalorados debates. En la tercera de las habidas en el año se propuso el establecimiento de una escuela secundaria por cooperación, y después de discutir la propuesta, se votó por la afirmativa y se nombró al comité encargado de gestionarla. Estuvo a punto de celebrarse una cuarta asamblea para decidir si se solicitaba al gobernador y al congreso de Michoacán la elevación de la tenencia de Ornelas a la categoría de municipio, pero el grupo promotor de la idea decidió presentar la solicitud antes de consultarla con el pueblo, lo que no dejó de producir escándalo a pesar de que se sabía previamente que el resultado de la junta habría sido un sí unánime.

En otro plano, ninguno de los organismos locales es poderoso, porque ninguno tiene dinero. La jefatura de tenencia recaudó en 1966 poco más de $60 000; cinco mil mensuales que se fueron en sueldos miserables y alumbrado público deficiente. El líder emplea sus exiguas ganancias en gestiones ante la autoridad y regalos a las personas susceptibles de ayudar al pueblo. La asamblea se autoimpone contribuciones extraordi-

---

[6] La asamblea pública es una institución reciente. Comenzó a funcionar en 1962, a iniciativa del jefe de tenencia Bernardo González Godínez.

298

El palacio municipal (Fernando Torrico)

narias que no pasan anualmente, en promedio, de $100 000. Los poderes locales no disponen de recursos económicos para emprender el desarrollo de los servicios esenciales: asistencia sanitaria, caminos, agua potable, instrucción elemental y técnica, centros recreativos, medicina gratuita, mercados, luz eléctrica generalizada, seguros contra accidentes, enfermedad y vejez. . .

Unicamente los poderes estatales y federales cuentan con recursos para proporcionar a un nivel digno los servicios que la zona requiere. Sin embargo, allí están todas las rancherías y la mitad del pueblo sin agua potable; los ranchos a oscuras; muchos caminos intransitables en tiempo de lluvias; la afición deportiva sin canchas; la mitad de las rancherías sin escuelas y la otra mitad con poquísimos profesores. Se piensa, y con razón, que si San José tuviera gente metida en la política otro gallo le cantara. A la Iglesia la tiene en el bolsillo por tanto eclesiástico oriundo de San José y su jurisdicción. Pero la zona no ha dado siquiera un presidente municipal, y el único político de peso que produjo llegó a ser jefe, pero de un partido de oposición.

Religión y algunos de sus alrededores

En San José es más notoria la acción de la Iglesia que la del Estado. Son más frecuentes las visitas del obispo de Zamora que las del gobernador de Michoacán. Son menos los empleados eclesiásticos que los civiles, pero su actividad es mayor. De tres a cuatro sacerdotes y de cinco a seis religiosos asisten habitualmente en San José. Aparte del párroco, hay un vicario, un sacerdote residente y algún otro padre visitante. Fuera de las 4 religiosas que enseñan en el "asilo", casi siempre hay una o dos suplementarias. Ultimamente se han añadido al equipo eclesiástico 2 o 3 seminaristas. No hay cantor, pero sí sacristán.

Don Carlos Moreno, el párroco, asienta bautismos, informaciones matrimoniales y matrimonios; administra sacramentos; celebra dos misas diarias y preside un rosario en los días de entresemana; dice tres misas con su respectivo sermón todos los domingos; visita las rancherías mayores con alguna frecuencia; imparte los consejos solicitados para la feligresía; reza el breviario y regenta una academia de oficios femeninos para señoritas pobres. Don José Luis Garibay, el vicario, además de las obligaciones que le impone el sacerdocio, administra una escuela con más de doscientas criaturas en donde también imparten sus servicios dos seminaristas. Las religiosas tienen una escuela de niñas y una academia de paga para señoritas que pueden hacerlo. Muchas veces al día se oye el llamado de las campanas, y aparte, la voz del párroco difundida desde un megáfono, que convoca a juntas, da avisos y recomienda tales o cuales cosas. Lo mismo el párroco que el vicario pertenecen a la nueva ola sacerdotal. En vez de predicar las excelencias de la pobreza, recomiendan y ponen en práctica medidas para remediarla; en vez de decir "no falten a misa, rosarios y juntas", predican la observancia de las virtudes cristianas, el trabajo y la modernización.

Las creencias, el ritual y los mandamientos religiosos siguen ocupando buena parte de la vida privada y pública de los josefinos. Todos, con excepción de este o aquel maestro de primaria, se confiesan católicos. Ninguno pone en tela de juicio la doctrina aprendida en los catecismos del padre Ripalda, el cardenal Gasparri o el Catecismo Nacional. En la conversación cotidiana se hacen frecuentes referencias a la creación, a la redención, el juicio final y los cuatro mundos de la otra vida: limbo, purgatorio, infierno y cielo. Ahora hay menos intolerancia hacia las creencias ajenas. La superstición ha perdido terreno. Basta mirar al cuello de la gente y ver la escasa dosis de amuletos que cuelgan de él.

Tanto como las comodidades y la libertad en esta vida se busca la salvación en la otra. La vía de los sacramentos es la más frecuentada. Ningún niño se queda sin bautizar; ninguno alcanza los diez años sin confirmación. Todos los mayores de 8 años se confiesan y comulgan por lo menos una vez anualmente y un 50% o más lo hacen una vez al mes. A muy pocos se les deja morir sin la unción de los enfermos, y los que contraen matrimonio lo hacen, sin excusa alguna, delante del sacerdote y con el ceremonial de rigor, después de casarse por lo civil. Esto último porque el mismo cura lo exige aunque para todo mundo el matrimonio bueno es el eclesiástico.

De lunes a sábado se dicen tres o cuatro misas por día y los domingos de seis a ocho. A las misas de entresemana asiste diariamente medio millar de devotos, y la dominical no se la pierde ninguno del pueblo que no esté en cama o fuera, y vienen a oírla numerosos rancheros. Está por demás decir que muchos utilizan el momento de la misa para ver a las muchachas y que éstas aprovechan la ocasión para ponerse los vestidos menos encubridores y más llamativos.

La práctica de los diez mandamientos de la ley de Dios, los cinco de la ley eclesiástica y las siete virtudes no es tan robusta como hace 20 años. Los más procuran cumplir los preceptos aprendidos desde chicos en su casa y la iglesia, lo que no evita las frecuentes y generalizadas infracciones que los sacerdotes se encargan de perdonar periódicamente a los que hacen una buena confesión. En cuanto a pecados, se dice que la costumbre de la embriaguez y la lujuria está ahora mucho más extendida, aunque circunscrita como siempre al círculo masculino y a las poquísimas profesionales del femenino. La minifalda y el mayor trato con los hombres no han disminuido el recato y la austeridad de las mujeres. Ellas son muy respetuosas del decálogo del que sólo infringen el segundo, el quinto y el octavo mandamientos. Se hacen creer a fuerza de juramentos y matan de palabra, que la obra se la dejan a sus hombres.

Antes los campesinos tenían que dar al obispado y lo daban, la décima parte de sus ingresos brutos. Ahora tienen por obligación el ceder mucho menos y es común que no lo cedan. Se resisten a pagar el diezmo.[7] Sin embargo, la gente no es tacaña en otras cosas de la Iglesia. La limosna de los fieles asistentes a misas y rosarios, el óbolo recogido por la charola que pasa el sacristán o uno de los padres, y los derechos de estola del párroco suman a fin de cuentas casi tanto como lo juntado, a fuerza de ley y de castigo, por el gobierno local. Voluntariamente, todo mundo se desprende de lo necesario para sostener el culto y sus ministros; contribuye para el esplendor de las festividades religiosas; participa en las rifas y kermeses organizadas para obras parroquiales y acude con menores ayudas económicas extraordinarias a la acción eclesiástica diocesana y universal. Se da con gusto para las misiones de propaganda fide, y para la formación de sacerdotes.

---

[7] En los últimos años por concepto de diezmos se reúnen anualmente entre $ 18 000 y $ 20 000; esto es, el uno por millar del valor de la producción de la jurisdicción parroquial.

El control social, además de la fe religiosa, aseguran el cumplimiento de otros ejercicios religiosos: ayuno y abstinencia del miércoles de ceniza, el viernes santo, el 7 y el 23 de diciembre, y la sola abstinencia de los viernes cuaresmales; la tanda anual de ejercicios; los repetidos actos del golpe de pecho, de hincarse y persignarse, la asistencia a bodas y velaciones de cadáveres, las visitas al Santísimo, el pago de mandas, los desagravios, el viacrucis, las rogativas y las letanías mayores y menores, las gracias después de la comunión, el rezo de jaculatorias, novenas, los siete domingos de San José y los trece martes de San Antonio; el acto de contrición; avemarías, padrenuestros, salves y credos, y el ejercicio del rosario al que ahora la tele le resta clientes.

La frecuentación religiosa disminuye en otros terrenos. Los nombres propios antes se ponían en atención al santo del día o al santo de moda, o al santo Patrón, a la Virgen María, o en el peor de los casos, se le colgaba al recién nacido el nombre del padre, el abuelo u otro pariente próximo. Ahora, fuera de San Martín de Porres, ningún otro miembro del santoral tiene mucha importancia al momento del bautismo. Hoy los nombres se toman de personajes o artistas de cine, radio, televisión y cabaret: Yolanda, Georgina, Patricia, Sandra, Lilia, Nidia, Eréndira, Noelia, Laila, Moraima, Fabiola y Claudia. También se sustituyen algunas expresiones del vocabulario religioso por otros del laico. Cuando alguien estornuda se le dice "Salud" en vez de "Jesús te ayude". Cada vez se usan menos los dichos de "Dios mediante", "Con el favor de Dios", "Dios se lo pague" y muchos más. El diablo sigue devaluándose y de las diabluras sólo se habla en plan de broma. Otro olvidado es el Ángel de la Guarda.

Son alrededor de 90 las festividades religiosas en el año: 52 domingos en los que hay misa mayor y no se trabaja aunque se permita hacerlo; la circuncisión de Nuestro Señor Jesucristo, el primero de enero cuando todo mundo predice cómo será el año nuevo; el 6 de enero, día de los Reyes Magos y de los niños que ponen los zapatos por fuera de las puertas; el miércoles de ceniza en que nadie deja de acudir a la ceremonia de la ceniza; la festividad del Santo Patrono, el 19 de marzo; los ocho días de la Semana Santa, la bendición de las palmas el Domingo de Ramos, los viacrucis. el recogimiento general, el sermón de la última cena y el lavatorio de pies, el sermón de las Siete Palabras y lo poco que ha quedado después de las reformas litúrgicas recientes. Lo que más se echa de menos del viejo esplendor es la desaparición del Sábado de Gloria y la quema de Judas. A la Semana Santa la han hecho trizas.

Mayo, el mes dedicado a la Virgen, cuando los niños van a ofrecer flores y se queman ristras de cohetes a la hora del rosario, ha perdido sus días de fiesta especial; ya pasa sin mayor alborozo el día de la Santa Cruz. El 15 de mayo o San Isidro se celebra misa en el campo de futbol ante más de mil asistentes. En otras partes,

Tres jueves hay en el año
que relumbran más que el sol,
Jueves Santo, Corpus Christi
y el día de la Ascensión

pero en San José ninguno de los tres reviste más solemnidad que la de cualquier domingo. También el 24 de junio, el mero día de San Juan, el 15 de agosto de la Asunción, Todos Santos y Día de Difuntos andan de capa caída. En cambio se han vuelto pomposos el 12 de diciembre y la Navidad. El día de la Virgen de Guadalupe, además de misa y rosario solemne, hay procesión por la calle de la carretera. Los nueve días de posadas y la Nochebuena, con escasa tradición en San José, se celebran ahora con nacimientos y árboles de Navidad, piñatas caseras, ruidosas posadas en el "Asilo" y la Misa de Gallo o misa a medianoche. Todavía se aprovecha el día de los Inocentes (28 de diciembre) para engañar, y el último del año para dar gracias.

Las peregrinaciones o romerías nunca han sido especialmente ejercitadas por los josefinos. Son de reciente invención dos peregrinaciones anuales: la de los ex cristeros al Cubilete en uno de los domingos de octubre y la poco concurrida de la diócesis de Zamora al Tepeyac en un día del mes de febrero. También se acude, pero no en grupos organizados, a las festividades de Santiago en Sahuayo y San Cristóbal en Mazamitla. Todavía se van a pagar mandas, pero cada vez en menor número, a Totolán, Talpa y San Juan de los Lagos. El padre Luis Méndez puso en la punta de la montaña que custodia a San

José una enorme cruz de concreto con la esperanza de convertir aquel sitio en lugar de peregrinaciones. Fuera de la que se hizo para inaugurar el monumento, en 1964, las siguientes han sido poco concurridas y entusiastas.

Tampoco las asociaciones piadosas han logrado levantar cabeza en los últimos años. Muy pocos asisten a las juntas de las varias ramas de la Acción Católica (UCM, UFCM, ACJM, JCFM), y si la asistencia a las reuniones periódicas es menguada, todavía lo es mucho más el ejercicio de las orientaciones dadas por los dirigentes de AC.[8] Las Hijas de María ya no son ni sombra de lo que fueron; en vez de muchachas reúne a viejitas solteronas; en lugar de devotas las nuevas Hijas deben ser dinámicas, y las de San José ya no están para hechos. Una asociación tradicional asida a su rutina es la Vela Perpetua. El Movimiento Familiar Cristiano, que estuvo de moda por 1963-1964, hoy ha quedado reducido a puro membrete.

La parroquia de San José es todavía un productor importante de vocaciones religiosas. Viven siete sacerdotes oriundos de aquí; otros tantos se preparan para serlo. En la orden de los Hermanos de los Escuelas Cristianas hay ocho josefinos; con las Hermanas de los Pobres y Siervas del Sagrado Corazón hay 23 de San José de Gracia. En otras órdenes religiosas se han refugiado muchas más. Aproximadamente el número de "monjitas" es de 34 y el número total de profesionales de la religión de 60 sin contar acólitos, sacristanes y destripados.

Además de profesionales de la religión, San José tiene un buen número de cristianos a carta cabal. Conocen a fondo los principios básicos de la doctrina cristiana. Se saben creaturas del Señor, redimidas por Jesucristo y copartícipes de su Iglesia. En todas las acciones se acuerdan de las postrimerías y caen poco en pecado. Sus virtudes irradian dondequiera, a todas horas y sin ruido. Frecuentan los sacramentos, asisten diariamente a misa y al rosario. Tratan con sumo respeto a la gente de iglesia. Se apartarían de los herejes si los hubiera. Practican hasta donde pueden las obras de misericordia. Son rezanderos, pero no simples persignados, mochos o santurrones. No son las ratas de sacristía que tampoco faltan. Son los justos y devotos

[8] La más poblada de las asociaciones es la de la UFCM. A sus juntas asisten alrededor de 90 señoras.

En la plaza de toros o lienzo charro, durante una charreada

que no llegan a la docena. De ellos se dice que se irán al cielo con todo y zapatos. A la casa de éstos rara vez llama el chamuco de las diversiones y casi nunca le permiten entrar.

Ocasiones de contento y digresión sobre la felicidad

En 1967 los habitantes de San José quizá no se divierten más aunque tienen un mayor número de diversiones y mucho gusto y tiempo para ejercerlas. Lo único que les falta es el dinero. Si lo tuvieran —piensan los moralistas locales— llegarían al desenfreno de la gente que vive en la tierra pródiga de la Ciénaga de Chapala. Hay vocación de sibaritismo frenada por la pobreza. Hay menos gusto que antes por los juegos de azar, la charrería, la lectura y la conversación. Se mantiene incólume el ejercicio de la buena comida. Ahora gustan mucho los deportes modernos, el turismo y los espectáculos. Un alto porcentaje de la población se pasa gran parte del día prendida del radio o el televisor, los nuevos dictadores de la costumbre.

Todavía la mayoría de la gente goza de admirable digestión y los ricos y los de medianos recursos se complacen en tomar alimentos agradables al paladar sin la preocupación de que nutran, engorden o hagan daño. Las amas de casa y las fonderas están en el entendido de que la principal cualidad de la comida es la sabrosura y hacen sabroso el minguiche, la torta de requesón, los tamales, la capirotada de cuaresma, las corundas, el mole, las sopas de elote, las torrejas, los ates, los frijoles refritos, los chiles rellenos y lo grasoso, picante y dulce. Todo mundo sorbe atoles, pajaretes (leche con alcohol), aguamiel, leche sin café, nescafé, chocolate hirviendo, cerveza, cubas, aguardientes de mezcal, refrescos, bebidas calientes y frías. Se mastican vigorosamente los duraznos, la carne asada, la cecina, la birria, las cañas dulces, el quiote y los chicharrones. Se hace ruido, pero no mucho esfuerzo de masticación, cuando se comen las tostadas que venden Chole Partida y María Valdovinos en sus restaurantes, los buñuelos, los chongos rechinones, los tacos dorados en manteca y otros antojitos. San José es una villa golosa donde se come bien, donde el comer es uno de los máximos goces de la existencia.

Doña Josefina (L. Margules)

El reposo ha perdido terreno en los últimos años a causa de la celeridad, el ruido y la luz. Antes usted se podía dormir sobre el caballo o echarse una "cieguita" si así se lo pedía el cuerpo mientras andaba en su quehacer, y en la noche se dormía a pierna tendida desde las nueve hasta la madrugada. Todavía hoy los ronquidos y los claxonazos de los coches no son frecuentes ni alcanzan a todos, porque ni las rockolas, ni los radios ni los televisores juntos meten una milésima del estruendo que hay en la capital, porque San José no es el pueblo luz, porque todavía son más frecuentes los traslados lentos, porque los horarios, cuando los hay, son muy flexibles, porque muy pocos traen los nervios de punta, la gran mayoría de la población disfruta ampliamente de un reposo muy bien ganado.

Los deportes están de moda en la juventud, la adolescencia y la niñez. La charrería no, porque sus tres campeones (Rodolfo Sánchez, Miguel Reyes e Ignacio García) andan en los setenta años de edad y su promotor, el padre Federico, está a punto de cumplir ochenta. Lo único que demuestran los jóvenes vestidos de charros es que el hábito no hace al monje. La charrería deja de ser el mole de todas las fiestas para convertirse en los adornos de papel de china de algunas fiestas. La cacería sólo Alberto Partida Chávez la ejerce en serio. Los que cuentan ahora son los niños y los adultos entusiastas del futbol o cuando menos del volibol. En San José hay cuatro equipos de futboleros grandes y uno en cada una de las mayores rancherías. La cancha del pueblo es usada frecuentemente. Se compite con los equipos de otros poblados y con los muchachos del padre Cuéllar que vienen de Guadalajara a pasar sus vacaciones a San José. De lo que se trata es de ganar más que de competir.

La costumbre de la serenata dominical, la gira de las muchachas y los muchachos alrededor de la plaza hechas con el romántico fin de mirarse, sonreírse, hacerse señas y arrojarse confeti y serpentinas, está cayendo en desuso. Las parejas de novios prefieren ahora sentarse juntos en las bancas del jardín o alrededor de las mesas del café de María Valdovinos o pasear por las calles, y no sólo los domingos por la noche. Los novios andan juntos a cualquier hora y cualquier día, se frotan mutuamente la piel, se meten a la oscuridad del cine mientras los grandes se hacen de la vista gorda. El asombro ante el acercamiento prematrimonial de los sexos decae. En esto como en otras cosas, se va perdiendo el tinte puritano, lentamente, sin aspavientos. Los jóvenes de ambos sexos ya pueden ir a bañarse juntos con los trajes prescritos por la costumbre. Sin rubor alguno se zambullen en el mar o en la laguna de Chapala o en la única alberca que ofrece la zona, la alberca natural del Aguacaliente. Y todo sin que se produzca el temido derrumbe de la vida cristiana.

Los juegos de naipes y otros de azar cuentan con abundantes cultivadores maduros y uno que otro joven. Esas diversiones y la charrería van cuesta abajo por no ser ya ocupación juvenil, no por el fervor con que algunos las practican. Varios de los jugadores de baraja vivirían en México donde está toda su familia si no los retuviesen las largas y solemnes sesiones organizadas en sus respectivas casas por Alejandro Salcedo y Leocadio Toscano. Allí se entretienen la mayor parte del día, intercambiándose los pocos centavos que los acompañan, dos o más docenas de tahúres. Si estuvieran en misa no estarían más callados y absortos. Otros únicamente juegan a la lotería. Como nadie la vende en el pueblo van a Jiquilpan o a Sahuayo a adquirir sus "cachitos" y se llenan de gozo cuando obtienen un reintegro y saltan de gusto cuando le pegan a un premio, que nunca es el "gordo".

Se lee poco: más bien se habla, se oye y se ve. El arte de la conversación ya no tiene muchos cultivadores. No se trabaja más, pero se platica menos, especialmente entre la juventud. Los nuevos medios de comunicación favorecen la incomunicación. Con todo, a ninguna hora del día faltan en la plaza, las esquinas, las tiendas y los bares los corrillos de conversadores formados por gente de edad en su mayoría, o por gente que acaba de volver de México o de los "Yunaites". Estos cuentan muchas cosas de la ciudad; exageran las aventuras vividas en el lugar de su destino; refieren historias subidas de color; esparcen una gran variedad de embustes para divertir a sus auditores, no para convencerlos, "porque en estos tiempos ya no hay quien crea en algo o en alguien"

Los viejos conversan sobre las cosas de siempre: el clima, los crímenes de los hombres, la muerte, el negocio, los caballos y las vacas. Hablan también de los tiempos idos. Cuentan y recuentan la historia del pueblo de Martín Toscano para acá. Aún está verde y viva la memoria de la cristiada. También se ocupan del futuro, del porvenir de su tierra, de los suyos y de ellos mismos. Se dice muy poco de lo que acontecerá en el mundo o en la República Mexicana. Su futurismo es muy estrecho y en general optimista. No se descarta la posibilidad de que el pueblo se quede vacío o estancado; pero eso no es lo más común. Lo corriente es hablar de una tierra que despertará a todos los adelantos técnicos. Se cree que cuando el adormilado se despabile habrá mucho qué decir de San José.

Los jóvenes conversan mucho menos y de otras cosas. Ellos hablan obsesivamente de mujeres y de deportes; pero aún de eso hablan poco. La juventud prefiere el billar, el deporte y no cualquier espectáculo: no hay gusto por el teatro. Existe el local de teatro, como en todos los pueblos del país. Está dentro de la escuela de las madres. Hay una o dos funciones al año. Los actores son las niñas de la primaria. Los asistentes son los niños de las diversas escuelas y uno que otro viejo. Las piezas presentadas y su representación suelen ser ingenuas y altisonantes.

El aparato de radio no falta en ninguna casa del pueblo y de las rancherías. Funciona muchas horas cotidianamente. Las canciones viejas son las más oídas, pero no faltan jóvenes aficionados a los nuevos ritmos. También son de su gusto las reseñas radiodifundidas de los grandes partidos de futbol. El radio ha tenido que ver algo en la disminución de los asistentes al cine. El ruidoso altoparlante de Leocadio atrae poca gente a las películas. El promedio de asistencia semanal no pasa de 300 personas. Las causas de ese alejamiento parecen ser el radio, las pulgas, las butacas incómodas y la televisión.

En 1965 se instaló el primer receptor de televisión en San José. Al finalizar el año de 1967, había 114, uno por cada cuarenta habitantes, uno por cada cinco casas. Entran tres canales: 2, 4 y 6. Se ven, en la casa propia o en la del vecino, las películas que ya casi nadie va a ver al cine; los mayores se entusiasman con los episodios de *Ave sin Nido*, *El derecho de nacer* y *La Tormenta*; no son muchos los espectadores de las corridas de toros o de los noticieros; se cuentan con los dedos de una mano los que se alfabetizan o aprenden inglés en el televisor; la mayoría de los jóvenes y los adolescentes no se pierden los partidos de futbol televisados.

En tiempos de los abuelos había el deseo vehemente de ver a los obispos y ahora a los ídolos del cine y la televisión que como

311

no se dignan ir a San José, muchos josefinos van a verlos a las ciudades, pero muchos más se contentan con ver a sus imitadores. Tres o cuatro veces al año llegan al pueblo en caravana artística Cantinflas bis, Javier Solís bis, un Jorge Negrete resucitado y otros seudobispos de la canción, la comicidad, la danza, y demás artes multitudinarias, y reúnen por lo menos un millar de personas que desde las galerías del lienzo charro los escuchan, los contemplan y los aplauden. En lo tocante a espectáculos, la gente es fácil de contentar.

Las caravanas de seudoestrellas, estrellitas y asteroides se prefieren como espectáculo al de la única corrida formal de toros y al de la única charreada con los charros de México y a las esporádicas representaciones de títeres y marionetas, y al novenario anual de peleas de gallos y a cualquier otro espectáculo al vivo. El circo ya no viene, a nadie se le ocurre resucitar el palo ensebado; la pirotecnia nunca falta en marzo, pero pasa sin mucho alborozo. Se hacen kermeses para beneficio de esto y aquello que dejan pocas ganancias.

Lo demás son bodas con música y baile y viaje de luna de miel, días de campo de las familias o de las asociaciones, "gallos" de medianoche, turismo y fotografías, algo de lectura (Guía, Selecciones de Reader's Digest, Life, Siempre, Los Supermachos, los diarios de Guadalajara y México y libros amenos); pocos lectores y escasa lectura entre los egresados de la escuela. Quizá las tertulias familiares sean menos concurridas ahora. Se sabe muy poco de los placeres de la noche. Se estima de muy mal gusto contar la propia vida sexual a terceros. La conducta de los sexos es un enigma.

Las fiestas masivas han ganado esplendor y perdido intensidad. La del quince y dieciséis de septiembre incluye discursos de los maestros de escuela y el secretario de la jefatura de la tenencia. Se lee el acta de independencia proclamada en Chilpancingo. Los niños recitan desde el tablado poemas alusivos al cura de Dolores, a Morelos y demás héroes de aquel entonces. Los niños a pie y los charros montados desfilan por las calles. Se iza y se arrea la bandera, y cuando sucede esto, cientos de empistolados, que todavía hay muchos, se dan el placer de producir una balacera. De hecho, tirar balas al aire es diversión cotidiana, que ejercen los que andan borrachos todas las noches. Únicamente se ha logrado desbalizar a la fiesta mayor, la conmemorativa de San José y la fundación del pueblo.

En el pueblo sólo hay tres días de ruido ensordecedor y gran gozo: 17, 18 y 19 de marzo. Es la ocasión en que muchos de los emigrados vuelven a visitar a sus parientes y amigos. Suben al pueblo los hombres de las rancherías; se llenan de borrachos las cantinas, y sobre todo "la terraza", el gran bar instalado para estas fiestas en el soportal de abajo. Los señores de edad no se pierden las peleas de gallos y la partida; los jóvenes se dan gusto en la serenata; los rancheros en las charreadas. Muchos vienen de fuera a la corrida formal de toros. La niñez se desvela para ver los castillos de pólvora, y en el día, va del desfile al toro de once y de éste al volantín, el tiro al blanco, el baby-foot, los puestos de chucherías y las carpas donde se exhiben monstruos y rarezas. Al lado de la profana, crece la festividad religiosa.

Y como si todas las diversiones enumeradas fueran poco, hay que aclarar que todavía muchos josefinos gozan trabajando. O en otros términos, que la jornada de la actividad cotidiana suele ser una mezcla de trabajo y ocio. La separación entre uno y otro no es tan nítida como en las ciudades. Los tenderos se ponen a jugar solitarios mientras cae un cliente, y una vez caído, se traban en conversación con él. Las señoras que mientras tejen y cosen ajeno, recortan al prójimo, matan dos pájaros simultáneamente. No se puede decir dónde comienza el negocio y termina la diversión de muchas tareas campestres: buscar un animal extraviado, dar una vuelta al potrero y cercar los portillos; salir muy de madrugada a lo que se presente; hacer la cosecha y su combate; ir a recoger nopales, hongos, tunas, verdolagas, y a cazar huilotas.

Aunque menos confortable que la vida urbana, quizá con menos ocasiones prefabricadas de contento, el gozo de la existencia, la felicidad terrena parece darse en más altas dosis en los pueblos como San José que no en las urbes como México. O la infelicidad nunca es tanta como en las ciudades o se tienen más fuerzas para resistirla. Lo cierto es que en la zona de San José de Gracia no hay suicidios ni frecuentes manifestaciones de neurosis. Es seguro que la vida no es idílica; tampoco triste y monótona; se parece más a la poesía de Ramón López Velarde que a la prosa de Juan Rulfo.

Eso no se contradice con el anhelo de una vida mejor. No quiere decir que los josefinos vivan satisfechos en su mundo; es decir, la mayoría de los jóvenes, porque en San José hay un número considerable de casas que alojan hombres felices. Miguel Reyes, Rodolfo Sánchez, Juan Gudiño, Juan Chávez, Porifirio González y tantos más no le ponen ningún defecto a su terruño y no cambian la vida vivida en él por otra alguna, ni siquiera por la del cielo. Si no fuera minoría, le darían el tono a la comunidad. Ahora se lo dan los ambiciosos de comodidad, riqueza y expansiones; o mejor dicho, los ambiciocitos, porque los ambiciosos en grande se fugan en cuanto pueden. Los que se quedan no aspiran a muchos de los goces de la vida moderna y urbana, o no creen que el enriquecimiento fabuloso, lo muelle y la diversión variada acarrean la felicidad.

La dosis de felicidad y las ocasiones de contento no son las mismas para todos. No se puede decir que la pasen bien los de la "alta" pueblerina porque la quieren pasar mejor. Seguramente los que pocas veces se sienten felices son los pobres. Para ellos hay menos alegría. Muchos confiesan que ya están cansados de vivir chupa y chupa cigarros de hoja, bebe y bebe aguardiente, platica y platica de las mismas cosas con los mismos amigos. Sobre todo desde que se cerró el Norte se han quedado sin recursos para divertirse y para aliviar las desgracias susceptibles de ser aliviadas con dinero. Tampoco las mujeres de cualquier nivel han alcanzado la dicha. En fin, todos los de abajo (pobres, mujeres, niños y ceros) andan la mayor parte del tiempo dados a la tristeza, a una tristeza mansa, con frecuentes relámpagos de odio.

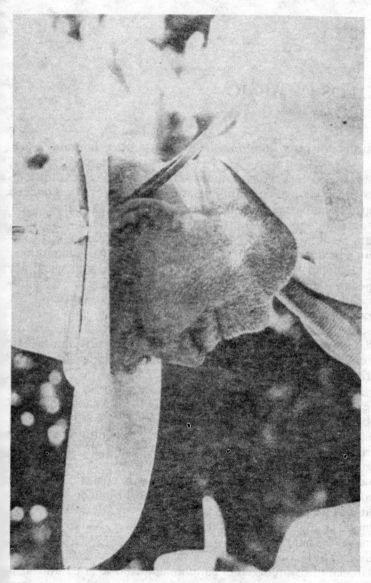

Don Miguel Reyes

X. LOS DE ABAJO

Minifundistas y hombres al servicio de otros hombres

LAS MIL FAMILIAS POBRES que viven en puro nivel de subsistencia o casi se dividen en propietarios y jornaleros. Una tercera parte tiene parcela a título ejidal o personal. Sus parcelas, en promedio, son de 12 hectáreas, superficie generalmente apta para sembrar la yunta de sembradura y mantener cuatro o cinco bovinos. Desde un punto de vista funcional son minifundistas incapaces de trascender su pobreza. Lo que sacan del "pedazo" apenas les da para comer, mal vestir y darse alguna vez un gusto. Formalmente pueden convertirse en ricos o en personas de clase media, pero no cuentan con ningún apoyo ni recurso para acrecer la productividad de su parcela o hacerse de más terrenos. Están estancados sin capital, sin cultura, sin técnica, sin palancas: algunos aferrados a la "tilanga de tierra" y otros en trance de irse y largarlo todo.

Los pobres sin tierra son mayoría, y salvo los muchachos de corta edad que están en espera de ser llamados a México o de obtener pasaporte y visa para los "Yunaites", los pobres que no están con un pie en el estribo, que desean continuar viviendo en su tierra y su vida tradicional, han concentrado su ambición en un deseo único: poseer una parcela y trabajarla como unidad independiente de labor y producción con lo cual, sin otra cosa, no mejorarán el nivel de vida como no lo han mejorado los dueños de parcelas ejidales a lo largo de tres décadas, pero se darán la satisfacción de que no los mande nadie. Algunos, como Zenaido Martínez, padre de 12 criaturas, a fuerza de ahorros distraídos del módico jornal, junta para comprarse una parcela; otros prefieren el camino agrarista; se la pasan solicitando tierras y mentándoles la madre a los ricos. La respuesta del DAAC siempre es la misma: "No se conceden tierras por no haber fincas afectables" y los pobres no propietarios siguen como siempre entregados, como los pobres propietarios, a la milpa.

Como siempre, la productividad en la agricultura es baja. Las plantas cultivadas siguen siendo las mismas. Se cultivan más tierras, que no mucho mejor. Se mantienen los cultivos de desmonte o roza y el sistema de año y vez. Se sigue con la tradicional rotación de cultivos. Para tirar del arado las mulas reemplazan a los bueyes. La agricultura de azada, lo que se nombra hacer un ecuaro, se va convirtiendo en actividad puramente deportiva. Ha habido una notable mejoría en las herramientas de labranza. No se ha llegado al tractor dizque por lo cascajoso de la tierra y quizá también por el tamaño de la propiedad, demasiado pequeña para justificar la posesión individual de la máquina. El uso de fertilizantes tampoco está a la mano de la mayoría de los minifundistas y ejidatarios. La producción de cereales es todavía baja e irregular. Se ve bien si una hectárea de sembradura da una tonelada de maíz.

Aparte de sembrar maíz en la parcela, y sólo para sostenerse a duras penas en el nivel de la subsistencia, que no para desenvolver la economía, muchos pobres obtienen ingresos marginales como leñadores, jornaleros, vinateros. Los leñadores pueden cortar al día hasta dos cargas de burro, y si las venden obtienen $20.00 o más si la hacen carbón. Este todavía se usa para cocer el pan y en las cocinas donde no ha entrado la modernización. El poner vinata y vender uno o dos barriles de mezcal es una manera poco frecuentada de conseguir ganancias marginales. Por allí se dice que algunos rancheros han dado con una buena fuente de ingresos: el cultivo de la mariguana. Corren rumores de que la droga se lleva a los Estados Unidos y allá se vende a muy buen precio.

Varias artesanías han desaparecido. Ya no hay zapateros. Los productos de la talabartería (retobo, basto, arción, látigo, tiento, chicota, cantina y tantas cosas hechas de cuero) están cayendo en desuso. Ya no hay herreros. Ostentan todavía el título José Chávez Fonseca y Rubén Vergara. José tiene más de ochenta años y se limita a ir de casa en casa con una sarta de herramientas traídas de Sahuayo. Ahora se usan más fierros,

317

pero se adquieren fuera. Otro tanto sucede con los sarapes. En San José los tejen en el día únicamente Isidro Ávila, Ramón y Moisés Ceja. Tampoco los carpinteros están en jauja. Ellos son José Pulido Cárdenas, Luis Partida, Adelaido Rodríguez, José Valdovinos, etc. En suma, trabajos forasteros producidos en serie, hechos a bajo costo, están a punto de acabar con la artesanía local, por lo menos con la masculina.

A los albañiles les sobra trabajo. Se dedican a la albañilería: Filemón Becerra, I. Martínez, Ignacio Partida, Daniel Pulido Córdoba (el célebre chaparro que ha edificado un alto porcentaje de las casas pobres del pueblo), Ignacio Partida, Gonzalo y Manuel Villalobos, Guadalupe Vergara y varios más. Hoy el principal negocio de los pobres es el de amasar y cocer ladrillos y tejas. Más de cien se dedican a eso en las secas. En los meses sin lluvia una persona puede hacer miles de ladrillos. En 1968 el millar de ladrillos se vende a 350 pesos.

Muchos necesitados escarban la tierra barrosa y próxima a un río o a un nacimiento de agua. Danzan frenéticamente sobre la tierra escarbada y húmeda; danzan hasta convertirla en lodo. Éste se lleva a los moldes de madera que le darán fisonomía de tabique, adobón o teja. Las piezas moldeadas se ponen a secar. Una vez secas se les apila para formar la parte sobresaliente de la torre del horno. En la parte baja queda la cámara de fuego, donde arde la leña. Concluida la combustión, cuando las piezas se han puesto rojas, se deshace lentamente el horno. Le quitan los ladrillos y las tejas; se los llevan a lomo de bestia o en "troca" los compradores. Las ladrillerías suelen ser familiares. Es rara la que ocupa obreros asalariados, como la de Gabriel Torres.

Muy pocos de los pobres del pueblo y las rancherías practican el comercio ambulante, venden en el mercado dominical. Los vendedores, generalmente forasteros, llegan al mercado, que se instala en el soportal poniente de la plaza, el sábado al atardecer y luego desempacan su mercancía. La actividad de placear se inicia a las siete de la mañana del domingo y concluye a las cinco de la tarde. En el mercado se expende lo que no se produce en la zona: legumbres, verduras, loza, pescado, cosas de bonetería, telas, rebozos, cucharas, juguetes de plástico para niños, guaraches y zapatos. También se ponen a la venta y no sólo los domingos y por vendedores del lugar, comestibles.

Aparte de la carne que se expende cruda, se vende menudo, birria, elotes cocidos, atole, tamales, buñuelos, *hot cakes*, camotes tatemados, chayotes, quiote, caña de azúcar, etc. Los compradores por sistema regatean el precio y examinan la mercancía. Comprueban con los "ñudos" de los dedos si la loza no está rajada; manosean la fruta y exigen que se les den a probar partículas de ella. Las telas son revisadas de punta a punta. La gran mayoría de los compradores son mujeres.

Otra fuente de ingreso de la clase proletaria es el jornal, lo que significa bien poco, porque hay poca oferta de trabajo y el salario medio es de quince pesos al día, inferior al salario mínimo. No pasan de setenta los ganaderos que requieren los servicios de un ordeñador y un becerrero. En las granjas, el número de asalariados no llega a cien. La industria quesera empleará a dos docenas; el comercio y los transportes alrededor de 60 trabajadores a sueldo y los servicios públicos y domésticos, el doble. No suman quinientos los jornaleros con trabajo permanente. Las tareas esporádicas son todavía menos: cosecha de maíz en diciembre y compostura de brechas y ensilaje en octubre. En total, poco trabajo jornalero y jornales deficientes que la mujer suele complementar bordando, cosiendo y recolectando (frutos silvestres, hongos, nopales, verdolagas y camotes del cerro), y el hombre cazando (armadillos, huilotas, etc.).

La vida de los pobres exige salud. El pobre vive de sus manos y de sus fuerzas físicas y por eso el temor a enfermarse es a veces mayor que el temor a morirse. También se preocupan sobremanera por la disminución de la potencia física y sexual. Mantenerse fuertes, viriles y sanos es quizá su máxima preocupación. De ahí su esfuerzo por hacer las tres comidas diarias y porque no falte en una de ellas la leche y en otra la carne, además de los frijoles, las tortillas y el chile. De ahí su desazón cuando caen enfermos, y el endeudarse para acudir al médico y comprar medicinas, y el engullir y untarse todo lo que le recomiendan el médico, el curandero y los vecinos, y el rezar al mayor número de santos para recobrar la salud y volver al trabajo, si es que lo hay.

La proporción de desocupados totales en relación con el total de gente económicamente apta es muy poca. Está subocupada en tareas de poco rendimiento o de tiempo parcial el 60%. En la plaza y en las calles del pueblo, frente a las casas de las rancherías se encuentran en todo tiempo, y principalmente en las secas, a toda hora, sobre todo de mediodía para abajo, hombres desocupados, deseosos de trabajar e incapaces, si son jóvenes, de pedir una limosna y muchas veces ni siquiera un préstamo. Los pudientes alegan que no son tantos como en los demás pueblos de la comarca y que a ninguno se le deja morir de hambre, lo cual es cierto. No es que vivan completamente a la intemperie, pero sí en la inseguridad.

No hay ninguna asociación de trabajadores. La gente es refractaria a los grupos organizados. Cada asalariado se rasca con sus propias uñas, se defiende como puede. Si consigue empleo fijo, lo cuida como la niña de sus ojos. En los quehaceres temporales procura granjearse la simpatía de quien lo ocupa con la mira de llegar a tener quehacer permanente. Por supuesto que también se dan los reacios al quehacer fijo y los vagos puros, pero ésos son muy pocos y mal vistos.

El trabajador del campo no puede ahorrar. Lo que gana como minifundista, aparcero, leñador o jornalero apenas le ajusta para satisfacer las mínimas necesidades, para mantenerse y mantener en forma a la familia con una comida adecuada, y para comprar los "hilachos". Menos mal que no paga renta ni servicios. La casa es suya y no hay en ella, sino por excepción, luz y agua corriente. No puede ahorrar y su poder de compra es cada día menor. Desde que fue suspendida en 1964 la contratación de braceros, empeoró notablemente. Ahora sólo por milagro puede trascender su miseria. Lo normal es que no salga de su condición, y lo nuevo y ya muy generalizado, que no sea un pobre como los de antes, lleno de conformidad y cortesía. "Los tiempos han cambiado."

La gente se ha vuelto algo ruda. Muchas ceremonias han caído en desuso. Algunos jóvenes suelen prescindir del saludo que antes siempre se le daba al que se encontraba con uno en la calle o el camino. Hay menos cortesía en el trato diario. La costumbre de poner apodos agresivos, antes obsesión exclusiva de los sahuayenses, ha cundido en San José. Todavía se habla quedito y los ademanes son sobrios, pero ya no se califican de locura las voces altas y la teatralidad. Poco a poco penetran los colores chillantes en el vestido de la mujer y en la camisa del hombre. Aunque la gente pobre es más gentil y callada que en

320

En las orillas (Fernando Torrico)

cualquier ciudad, es ríspida si se compara con sus padres y abuelos.

El ver que el minifundio, la aparcería y el jornal sólo alcanza a cubrir las primeras necesidades; el ver que otros con el mismo o menor esfuerzo viven sin agobios económicos, se pasean de cuando en cuando, comen lo que quieren, visten buenas chamarras y zapatos, construyen casas grandes, tienen luz, agua y televisión y algunos hasta camioneta, entran a cualquier parte sin que les pregunten "¿Qué se le ofrece, señor?", se emborrachan sin que les digan borrachos, delinquen y no van a la cárcel, se enferman y mandan por el médico, y a veces todavía les queda para guardar o extender su negocio; el ver todo eso en otros y no en ellos que se sienten tan acreedores a ese bienestar como quienes lo poseen; el ver y el desear el bien de la casa ajena ha revivido rencores. El minifundista, el jornalero y el sin oficio ni beneficio se sienten humillados por los que ellos llaman ricos, miran hoscamente a la clase patronal y aun a la clase media, andan envidiosos, odian a los amos y éstos suelen pagarles con la misma moneda. El clima de hostilidad se extiende y ahonda, por la elevación del nivel de aspiraciones, por culpa de la envidia, "por sentir ventaja en los otros", por creer que los demás se han hecho ricos a costa de ellos o por pura suerte.

Todavía muchos de los mayores alaban a su amo; se sienten satisfechos de estar a su servicio; agradecen una sonrisa amable, un obsequio, cualquier deferencia prodigada por el patrón. Se sienten orgullosos de que su mujer o sus hijas le ayuden a la señora en casos de apuro, cuando la señora recibe visitantes o cuando se enferma o no está, o ha organizado un día de campo o viste de luto. Por supuesto que las manifestaciones de cariño son discretísimas, "secas", según la costumbre del terruño.

Pero la mayoría de los jóvenes y algunos adultos no son como sus padres. No hay en ellos predisposición a la fidelidad, al agradecimiento y al cariño. Los regalos, las muestras de aprecio y de confianza de los señores los dejan tal cual. Quizás no hablen mal de su patrón porque no son tan bobos como para darle patadas al pesebre, pero sí hablan con rencor de la clase patronal. Según los patronos los jóvenes jornaleros están muy metalizados; únicamente se interesan en obtener una buena paga; se malacostumbraron en los Estados Unidos a ganar bien, lo que nunca podrán lograr en el pueblo donde los negocios son tan raquíticos. Los amos desean que se vayan, y muchos les hacen el gusto, pero otros no quieren dejar el terruño; prefieren pasarla mal junto a sus cosas o son desidiosos o se les cierra el mundo o no hallan puente, puerta, ni portillo. En suma, se quedan a renegar, maldecir a los ricos y atender las sugerencias de rebeldía que los grupos de oposición les hacen.

En resumidas cuentas, en el actual estado de discordia social, en la lucha entre jóvenes proletarios y propietarios intervienen muchos factores: el rescoldo del rencor que trajo la reforma agraria de los años treinta, el cierre de esa válvula de escape que era la "bracereada", la poca productividad de la región, el reparto desigual de la riqueza, la ruptura de viejos lazos de amistad (compadrazgo, espíritu de familia, etc.), el machismo, el individualismo, el "no dejarse hacer menos de nadie", el ser "un hombre muy valiente", el "cada quien que se rasque con sus propias uñas", y "yo me defiendo solo", la desconfianza, la susceptibilidad, la idea obsesiva de "qué estarán planeando esos ricos hijos de la chingada", los atizadores de la lucha social, la envidia, el llorar lo que el vecino alcanza, el creer firmemente que la riqueza se obtiene a costa de los demás, que si hay ricos es porque hay pendejos, que si unos agarran es porque otros aflojan, que los ricos lo son a expensas del pobre, que los bienes materiales no provienen del trabajo, "y si no que me lo digan a mí que me mato trabajando", "los ricos se hacen ricos por inteligentes para robar". Es raro ahora el que acepta los aspectos sórdidos de la vida como algo natural e inevitable. Es raro el que no maldice. Los campesinos pobres protestan de continuo contra los dueños de las tres cuartas partes de la tierra; lanzan improperios. Aunque la bravura va cayendo en desuso, amenazan con que echarán mano de ella y de los licenciados. "No le den vuelta ricos hijos de la pelona; ahora vamos a ver de qué cueros salen más correas; ustedes tienen sus licenciados y nosotros los nuestros." Se cotizan entre todos para pagar gestores y hasta allí pueden unirse. El pobre amenazante como el acomodado temeroso son radical y fundamentalmente individualistas. El pobre porque no quiere depender de su amo, aspira a poseer un pedazo de tierra. También por el recio individualismo no se une para conseguirla.

La mujer confecciona niños, comida y arte

San José todavía no se convierte del todo, como otras localidades, en un pueblo de mujeres y niños. Son desde luego gran mayoría. Hay un 47% de gente menuda, menor de 15 años. Según el censo de 1967, el número de mujeres mayores de 15 años es de 2 476; el 30% de la población total. También es obvio que el número de miembros de la familia tiende a reducirse. Ahora en promedio cada grupo familiar es de 6 individuos. Como quiera, no ha desaparecido el ideal de la familia numerosa, especialmente entre los pobres. Huelga decir que casi todas las uniones han sido sancionadas por la Iglesia y el Estado y que son tan estables que nunca se produce un divorcio legal y rara vez un abandono.

La mujer ha ascendido. El padre sigue siendo la cabeza de la familia, pero ahora es menos autoritario que antes con su consorte y sus hijos. En muchos casos la esposa comparte la autoridad con el marido y en muy pocas ella está totalmente supeditada al cónyuge y se deja golpear por él o insultar soezmente. Esto no quiere decir que se haya caído en las manifestaciones de ternura. El hombre expresa el amor por su familia con obras que no con buenas razones, acudiendo a la satisfacción de las necesidades básicas de su hogar y no con frases y gestos cariñosos. La costumbre del beso se inicia ahora muy débilmente en la juventud. El trato mutuo en la intimidad hogareña es seco y todavía es más adusto en la vía pública. Si no más apapachada, la mujer es cada vez más libre gracias a la revolución contra la autoridad del hombre y al uso de algunos aparatos modernos. Los molinos de nixtamal y la tortillería la han librado de la esclavitud del metate, de tres a cinco horas diarias de trabajo rudo. También las máquinas de coser, las estufas de gas y el agua corriente han aligerado la carga al tercio de mujeres de mayores recursos.

Conforme a la tradición, aunque en menor medida, la mujer vive la mayor parte del tiempo en su casa, excepción hecha de medio centenar de empleadas en el comercio y en la administración, una docena de profesoras y otras tantas mensajeras de chismes. En las rancherías no es tan raro que la mujer ayude al hombre en la labranza y el cuidado de los animales. Como quiera, lo normal en las campesinas es que sólo dejen la habitación para ir a lavar al río, y en las del pueblo, para asistir a los oficios religiosos, o salir a pasear o comprar. Los quehaceres y los ocios femeninos son generalmente de puertas adentro. Es una mujer libre y activa, pero dentro de la casa y en mayor o menor proporción según se trate de madres, solteronas y casaderas, que cada uno de esos grupos se rige por distintas leyes. La actividad de las mujeres es más movible e indeterminada que la de los hombres. No existe, como en la ciudad, la mujer de lujo.

Las madres, aunque ya haya muchas liberadas de la molienda y la fabricación de las tortillas, son las que arrostran las tareas más rudas de la vida familiar. Gestan por término medio un niño cada dos años durante dos décadas. Un 30% dan a luz asistidas por el médico y las demás por una comadrona. Beben y comen lo que la tradición popular prescribe para enlecharse. Amamantan a sus criaturas. Las cuidan de todo a todo hasta los siete años si son hombres, y hasta que se van de la casa si son mujeres. Salvo las pocas que tienen criada, "se asan vivas"; pasan en la cocina muchas horas; preparan de comer para todos los habitantes del hogar, friegan los trastos, cosen y remiendan, barren y sacuden. Si cuentan con la asistencia de las hijas, les queda tiempo para el chisme, cuidar plantas, oír la novela del radio y ver algunos programas de televisión. Lidiar al marido, soportarlo, consecuentarlo, son otras tareas muy importantes que realizan resignadamente y sin aspavientos. Tampoco es raro que ayuden a la casa con trabajos lucrativos. El fenómeno de la casada infiel no se da, ni tampoco el de la solterona libertina, por lo menos en número apreciable. La vida sexual de la mujer sigue siendo, a pesar de los cambios, muy controlada.

Se estima como la máxima tragedia en el seno de una familia el que una de sus solteras resulte con encargo. La madre soltera pasa las de Caín. Como principio de cuentas queda deshonrada para toda la vida. Pero lo cierto es que las no casadas con hijos son escasísimas. El número de criaturas ilegítimas se ha reducido al 2% de las nacidas; las muchachas que han sido raptadas y no desposadas o las que han tenido relaciones sexuales extramatrimonio son pocas y muy mal vistas. La liberación erótica de la mujer ni siquiera se vislumbra.

Se tolera, aunque no se ve bien, el procedimiento de llevarse a la novia a pasar una noche con el novio cuando el padre de

Doña Inés Betancourt (Isabel Kataman)

ella no consiente que se casen y hay que obligarlo. Pero las que se "van" en otra situación casi siempre se quedan solteras, pues el honor exige que el hombre se una en matrimonio con una virgen. De hecho, la honra de las mujeres es como el vidrio: se rompe y se empaña con suma facilidad. Aunque ya no lo sean, deben pensar como vírgenes. Una mujer deshonrada corre el peligro de ser matada y es frecuente que los padres y los hermanos la dejen molida a palos. Lo más grave es que los varones de la familia se ven obligados a lavar la afrenta, y piensan que el único lavado efectivo es el hecho con sangre. "La deshonra de la mujer no se queda en ella; su humillación es contagiosa; su maldad embarra a sus padres y hermanos, y eso si es soltera. Si es viuda, casada o arrejuntada, ni para qué decir. Hay que ser prevenidos. Entre santa y santo, pared de cal y canto. Si no, vienen los dolores de cabeza, se tienen que ir, dan de qué hablar, y más de una acaba en mujer fácil, pierde la vergüenza, se mete con todos."

En San José, como en cualquier pueblo, existe una buena colección de viejas solteronas que casi "no se mueven de su rincón, de su mirador disimulado, y están al par de cuanto sucede". "Acaban por copiar más experiencia de la conducta y los hechos humanos que quienes andan al aire libre, azotados por los ventarrones de la aventura." Como las madres, el lugar público que más frecuentan es el templo, y en él son indispensables para desvestir y vestir santos, atender las actividades caritativas de la parroquia, recoger chismes, esparcirlos a fuerza de chuchuchu en las orejas de medio mundo y vigilar la moral pública. En casa son madres suplentes y prototipo de mujeres hacendosas. Ellas han hecho del pueblo una vasta fábrica de costura y bordado; han suplido parcialmente la ausencia de los dólares con los pesos acarreados por manteles, colchas, y sobre todo sevillanas. En el tul enredan sedas doradas, sedas negras, sedas verdes, sedas azules. En los últimos siete años se han vuelto las más serias competidoras de las mantilleras granadinas, y a su ejemplo han acudido muchas otras mujeres de la región, y hoy dos centenares de bordadoras hacen un número igual de sevillanas al mes, pero como las venden a muy bajo precio el valor anual de la producción no sube de novecientos mil pesos.

Coser y bordar es también la ocupación preferida de las jóvenes casaderas. Desde que sufren el trauma de las primeras menstruaciones se toman cuidados especiales para hacerlas "muy mujercitas"; esto es, buenas costureras, cocineras, planchadoras, hacendosas, recatadas, limpias, ángeles guardianes de sus hermanos menores, devotas, dulces y hogareñas. En cuanto llegan a la pubertad se les reducen mucho las libertades gozadas en la niñez. Se les prohíbe callejear, jugar con varoncitos y opinar sobre esto y aquello. Se les vigilan lecturas y espectáculos y se les encarece la importancia de algunas virtudes: la castidad, la obediencia, la abnegación, la resignación y el ahorro. Se les educa conforme a las reglas en que fueron educadas sus madres y abuelas, pero se les toleran los afeites personales y el que estén a la moda.

La moda de los cabellos cortos tiene curso libre igual que otras cortedades exigidas por el culto al cuerpo. Las muchachas de San José, siempre un poco a la zaga de las citadinas, suben cada vez más los bordes últimos del vestido, descubren más pierna que la vista hasta hoy. La mujer joven de San José también vive con la preocupación de mantenerse escurrida y con curvas atenuadas a fuerza de comer poco y usar algunas prendas de vestir. Naturalmente los cosméticos y los perfumes son usados por las jóvenes josefinas, pero su maquillaje suele tener una apariencia menos artificial y aparatosa que el usual en las ciudades. Las de San José guardan sus distancias con respecto a las capitalinas; incluso abandonan la tradición lugareña de fumar para diferir de las jóvenes presumidas. Tampoco practican, después de haber salido de la escuela, deporte alguno; para ejercicios les basta y sobra con los caseros, según dicen.

En cuanto a las mujeres casaderas habría mucho más que decir. Lo de cómo se comportan frente al matrimonio sería lo más sorprendente. Aunque les preocupa menos que a sus antepasados el encontrar marido, lo hallan con más facilidad. Entonces era difícil pensar en matrimonio con cualquiera de fuera; ahora la muchacha josefina prefiere al extraño (y éste a aquélla, porque las de San José son un almácigo de virtudes, aparte de bien presentadas). "Aman los pájaros y las flores, a los chiquillos y a las ancianas", aunque los amores de ahora sean muy distintos de los de antes. Aman por sobre todas las cosas a los muchachos de México y Guadalajara porque sí y porque anhelan salir de su pueblo.

En el lento abandono de San José de Gracia y las rancherías las mujeres juegan un papel muy importante. Ellas ablandan a los padres reacios a que sus hijos dejen el terruño. Ellas, si son jóvenes, procuran convencer al consorte de que el porvenir de la familia está en la ciudad. Ellas se encargan de recordar en las reuniones familiares lo bien que viven en México algunos emigrados de San José. Ellas aducen razones contra los que piensan en la corrupción moral de los citadinos. Insisten en que sólo se pierden los que de por sí son malas o malos. También dicen que hay más peligro para la juventud en el pueblo, pues la falta de trabajo hace a muchos necesariamente viciosos.

La mujer ha tomado la delantera en otra decisión fundamental (la mujer madre que ahora tiene alrededor de 35 años, no la vieja ni menos la "quedada"). Las mamás con producción mínima de cuatro niños han resuelto el uso de las píldoras contraconceptivas, con o sin aprobación del cónyuge. Según el rumor popular muy pocas entre las que han tomado la ruta de la no concepción son pobres; la mayoría pertenece a la clase media, aunque las iniciadoras hayan sido las de la "alta". Las más púdicas acuden a los farmacéuticos de Sahuayo para la compra de los comprimidos y la recepción de las instrucciones relativas a su uso. Otras reciben de los médicos locales píldoras e instructivos. El control de la natalidad es algo tan reciente que las señoras todavía no han ideado razones precisas para justificar su conducta. Antes de cualquier razonamiento se produjo la noluntad de niños, y alrededor de setenta señoras, la décima parte de las que están en aptitud de tener hijos, usan asiduamente las píldoras.

Las mujeres son las mantenedoras del poco arte que se produce en la comunidad josefina. Quite a Enrique Gonzalez que se dedica a la pintura; no cuente ya al emigrado Ramiro Chávez que escribía, esculpía y actuaba, y sólo se queda con los esfuerzos femeninos: decoración de la iglesia para las festividades públicas y las bodas; colchas, sevillanas y manteles preciosamente bordados y tejidos; jardines interiores; corte de ropa; arreglos florales; confección de arreglos con papel de china y muchas exquisiteces, y mil maneras del arte efímero, y culto a las flores. Pese a que las mujeres de hoy no descuidan su apariencia y atuendo personales, el arte menos practicado por las jóvenes del pueblo es el de su propio embellecimiento. Sobre todo en el campo, la mujer se despreocupa, apenas se casa, de sí misma; se pone bien gorda o seca y arrugada y no se aplica decoración alguna.

Por supuesto que la mayor gracia de las mujeres josefinas se desarrolla en el arte de cocinar. Es obligación de la mujer hacer comida barata y buena; gastar lo menos posible y dar lo máximo de sazón y sabrosura a los alimentos. Si hay tanto empeño femenino en que los hombres traguen es porque las de San José se saben campeonas de la cocina. Son famosos los tamales de Olivia Cárdenas, los buñuelos de Sara Martínez, los dulces de Elena Alcázar, Toña Martínez y Lola Pulido. Los chongos y la torta de requesón de Josefina González Cárdenas no tienen paralelo. En las sopas de elote, las corundas y las toqueras todas son excelentes. Las hay también artistas universales como las Villanueva (Elena, Eduwigis, Pepa y Rita), Elpidia González, Chela y Mariquita Sánchez; las señoras Esther Godínez (modista además), Amelia Sánchez, Sara Cárdenas, Lola Magaña, María Álvarez, María Pulido González, Librada Chávez, Rita Anaya, Leonor Arias, Soledad González, Antonia González y sus dos hijas (Carmelita y Pina), Consuelo Pulido, Emilia Novoa, Herminia Sánchez y tantas otras.

Por último es el sexo femenino el más empeñado en la educación de la niñez. Hay por supuesto más profesoras que profesores, pero no es en eso en donde se muestra el mayor interés femenino por la escuela. Las madres son las que procuran con más ahínco la inscripción de sus criaturas en los centros escolares y las que más se preocupan por la buena marcha de la enseñanza. El director del plantel oficial llama a junta a los padres de familia una vez cada dos meses; insiste en la asistencia de los papás y señala que la de la mamá le interesa menos, y a pesar de eso acuden a estas reuniones alrededor de 150 madres y nunca más de 40 padres, y a la hora de los debates, son ellas las que intervienen.

Ya muchos niños van a la escuela

Los niños son la mitad de la población josefina y el lastre máximo. Casi todos han nacido en su casa. Los menores de

330

quince años suman 3 947. Hay casi igual número de niñas que de niños.

Se les trata con más deferencia a los hombrecitos que a las mujercitas. Se recibe con mucho mayor gusto el nacimiento del varón; se espera más de éste que de la hembra, y se pone más esmero en su desarrollo. También es diferente el tratamiento a cada una de las edades infantiles y las personas que deben encargarse de niños y niñas según la edad. La primera infancia, hasta los siete años, corre por cuenta de las madres y las hermanas mayores, según costumbre de siglos que poco a poco se va deteriorando.

La crianza de los menores de un año suele ser unisex, igual para hombres y mujeres. Generalmente al cumplirse la semana de haber nacido se saca al infante en su ropón y entre dos padrinos para ser bautizado y asentado en el Registro. Ésa suele ser la primera salida infantil. Lo demás es enseñarlos a que avisen cuando necesiten hacer pipí y popó; a persignarse, a decir papá y mamá y dónde está Dios y dar las gracias.

En la primera infancia los niños siguen dependiendo casi exclusivamente de la mujer. Muy pocos papás se atreven a ayudar a su consorte en el cuidado de los niños pequeños. Se extiende la costumbre de comprar juguetes, trajes vistosos y zapatos para las criaturas. Se procura también traerlos limpios. Antes de cumplir los siete años nunca se les ha castigado mucho, y ahora menos. No son numerosos ni crueles los castigos corporales y sí muy abundantes las amenazas. Se juzga mal a la madre que azota a sus hijos. Se les golpea menos; se les permite jugar más, y sobre todo, ya se tolera el hacerles demostraciones de cariño; besarlos y acariciarlos. Persiste la idea de que al pequeño no debe chiquiársele, de que los mimos hacen a la niñez malcriada y desobediente, y a la obediencia debe ser la primera virtud adquirida por el niño; la devoción, la segunda; el trabajo, la tercera, y el aprendizaje de la escritura y la lectura, la cuarta.

Los niños deben obedecer ciegamente. No deben contradecir jamás a los mayores ni menos faltarles al respeto. Si son varoncitos hay que inculcarles valor y audacia para que sepan valerse por sí mismos. Todos deben ser resistentes al dolor, que aprendan a sufrir sin lloriqueos desde chiquitos. A ellos no hay que dejarlos que hablen mal de los demás. Con la edad se harán

331

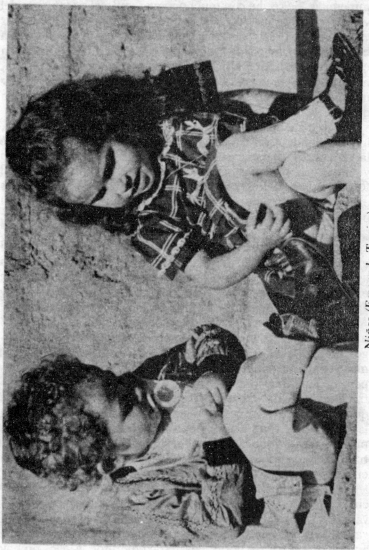

Niños (Fernando Torrico)

criticones como todo mundo. Las criaturas no deben ser metiches, ni andar entreluciéndose. Se ven mal los chiquillos metidos a las reuniones de gente grande. Hay ciertas cosas que ellos no pueden oír.

Los padres no les hablan nunca a sus hijos de cosas sexuales. Se considera altamente impúdico explicarles a las criaturas las cosas de la vida. Eso, según los mayores, no hace falta enseñarlo; eso se aprende sin necesidad de maestro. La mayoría de los niños se entera de todo lo relacionado con la reproducción viendo a los animales, al través de lo que dicen los adolecentes y por lo que logran ellos mismos entrever de la conducta de sus padres, si bien éstos procuran esconder hasta el máximo su vida marital.

Desde los siete u ocho años la gran mayoría de los niños ayudan a los padres en diversas obras; las mujercitas, a sus mamás en los quehaceres de la casa, y los hombrecitos a sus papás en el campo, el taller o donde sea. Simultáneamente deben aprender a trabajar y a rezar; y para conseguir lo último, además de la enseñanza hogareña, se les prescribe la del catecismo, impartida en la parroquia. Con todo, los niños de ahora emplean menos tiempo que los de antes en hacerse trabajadores y cristianos, y más en jugar y estudiar. Hoy la mayor parte de los niños de 7 a 14 años se pasan más de la mitad del tiempo en la escuela, y haciendo las tareas prescritas por sus profesores.

De sábado a domingo, un enjambre de criaturas ofrecen sus servicios como boleros. A veces se junta igual número de aseadores y de pares de zapatos. Algunos niños logran apoderarse de un zapato; otros, ni eso. Tienen poco que hacer y lo hacen velozmente. Un bolero de San José no necesita más de cinco minutos para transformar unos zapatos grises por el polvo de seis días en otros oscuros y relucientes. Entre semana nunca hay limpiabotas. Unos porque se van a la escuela y otros porque les ayudan a sus padres. Estos ya han salido de la escuela; unos con sus seis años de primaria terminados, y la mayoría con los dos o tres primeros, casi sin saber leer ni escribir, o con tan poca lectura y escritura como sus papás.

Si nos atenemos a las cifras censales, el 72% de los josefinos mayores de siete años saben leer y escribir, pero la gran mayoría de esos alfabetos leen entrecortadamente, sílaba a sílaba, y

Alumnos que ayudaron en la construcción de la Escuela Tecnológica Agropecuaria

escriben garabatos. Sólo desde 1967 hay escuelas primarias para casi todos. En San José funcionan tres que imparten los seis años de primaria: la oficial, la parroquial y el "asilo". La primera ha tenido el peor edificio, pero tendrá el mejor (una escuela prefabricada de doce aulas, grande, dispersa y confortable). En las rancherías se cuentan 7 escuelas donde se limitan a impartir los rudimentos de la escritura, lectura y aritmética profesores alfabetizantes que faltan con mucha frecuencia, y maestros rurales que tampoco se distinguen como cumplidores. A pesar de todo, el mejoramiento profesional de los maestros es sensible. Sin embargo la instrucción impartida casi no aporta nada realmente útil para la vida de la comunidad, y aunque a veces entra en conflicto con la crianza, los padres no ven con malos ojos la inscripción de sus hijos en la escuela.

La resistencia de algunos rancheros a la escolaridad de sus hijos está en vías de desaparecer. Aunque el interés por la instrucción decrece a medida que se aparta de San José y la carretera, los padres de familia que viven fuera del pueblo toleran la asistencia de los niños al plantel escolar y a veces la buscan. En San José los grupos medio y alto se interesan en la educación de sus descendientes; los mandan a la escuela, y muchas madres vigilan día a día las tareas de sus niños. Hay quienes están dispuestos a fabricar hijos cultos antes que trabajadores; hay hombres y sobre todo mujeres que idolatran la educación, hasta el grado de pensar que es más importante construir escuelas que templos. En El Sabino, la ranchería mayor de la tenencia, se pasaron el sexenio anterior sin maestro, sin un solo profesor para sus doscientos niños, y había que ver las peregrinaciones hechas a Jiquilpan por el mujerío para entrevistarse con el inspector de enseñanza y pedirle el anhelado maestro.

En toda la tenencia, donde hay 2 000 niños de 7 a 16 años, poco más de la mitad está en el ciclo escolar que se inició en noviembre de 1967. De los inscritos en la primaria, 33% van en el primer año; 23% en el segundo; 12% en tercero; 8% en cuarto; 5% en quinto, y únicamente un 4% en sexto. Fuera del 85% que sigue la primaria, y la mayoría de los dos primeros años de la misma, el 15% restante se reparte en un 9% de párvulos o niños de kinder, en 4% de señoritas que van a la academia de cocina y costura y un 2% en la naciente secundaria.

335

Las tres escuelas más pobladas y las únicas que imparten los seis años de la primaria, están en el mero San José de Gracia. A la escuela oficial o "José María Morelos" acuden 480 niños y niñas; al asilo o escuela de las madres o colegio "Guadalupe" van habitualmente 325 criaturas, incluyendo los párvulos. A partir del primer año de primaria sólo admite niñas. En la escuela del padre José Luis Garibay o colegio "Libertad" se hallan 236 alumnos, todos varoncitos. Las tres escuelas están en constante competencia; se disputan los niños aplicados, los buenos declamadores y los estrellas del futbol. Tratan en cada una de las escuelas de enseñar más y con mejores métodos. La competición es saludable, pero otros aspectos de la enseñanza dan qué decir: la escasez de maestros, los grupos sobrepoblados, y la tendencia a hacer niños pasivos y rutinarios.

No sólo existe el problema de que más de la mitad de los escolares sólo cursan uno o dos años de primaria. Un alto porcentaje de niños falta frecuentemente a la escuela, sobre todo en las rancherías. Las ausencias son mayores en el período de siembra, cosecha y festividades. Los maestros atribuyen el elevado ausentismo a la prioridad concedida por los padres pobres al trabajo sobre la educación. También creen que por lo mismo se saca a las criaturas de la escuela en cuanto saben mal leer y escribir, aunque en este caso hay otro motivo. En las rancherías sólo se imparten el 1º y 2º año y los rancheros no pueden mandar sus hijos a proseguir sus estudios fuera. Los maestros no se quejan de la indisciplina de los alumnos, ni tampoco del bajo nivel de aprovechamiento. Los que han servido en diversos pueblos, encuentran al alumnado de San José superior al de otras partes; menos díscolo, más atento y estudioso y sin la pereza mental que existe en las zonas subalimentadas. Los años más problemáticos parecen ser el primero y el cuarto.

Pese a que el contenido de la enseñanza no se ajusta del todo a las necesidades de la zona, la influencia de la escuela es considerable. Además de proporcionarles a los niños la lectura y la escritura, los familiariza con la higiene y la limpieza, les infunde la idea y el amor a la patria, contribuye a reducir la actitud individualista; favorece el acercamiento de los sexos, crea en los niños la sensación de estar menos supeditados a los mayores, les ahonda el sentido de la competencia y los aficiona a los deportes: futbol, volibol, natación, basquetbol, etc.

El gusto por los ejercicios físicos produce mermas en el deporte tradicional y las demás diversiones antiguas: jineteo de reses, paseos a caballo, suertes charras, caminatas a pie, vuelo de papalotes, juego de canicas, runfadores, trompos, etc. Se estimulan los ejercicios de procedencia anglosajona porque se les atribuye miles de efectos saludables para el desarrollo de la personalidad en serie. Se dice que enseñan la cooperación y la competencia simultáneamente; que ponen un dique a la excentricidad; que son capaces de volver ovejas a los lobos y formar excelentes rebaños de hombres. Y sin duda los niños josefinos de ahora van que vuelan hacia el espíritu deportivo de nuestro tiempo, y probablemente esos pequeños jugadores serán hombres sanos, poco o nada individualistas, alegres, robustos, sumisos a sus árbitros y a las reglas del juego social.

En las festividades del pueblo, tanto cívicas como religiosas, los chamacos se divierten más que los adultos. Los domingos por la mañana, un centenar de criaturas se reúne frente a la puerta del templo en espera del volo. Los bautizos son de once a una, y de tres a seis padrinos arrojan monedas a la muchachada. El que no lo hace se expone a multitud de ofensas y agresiones. Además, los padrinos deben seguir "dando la raya" a sus ahijados una vez por semana, y tienen obligación de proporcionarles un regalo especial el día de los Santos Reyes. Los chamacos dejan sus zapatos o sus huaraches en la casa del padrino y en la madrugada del 6 de enero los recogen con todo y dávida. Después de los diez años los chicos suelen apartarse de esas diversiones y empiezan a interesarse en el billar y el deporte, en el camino malo del *pool* y en el bueno del *sport*.

A los quince o dieciséis años los varones adolescentes deciden si se quedan a trabajar en el terruño o se van a buscar la vida en la ciudad; pero en vísperas de esa decisión se convierten en el dolor de cabeza de sus padres. Hacia los trece años no tienen ya donde estudiar ni hay los necesarios quehaceres donde ocuparlos. Entonces comienzan a fumar, beber alcohol, meterse en aventuras amorosas, desvelarse, fanfarronear, ejercer la masturbación, la riña y el deporte. Se vuelven unos buenos para nada, parranderos, peleoneros. Juegan al billar,

En el campo de futbol

andan de bola suelta. Generalmente hasta los 18 años adquieren la seriedad de los adultos, se vuelven razonables.

Insectos humanos y otros motivos de molestia

A pesar de la mayor tolerancia para la anormalidad, muchos josefinos piensan que hoy existe más normalidad en San José. Hace treinta años que los personajes más molestos de la tenencia de Ornelas seguían siendo los "aparecidos" ahora casi desaparecidos. En primer lugar las ánimas del purgatorio, como las de Martín Toscano y doña Pomposa. Las ánimas informes, hechas de humo, que solicitaban la devolución a fulanito de tal del dinero que les prestó, el desentierro del tesoro oculto, el arreglo de un negocio pío. En segundo lugar las almas llameantes de los condenados que volvían del infierno a darle cuenta a los vivos de las penas eternas y la causa que los hacía figurar en el ejército de los réprobos. En tercer lugar los demonios, los duendes especializados en la ruptura de platos y tazas; los diablos que veían los enfermos graves, todos rojos, de cornamenta y cola; los que arrastraban cadenas a deshoras de la noche; los que se aparecían con figura de perro prieto o de gato maullador, y los que asumían la forma de un hombre catrín, de un rico de la capital. Todos los bultos y los ruidos fantasmales han dejado de frecuentar a la villa de San José, donde ya pocos creen en ellos, y sus apariciones; aun en las rancherías, son cada vez más raros. Los espantos y los cometas ya no le quitan el sueño a nadie. Las bombas atómicas y los platillos voladores todavía no llegan a ser temidos. Los malos temporales ya no producen los sustos de otros tiempos. Las causas de pavor colectivo disminuyen día a día. Aun los hombres de malas entrañas están en quiebra.

Los demonios vivos, los pícaros redomados, los hombres de mal corazón, los capaces de clavarle a cualquiera en cualquier momento un cuchillo, de disparar la pistola contra un cristiano sin por qué ni para qué, los que se venden para la comisión de crímenes si es que los hay, ocultan muy bien su naturaleza desalmada. Ya no hay criminales de profesión en la tenencia. Los que quedaban, los supervivientes de la época violenta, han depuesto sus malos instintos o se han ido a darse de alta en alguna ilustre corporación policial, o lo más común, han sido muertos por los parientes de sus víctimas. Los delitos contra las personas todavía se dan, pero en dosis cada vez menores. Nunca falta el balaceado del año, ni el par de heridos. La agresividad se desahoga con palabras o gestos, o se reprime; ya pocas veces produce sangre. Hay menos cohesión social, pero también menos tolerancia para el homicida. La bravura ha dejado de ser una virtud; se le menosprecia y se le ridiculiza, especialmente en el pueblo.

En el pueblo de San José y en las rancherías de su jurisdicción no hay ladrones profesionales. Se han acabado los salteadores de caminos. Los pocos robos no los cometen los oriundos de la región. Se les oye decir a los patronos que los sirvientes de ahora no son tan respetuosos de lo ajeno como los de antes. Parece que a espaldas de los amos, algunos ordeñadores y medieros hacen algún negocio, y no con lo suyo; cometen pequeños fraudes y abusos de confianza; mejoran sus raquíticos sueldos con módicas rapiñas. Completan así lo necesario para vivir con menos agobios; cubren así, en alguna ocasión, un gasto insólito: la enfermedad o la muerte de la mujer o un hijo, una boda, un bautismo. Pero muchos ni siquiera se atreven a ejercer esos robos minúsculos. En caso de necesidad piden un préstamo; lo dejan envejecer, y nunca lo pagan.

Los insectos humanos que tienden al alza se llaman alcohólicos, choferes imprudentes, idiotas y mendigos. San José llena su cárcel con beodos, soltados a la mañana siguiente después de barrer la plaza. Hay una docena de borrachines profesionales en San José; hay el doble en las rancherías. Antes de que comenzaran las idas al Norte, eran menos. La mitad de los alcohólicos habituales de ahora adquirieron esa costumbre con ganancias obtenidas en los Estados Unidos. A fuerza de festejar su feliz regreso, se hicieron borrachos de profesión. Otros no llegaron a tanto, pero tampoco han vuelto a ser abstemios. El alcoholismo que empezó a crecer en los años cuarenta sigue su marcha ascendente. Ha fregado a muchos pobres y ha hecho salir de la pobreza a cincuenta o más vendedores de alcohol y aguas calientes.

La maledicencia, el hablar mal de los demás, el hacer constante crítica del prójimo no ha podido detenerlo ningún

340

sacerdote. Se dice de éste que es una mula y de aquél que es muy orgulloso. "Tal no pide que le den, nomás que lo pongan donde haya." "Esa vieja es muy chismosa." "Todos son unos buenos para nada." "Ese habla porque tiene hocico", etc. Nadie puede vivir en San José y escapar a las críticas. Hay muchos muy bien dispuestos a arruinar la reputación de los otros.

Los inválidos mentales nunca han sido muchos en relación con el conjunto de la gente. Ahora no pasan de dos los locos pacíficos y de la media docena los retardados. No hay drogadictos ni desviados sexuales. Hay poquísimas prostitutas, pero no son pocos los oligofrénicos. Márgaro se pasa la vida cantando la misma canción; tañendo una guitarrita; profiriendo insultos contra los que le hablan de la muerte. Como Márgaro hay otros débiles mentales menos vistosos, y más de uno completamente idiota. Un siquiatra encontraría paranoicos, maníaco-depresivos y trastornados por la vejez o el alcohol, pero quizá no en tan alta proporción como en las ciudades. Existen sin duda neuróticos, especialmente del género femenino, que toda la gente, fuera del médico, asocia con enfermedades orgánicas y con la "debilidad".

Si se compara a San José con Sahuayo o Cotija no parece grave el problema de la pordiosería en aquél, a pesar de que hay en San José 20 ó 30 mendigos. Los que andan con la mano tendida son pocos en relación con el número de miserables. Rara vez piden una dávida; generalmente solicitan un préstamo de buenas a primeras. Antes preguntan por la familia, hablan de los malos tiempos, hacen el elogio de la víctima, dicen del puerco que están engordando para la venta y para salir de apuros y drogas, refieren sus enfermedades y acaban con la solicitud de unos centavitos. Con pocas excepciones son pordioseros extremadamente corteses.

Al contrario de las sociedades desarrolladas de nuestros días, la gente vieja de San José no figura, por su ancianidad, en el catálogo de los insectos humanos y ni siquiera en la fila de los de abajo. Pese al menor prestigio de que gozan hoy los viejos, son reverenciados. Se les estima y se les mima. Ellos, por su parte, tratan de seguir siendo autosuficientes. No dejan de trabajar hasta el día que caen en cama tullidos o agonizantes. Hay en la tenencia de Ornelas cerca de 200 personas mayores

341

de setenta y cinco años, con caras arrugadas, ojos ausentes, manos y piernas temblorosas. Hay más viejas que viejos. Es gente querida, respetada y que goza de la máxima consideración popular.

En San José se ve mal que alguien trabaje menos de lo necesario para mantenerse. Tampoco se ve bien que alguien trabaje mucho más de lo indispensable para subsistir. Hay, pues, alguna tolerancia para la pereza y cierto rechazo para la codicia. El trabajo no es una virtud muy venerada, entre otras cosas porque no se le ve como fuente inagotable de bienes, ni siquiera como fuente de riqueza. De la ociosidad se dice que es la madre de todos los vicios; pero únicamente se siente molesta la presencia del ocioso que tiene algún vicio; del jugador de billar y del borracho. Tampoco son bien recibidos los vagabundos que llegan de fuera, como los gitanos o húngaros adivinadores de la suerte, componedores de cazos de cobre y rateros.

La zoología fantástica antes era escasísima y ahora es nula. Ni siquiera hay coco para asustar a los niños. Como ya se dijo, la fauna real y principalmente la nociva está en el pleno desbarajuste. Hace cosa de cien años que dejaron de existir lobos y jaguares. El coyote, la zorra, el tlacuache y demás enemigos de las especies domésticas de tamaño còrto están a punto de extinguirse. Las víboras de cascabel, hocico de puerco, coralillos y todas las serpientes venenosas se van acabando. Hay menos alacranes, avispas, pulgas, piojos y corupos. San Jorge, el que mató al dragón, el abogado contra los animales ponzoñosos, ya no tiene devotos en San José, ni tampoco San Antonio Abad.

La naturaleza inanimada también se ha vuelto menos terrorífica que antes, como lo demuestran el menor número de invocaciones a Santa Bárbara, San Isidro, San Cristóbal y San Serafín del Monte Granero. No hay menos tempestades, pero sí menos muertos por rayos y centellas, entre otras cosas porque ahora hay algunos pararrayos. Todavía los ríos crecidos del temporal de lluvias se llevan a uno o dos hombres anualmente, y una cifra mayor de animales domésticos. Los terremotos de aquí sólo causan sustos y cada vez menos angustiosos. Los cometas ya no asustan ni a los niños. Las enfermedades son otra cosa

342

Hay dolencias con nombres viejos y con nombres nuevos. Las más mentadas son soltura, chorro o deposiciones, catarro, andancia, cáncer, reumas, sarna o roña, lombrices, solitaria, amibas, fríos, tifo, sarampión, tos, grima, mal de ojo que hace que los niños se despierten con los párpados pegados, aires y punzadas, bronquitis, neumonía, torzón, tos ferina, diabetes, ansia o asma, apendicitis, várices, dolor de muelas, mal del corazón, hipertensión, mala cama, granos, torceduras, quebraduras, dolor de cintura, prostatitis, latidos, tumor, gangrena, hepatitis, tapazón, comezones, ardores, calenturas, sudores, cólico por haber tomado alimentos fríos o calientes según el caso, anginas provocadas por el "calor subido", espanto o susto, alferecía de los niños que pone la cara negra y las uñas moradas, la caída de la mollera, el empacho por comer duraznos sin quitarles la pelusa, y sobre todo la bilis, que en el mejor de los casos deja flaco a quien la padece, y en los peores, pone amarillo, hunde los ojos, produce náuseas y da sabor amargo y color verde, suelta el estómago, da calentura y acarrea debilidad que es la causa, como es bien sabido, de un titipuchal de enfermedades que a veces se curan solas; otras las quita el doctor o los remedios de antes y otras dejan sin resuello; ponen frío.

Eso de que ahora se muere menos gente es un mero decir. Se morirán menos niños; más llegarán a viejos ¿y quién sabe? Nadie se escapa de la muerte. A todos se los lleva "patetas"; nadie se cura de la última enfermedad. Las postrimerías nos traen vueltos locos. Todavía el cielo pasa, pero ¿la muerte y el infierno? La Flaca se cuela por todos los resquicios; no se ve y puede llegar, venir, meterse, caerle a uno en forma repentina o moler por algún tiempo. La huesuda, la pelona, la calaca, no cesa de ser la máxima molestia para los pacíficos habitantes; sólo algunos viejos se resignan ante ella.

La muerte anda en boca de todos. A los sacerdotes les gusta machacar sobre el tema de la muerte. En las conversaciones cotidianas se alude con frecuencia al fin de esta vida, a petatearse, a emprender el viaje, a entregar el equipo, a dar el changazo, a quedarse tieso, a ir con Dios, a ser comido por los gusanos, a llegar con San Pedro a rendir cuentas, a comparecer ante la Justicia Divina, a entregar los huaraches, a levantar los tenis y a tomar el camino del camposanto.

El concepto tradicional de la muerte sigue incólume: es fin y es tránsito. Si no hay tanto respeto por la vida como en las zonas civilizadas es por la presencia de la idea de la muerte. La vida vale poco a causa de la muerte. La muerte es temible porque se ama a la vida y al mismo tiempo es deseable porque se anhela el paraíso. Pero no todas las muertes tienen el mismo valor.

La muerte anterior al bautismo no es buena. Las almas de las criaturas que mueren sin bautizar van al limbo donde no se goza de la visión de Dios ni tampoco se sufre. Allí se vive sin pena ni gloria. La muerte mejor es la de los angelitos, las de los niños que han sido bautizados y alzan el vuelo antes de entrar en uso de razón. Ellos sin duda van a tocar el arpa en los coros y las orquestas celestiales. A ellos se les guarda muy poco luto. La tristeza de despedirlos se balancea con la seguridad de que pasan a una vida mejor y que desde allá interceden por sus padres y hermanos. Su muerte produce regocijo y pesadumbre.

La defunción de jóvenes, adultos y ancianos es mucho más compleja: incluye testamento, confesión, santos óleos, ayudas a bien morir, cirios, recomendaciones, toque de agonía, media hora, sollozos, alabanza del agonizante, mandar hacer la caja o comprársela a Braulio Valdovinos, lloro estrepitoso de las mujeres, arreglo del cadáver, rezo de rosarios, velorio, misa de cuerpo presente, procesión al cementerio, responsos, el echar la tierra, la novena de rosarios, las misas por el difunto, el luto de los deudos y el olvido creciente.

El testamento se dicta generalmente ante un grupo de amigos y un sacerdote. Rara vez se hace ante notario. La propiedad suele dejarse a la viuda o a falta de ésta a los hijos. La tierra y los ahorros se distribuyen en porciones iguales entre los hijos, lo que ya hubiera conducido al minifundio más antieconómico si no fuera por la enorme demanda de tierras que hay en el mercado. Muchos herederos venden sus partes. La casa suele quedarle a las hijas solteras o al menor de la familia. No escasean los líos causados por el reparto de la herencia, máxime si el difunto no deja descendientes. Algunos heredadores, para evitar pleitos, heredan en vida por medio de contratos de compraventa. Dan a quienes quieren sus cosas, pero se reservan el usufructo de ellas mientras viven. No son frecuentes los intestados.

El morir sin heredar es mucho menos grave que el fallecer sin los auxilios espirituales. Lo básico es la confesión. Podrá faltar el médico, pero nunca el sacerdote para que confiese, aconseje, dé el sagrado viático, ponga el crucifijo y recomiende el alma del moribundo. Mientras tanto la asociación de la Vela Perpetua ordena el toque de agonía (24 campanadas si el moribundo es hombre y 18 si es mujer) y el rezado de la media hora en el templo parroquial al que asiste mucha gente.

Al morir el enfermo las mujeres de la familia dan de gritos; a los hombres se les hace un nudo en la garganta; los de más categoría se ponen lentes ahumados al uso de la ciudad. Las mujeres piadosas arreglan el cadáver para el velorio y la sepultura: lo visten, le juntan los brazos sobre el pecho, le cierran los ojos, lo meten a la caja, ponen los cirios en los cuatro extremos de la caja, comienza el desfile de visitantes, se reza un rosario tras otro, las más piadosas reparten comida entre los deudos, el velorio dura toda la noche, los asistentes hablan de las grandes virtudes del difunto entre rosario y rosario, se repiten frases sacramentales: "A todos se nos llegará"; "No somos nada"; "De la muerte nadie escapa", "Que Dios nos agarre confesados"; "Diosito se lo llevó"; "Se va al cielo con todo y zapatos"; "Era tan bueno"; "Debemos preocuparnos por nosotros que somos tan pecadores"; "Está como si estuviera dormido"; "¿Quién le hizo la caja?"; "Se la compraron a Braulio"; "Por lo menos tuvo para caja, porque hay tantos pobres que todavía los entierran envueltos en petate"; "A propósito, saben lo que le pasó a fulanito de tal: cuando se estaba muriendo de su última borrachera su mujer le acercó el crucifijo para que lo besara y el moribundo dijo: quítenmele el tapón. Murió creyendo que le arrimaban una botella de tequila".

Al otro día a los muertos principales se les dice misa de cuerpo presente en el templo; se le rezan sus responsos y se les conduce al camposanto al frente de una larga procesión. Cuatro hombres cargan con la caja, o más si el difunto es muy gordo. En el cortejo van muy pocas mujeres y muchos varones, todos con el sombrero quitado. Al llegar al composanto los asistentes se congregan alrededor de la tumba y se procede a la ceremonia de la cristiana sepultura; se cubre de tierra el hoyo, y ya de vuelta todos se quitan su máscara de solemnidad; se meten el sombrero y hablan de tiempo, vacas y cosechas.

Del cementerio municipal

Las demás ceremonias fúnebres, la novena de rosarios rezada los días siguientes a la sepultura, el luto de la viuda, los hijos y los hermanos del difunto, la celebración de las misas por el eterno descanso del desaparecido, son menos concurridas, solemnes y rigurosas que antaño. El ritual de la muerte tiende a simplificarse. Ya no hay viudas que duren de luto 3 años o toda la vida, ni las oraciones por el muerto son tan numerosas y prolongadas. Quizá sea porque no se cree que las almas de sus difuntos han ido a parar al purgatorio. Nadie concibe el cielo sin sus parientes y amigos.

ÍNDICE

Este libro fue impreso y encuadernado en empresas del grupo Fondo de Cultura Económica. Se terminó de imprimir el 19 de octubre de 1984 en los talleres de Lito Ediciones Olimpia, Sevilla 109, 03300 México, D. F. Se encuadernó en Encuadernación Progreso, Municipio Libre 188, 03300 México, D. F. El tiro fue de 50 mil ejemplares.

Diseño y fotografía de la portada: *Rafael López Castro.*